現代アフリカの悲劇

ケニア・マウマウ団からザイール崩壊まで

片山正人

■目次

装丁■足立典子

序　論

一九九四年五月九日、最後の白人帝国、南アフリカ共和国における多数黒人支配の大統領ネルソン・マンデラの就任は、約一世紀続いたアフリカの植民地時代に終りを告げるものであり、確かにアフリカの念願であり、重要な問題の解決であったが、解決の一部にすぎなかった。

植民地という枠はアフリカの地より取り払われたが、植民地時代に生じた現地白人植民地政府によってつくられた「歪《ゆが》み」は矯正されることなく独立後のアフリカ人政府によって受けつがれた。

植民地時代、イギリスを代表する「間接的統治方式」に基く「穏やかな連合」、フランスを代表する「直接的統治方式」に基く「同化政策」などと言っても、実際においては、ベルギーを代表する「父権主義」に基いて、やがては「アパルトヘイト政策」をもたらしたように、宗主国の政策によって、民族・部族分断の統治政策が行なわれた。そして、その政策より生まれた勢力は、独立後も新しく生まれる勢力の源として残った。これらは、ナイジェリアのビアフラの独立内戦（一九六六―一九七〇年）、一九七五年の独立内戦以来今でも続くアンゴラの反政府ゲリラ活動、そして記憶に新しい所では、ジェノサイドとそれに続く難民の流出で我国の自衛隊が国連ＰＫＯ活動の一員として派遣されることにもなったルワンダ内戦（一九九四年）、そして同じ問題をかかえるブルンジで、その歪みは正されることなく拡大された。

また、ソマリアにおいては一九九二年の国連の平和維持活動が失敗したように、今までなかった部族・氏族間での多派にわかれての分派闘争が生じて、歪みを細分化することになった。この傾向は、現在ではリベリア、シエラレオネのような小国において、さらに顕著に見られるようになり、アフリカ問題の解決を益益困難にしている。

植民地時代の負の遺産は、黒人種どうしの部族対立ばかりでなく、アラブ人を含む多人種の間の闘争を残した。北アフリカのアラブ人が主体として住むマグレブ地方と国境を接するスーダンとチャドにおいては、北部アラブ人と南部黒人の間で、奴隷狩りの時代を経て、宗教的、伝統的対立を含めて、多年に渡る流血の闘争を繰り返している。

これらの対立には、一八世紀後半から一九世紀にかけてイギリスで生じた産業革命のヨーロッパ大陸への浸透によって拡大された原料供給地と製品消費地を求めての植民地争奪戦が大きく作用した。ディビッド・リビングストンやヘンリー・スタンリーに代表される探検やキリスト教の布教活動にも刺激されたアフリカ植民地の争奪戦は、一八八四年末から一八八五年初めにかけてヨーロッパの列強はもとより一四か国の参加した「ベルリン会議」によって決定された「ベルリン条約」によって一応の結着を迎えた。

条約により定められた領土の分割は、現地の住民の勢力分布にかかわりのない線引きであり、植民地支配が終っても、一国とされた地域は、その原住民の勢力範囲によって、めったに再分割又は再統合されることはなかった。したがって、複数の有力勢力がある場合、一方が全土に自己の優越政策によって支配を確立しようとすれば、他方は自治のために立ち上がるしかなく、紙上の国境はさらに双方とも近い部族を国境の周辺に置くことになったため、たとえ一時的に後退しても隣接する国々に同じ部族の聖域を持つことによって支援され、勢力の巻き返しをはかることができ、人種・部族的対立は取り払われることはなく、停戦、和平協定の締結、戦闘を繰り返して、紙上の歪みは、国境の不変の現状の中では残ったままであった。

そんな状況で、自己に近い部族の大連合を目ざす「大ソマリア主義」（現在のジブチ、オガデン、ケニア北部を統合）のようなものが首を持ち上げてきて、スーダンやチャドのような大分割でなく、列強植民地の領土の争奪戦の結果の細分割によっての歪みが出現した。そして、このような歪みが、唯一根本的に解決されたケースとして、三〇年間に渡ってのエチオピアとの戦いの後に勝ち得た一九九三年五月二四日のエリトリアの分離独立が上げられるが、まれなケースである。一般的に細分割の歪みは、反対派を葬むるため一党独裁の多いアフリカでは、独裁者によってさらに強められることになる。ザイール（旧ベルギー領コンゴ、現在再びコンゴ）の故モブツ・セセ・セコ大統領の「大コンゴ主義」に基いて、カビンダ飛地（アンゴラ領）の奪回を常に狙っていたのはいい例である。

少数の白人によって支配される植民地政策は、どうしても行政府の末端の支配の徹底として、原住民の採用が必要となり、伝統的支配者の王、首長、諸侯などの利用が、キリスト教の布教活動とあいまって、文明化された新しい人々を生み出すことになり、宗主国へなど海外留学の機会を得て、彼らは西欧文化、経済・政治思考を身につけることになり、彼らに負わされている植民地の重荷を取り去り、民族解放の気運が生まれることになる。

第一次世界大戦（一九一四―一九一八年）と第二次世界大戦（一九三九―一九四五年）を通じて、アフリカ人は様々な西欧文化と接し、第二次世界大戦中の一九四一年八月十二日、「大西洋会議」で成立した「大西洋憲章」で戦後のアジア・アフリカの「主権と自治の回復」を保障されたこともあって、大戦に植民地軍として参加し、勝利した暁には血の代償として来るべき自らに覚めて行った。

しかし、植民地住民の思いに反し、戦争中の大量消耗に疲れたヨーロッパの宗主国は、自国の経済の回復のため、植民地より生じる利益を用いるため、手放すことを恐れ、それは植民地に経済の基盤を長年築いて来た白人移民（コロン）にとっても受け入れがたいものであった。

植民地の益益つのる原地住民の意思に反して、遅々と進まぬ独立に、しだいに活動家達は、戦後その勢力を拡大したソ連を中心とする社会主義の世界革命の路線に、彼らの進路を求める者が現われ始めた。彼らは、独立すれば、今まで植民地政府が多年の資産を賭けて築いていたものが総て自分達のものとなり、明日から裕福な生活が待っているとの指導者達の独立前に発していた甘い言葉と現実のギャップに出会うことになった。そうして、経済能力を欠き、西欧化された分にて今までのような部族的生活で生きてゆけなくなった植民地の原住民達は、戦後の経済復興をした西側諸国に再び支配されていると言う「新植民地主義」と彼らの呼ぶものが現われ始め、植民地時代の歪みを正さない内に、ナショナリズ的解放運動に導かれた。

植民地の独立に向けての解放闘争は、ケニアの「マウマウ団」のように土着の民族的反乱もあったが、東南アジアでのフランスの「第一次インドシナ戦争（一九四六―一九五四年）」とアフリカでの「アルジェリア独立戦争（一九五四―一九六二年）」での敗北によって、解放運動は武器の支援を受けやすいソ連、中国の社会主義的傾向に益益傾くことになった。

とはいえ、独立運動は、植民地が元来地域性に基かずに地図上の線引きがなされていたため、一国に多くの解放組織が存在し、一方が社会主義国側に近づけば、他方はこれに反発して自由主義陣営に支援を求めるという、植民地の「歪み」をそのまま受け継ぎ、アフリカに多くの植民地を持ったイギリスとフランスの戦後の下降の中で、米ソ両大国の冷戦時代の代理戦争を、このアフリカの地は提供することになった。また、社会主義陣営も、一九六四年に中ソの対立が決定的になることによって、解放戦線もソ連寄り、中国寄りと二分されることになり、植民地の分割の歪みが、ここでも姿を見せることになった。

植民地の解放組織の複雑化は、一九六〇年「アフリカ独立の年」に続くアフリカの独立傾向の流れからはずされた植民地、ポルトガル植民地のアンゴラでは、ソ連、中国からの支援を受けたゲリラ活動の活発化で、ポルトガル軍の損失は増大して経済破綻につながり、ついに本国での左派革命（一九七四年）に至り、ようやく植民地を手放さざるを得なくなり、白人コロンは植民地で作り上げた財産を一挙に失ない、ほうほうの体でアフリカの地を逃げ出した。とはいえ、これはまた植民地の崩壊が独立後の経済の崩壊への進路をとらせ、一国家として独立はしたものの、部族的分裂の歪みは内戦として残り、経済復興への道を閉ざした。さらに、経済的崩壊は、経済的に行き詰まりを見せ始めていた社会主義国の武器以外にさしたるもののない支援の欠如で、回復も進まなかった。そして、このすき間を突くようにモザンビークでは、新しい歪みを生み出す新しいタイプの解放闘争が生じた。

ポルトガル植民地は姿を消したが、ローデシア（現在のジンバブエ）と南アフリカは宗主国の反対にもかかわらず、現地白人の「一方的独立宣言」によって植民地支配を続けた。これらの国は、ケニアのように白人の農園経営が発展しており、特に南アフリカの場合、徹底したアパルトヘイト政策を部族の対立、近隣諸国との関係をうまく利用して、植民地政策の窮《きわ》みを見せた。

この頃になると、解放運動側も力の限界が見られ、自力解放が困難になった。一方、少数白人政府の側でも、解放運動の完全打倒が困難になり、互いに消耗戦を強いられる中で、国際的に和平交渉にて解決されることになり、独立後の国家経営に白人の力への依存を高めることになった。こうして、一九八〇年にジンバブエとしてローデシアは独立したが、アンゴラやモザンビーク同様に解放組織の対立は残った。

続いて南アフリカが、第一次世界大戦後に国際連盟によって認められた委任統治領のまま第二次世界大戦後の国際連合の決議に反して支配し、南アフリカの植民地と化していた南西アフリカ（現在のナミビア）が、解放闘争の行き詰まりと国際情勢の動きの中で解放され、残る植民地は一九九〇年代に入り南アフリカのみとなった。

一九九四年、圧倒的な軍事力を保持した白人政府も、国際世論に押され、南アフリカの独立によって少数白人植民地支配は終りを告げたが、植民地支配の歪みはアフリカの各地で残ったままであり、第二次世界大戦前よりの独立国リベリア、エチオピアなども含めて、戦後半世紀を経ても矯正されなかった。

では、現在のブラック・アフリカは、植民地支配によってのみ今日の混乱をもたらしているのかと言えば、そうでもない。植民地時代以前の地図上の線引き以前にも、その原因を持たないわけではなかった。

神秘的な王権と魔術師（呪術師）によって支配された社会は、独立後の旧ベルギー領コンゴにおけるコンゴ動乱（一九六〇―一九六三年）、それに続くシンバの反乱（一九六四―一九六五年）の中で、西欧文明化された現代人にぞっとされる恐ろしさを持って、ルワンダのジェノサイドまで、キリスト教布教の教化なく、充分に見られるものであった。とはいえ、一般的に、アフリカの社会は、王、首長、諸侯によって、比較的穏便にうまく償いを物質保障で解決されており、今日でも首長達の支配は地方を中心に村落を治めるために続いている。

この首長の社会を破壊するため、社会主義国に支援されたゲリラは、革命気どりで闇雲に殺害することにもなり、東側世界より多量に入った安価な銃器によって被害は増大した。なお、その後も大量にアフリカに入り続ける銃器は、それらの使用と戦略・戦術を教える社会主義国内のゲリラ訓練施設の増加とともに、アフリカの歪みを益益増大させ、細分割させるのみであった。

ソ連を中心とする東側のアフリカへの軍事支援は、一九七〇年代の後半から一九八〇年代の初めにかけての、アンゴラでの勝利からアフガニスタン戦争（一九七九―一九八八年）でのデッド・ロックまでの最高時には、エチオピアでオガデン地方をめぐるソマリアの反発を招き、ソ連との友好条約破棄に至ったが、アフリカの指導者達の社会主義は、翼賛的な一党制の独裁政府に政策の失敗にもかかわらず何の変化もなく、賄賂と縁故関係のはびこる体制を作り上げ、首長支配に対しての行政官の動かない二重構造を作り上げ、大かんばつの時期と重なり、地方の崩壊、大都市のスラム化、難民化と悪循環を増大させ、植民地時代の歪みを補正するどころではなかった。

こうした社会主義のアフリカでの台頭中、ベトナム戦争（一九五四—一九七五年）で弱体化したアメリカは、中国に接近するとともに国力の回復に努め、アフリカにリンケージ戦略の導入を可能とさせた。一九九一年十二月のソ連邦の崩壊で米ソ両超大国の冷戦時代は終ったが、ブラック・アフリカの国々はこれをチャンスとして植民地時代の歪みを直すことはできなかった。

共産主義体制の崩壊、資本主義体制の移行の中で、東欧諸国は持てる唯一の金目の物、武器を売却し始め、精密誘導兵器も含めて、アフリカの政府軍、反政府の解放組織に渡ることになった。自らの密輸や賄賂などで手に入れた兵器で武装した者達は、これまでの武装組織の部族単位を離れ、氏族、派閥の単位で、個人的欲望の強い指導者の下で、親類関係で固めて、不足の兵力は私兵、傭兵というプライベートな兵力で利益となる分前のみで、合体、分裂を繰り返して、分派闘争を続ける傾向が生れた。そして細分割された勢力は、政府側、反政府側双方とも少数兵力のため、不安定な要因が増し、最近ではシエラレオネ、ザイール、コンゴ（ブラザビル）のように近隣のそれぞれ支援の勢力が銃を手に参加することによって、植民地の歪みのモザイク模様をさらに複雑化させた。結果、和平交渉するにも、団栗《どんぐり》の背競べの勢力が十を越えて集まり収拾がつかなくなっている。こうして、アフリカ人は、かつての植民地行政による鎮圧、処刑、虐殺行為より身近に多くの死者や廃墟となった村々を見るようになっている。

日本の約八〇倍を誇る広大なアフリカ大陸には、現在ブラック・アフリカだけで、高い人口の増加も手伝って、六億人以上の者が住み、五〇近くの国があるが、多くの国で武装した反政府勢力の活動が伝えられる。そんな中で、数年前に小国ルワンダで生じたジェノサイドの犠牲者は五〇万人とも一〇〇万人とも言われ、難民は二〇〇〇万人以上と言われるが、誰もその正確な数をつかんでいない現実に、戦後独立したアフリカの国々で、どれ位の数の犠牲者が出たか誰も正確に答えることができない状況にある。

本書は、まさに「現代アフリカの悲劇」の惨状を一つのテーマとして、アフリカの国々が植民地の歪みを払い切れずに、いかに内戦を繰り返し続けてきたかを、それぞれの内戦の分析をもって行なうのが目的である。

なお本書は、アフリカの戦後史としても読めるように、年代順に、一九五〇年代のマウマウの反乱から、一九九四年のルワンダのジェノサイドを経て、ザイールの崩壊までを描き、アフリカ現代史になじみのない読者にも配慮していることを最後に付け加えたい。

第一部　戦後の独立闘争と内戦

第一章　マウマウの反乱

一、ケニア植民地の起り

一九四五年五月七日にナチス・ドイツが降伏し、三か月余り後の八月一五日には大日本帝国が降伏して第二次世界大戦が終った時、アフリカ大陸に存在した独立国は、紀元前一〇〇〇年頃ソロモン王とシバの女王の間に生まれたメネリク一世により創造されたと言うハイレ・セラシエ皇帝のエチオピア、一八四九年にアメリカの解放奴隷の再入植によって創られたリベリア、一九〇一年にケープ、ナタール、トランスバール、オレンジ自由州の四州より南アフリカ連邦として独立した現在の南アフリカ共和国、そして一九二二年に同じくイギリスより王国として独立したエジプトのわずか四か国であった。

一九四五年一〇月二四日に国際連合が発足し、アフリカの植民地は、ヨーロッパ列強の支配から早く抜け出すものと思われたが、六年間に渡る第二次世界大戦に疲弊した宗主国にとって、植民地より生じる利益を本国の再建に当てるため、おいそれと手放す気にはなく、独立は遅々として進まなかった。

すでに、戦時中の一九四一年八月十二日、連合軍にとって最も厳しい時期に、カナダのニューファンドランド沖の軍艦上で「大西洋会議」を開いたイギリス首相ウィンストン・チャーチルとアメリカ大統領フランクリン・ルーズベルトによって合意された「大西洋憲章」では、「住民が政府を選択する権利の尊重と強奪された主権の自治」の回復、文字通り植民地放棄を謳い、アジア・アフリカの植民地からの連合軍側への参加兵士を募るには貢献した。しかし、戦争終了後、起草者のチャーチル自身がアジア・アフリカの植民地に対しての憲章のすみやかな履行を否定した代物であり、この憲章は植民地原住民への明白な裏切りを示すものとなった。

一八〇〇年代の半ば、イギリスはすでに南アフリカを植民地化し、インドへの道はインド洋上のイギリス海軍が固めてはいたが、国内の財政問題から、植民地経営は奴隷貿易の禁止を中心に本腰が入れられてなかった。一八六九年にフランス人技師レセップスによってスエズ運河が完成し、フランスでは産業革命の発展とともに植民地拡大論が抬頭し始めた。普墺戦争（一八六六年）に勝利したオットー・フォン・ビスマルク（執政一八六二―一八九〇年）は普仏戦争（一八七〇―一八七一年）にも勝利し、一八七一年にドイツ帝国を建設した。国力の増強にともない、ドイツはビスマルクの本来の意思にもかかわらず、国内の民族主義は益益高揚した。こうして、ヨーロッパ列強は植民地分割競争の時代に入り、イギリスも東アフリカへの感心を深めて行った。イギリスは、一八七五年にエジプトの財政難に付け込んで、副王イスマーイルよりスエズ運河の株を買い取り、カイロからケープタウン、カルカッタまでの3C政策を実行した。

アフリカで植民地争奪の駆引きが激しくなる中、「ベルリン会議」（一八八四年一一月―一八八五年二月）が開かれ、生みだされた「ベルリン協定」によってヨーロッパ列強国はアフリカの自由勝手な分割の取り決めを行ない、現地での権益の樹立、保護領の獲得に走った。会議中に、ドイツ植民地主義者カール・ペータースが出し抜くように、東アフリカでの保護領の獲得を行なったため、これに対抗すべくイギリスはザンジバルから内陸部への進出を余儀なくされた。キリマンジェロ地域では、ドイツとイギリスの保護領獲得合戦となった。

一八八六年一一月の「ロンドン会議」で、ドイツとイギリスは東アフリカでのビクトリア湖以北の勢力範囲の境界線の決定を行なった。一八八八年には、ウィリアム・マッキノンが「帝国イギリス東アフリカ会社」の特許を得て、通商と統治を行ない、一八九〇年には、第二次ソールズベリー内閣（保守党）は、ドイツのビスマルクの失脚を機に、イギリスの大不況と人口増加、それに農業の衰退が手伝って、積極的な植民地の獲得に乗り出すとともに、再びイギリスはドイツとの境界交渉を行なった。

かくて、一八九〇年七月に、ビクトリア湖の西のベルギー領コンゴまで南緯一度の線で、東アフリカにおけるイギリスとドイツの境界線の確定は終り、ウガンダはイギリスの勢力範囲に含まれることになった。

一八九四年にウガンダを保護領としたイギリスは、ブガンダの王を利用して間接統治を固め、すでに保護領としたザンジバルとウガンダの間の地域の植民地化に成功した。

一九〇〇年代に入ると、イギリス領東アフリカへの白人の移住が目立ち始め、勝手に土地を奪い、原住民を武力で圧倒し始めた。イギリス政府も、住民はもとより家畜の牛の疫病、飢餓によってキクユ族やマサイ族の人口の減少にとりあうことなく、キスム、ナクルなどの鉄道の便のいい都市を含む東部州を東アフリカ保護領に組み入れ、「王領地条令（原住民占有地以外の土地を王領として売却可能にする条令）」により、低価格で入植者に売却されたため、イギリス人に限らず白人入植者はふえ続けた。一九〇六年には、中央高地の非白人への譲渡が現地政府によって禁止され、「ホワイト・ハイランド」が形成され、白人入植者の圧力によって次第に植民地化が強化された。

第一次世界大戦（一九一四―一九一八年）を経て、三国協商側の勝利に終り、ドイツ領東アフリカはルアンダとウルンジがベルギー領に、残りのタンガニーカがイギリスの国際連盟の委任統治領となった。そして、イギリス支配の東アフリカ領は、一九〇二年に残っていたザンジバルのサルタンのインド洋岸沿いの内陸一〇マイルの地域も含められ、現在のケニア国境が出来あがり、イギリスの直轄植民地「ケニア・コロニー」になった。

ケニアでは、事実上主要な換金作物コーヒーを白人農民以外栽培できなくし、さらに税金でアフリカ人を縛り、プランテーションの労働者として縛りつけた。その他のアフリカ人は「リザーブ」と呼ぶ狭い保護地区に押し込められ、土地と仕事のない小作農民を安い賃金労働者に仕立て上げ、さらにアフリカ人を登録させることで「スクウォッター（不法占拠者）」を厳しく管理した。これらの状況には、一九二〇年代にアフリカ人住民に危機感をもたらし、一九一九年にキクユ族を中心に政治組織「イースト・アフリカン・アソシエーション（East African Association）」が設立され、失地回復、租税の引き下げなど要求された。その後、同様な動きが続いた。一九三〇年代に入ると、その要求は、伝統的文化の保護、独立教育の要求が加わり、ケニアのナショナリズムの高揚が見られた。

この間に、ヨーロッパ人入植者は総数で二万人を越えた。

第二次世界大戦（一九三九―一九四五年）が勃発すると、ケニアはヨーロッパでの戦争の食糧庫としての役割と兵力の補充の場としての役割を担った。

アフリカ人兵士達は白人将校の指揮の下に戦ったが、アフリカに限らず海外に転戦し、軍事知識を持つとともにナショナリズムの気運を高めて、連合軍に勝利をもたらした。終戦とともに帰国した復員兵士を待っていたものが、以前とかわらないことに気づいた時、彼らは政治運動へと流れて行った。

二、セトラー対スクウォッター

ケニアは、総面積五八万二六四六平方キロメートルの内、耕作に適した土地は約一〇分の一であり、その半分の最もよい土地はヨーロッパ人セトラーが所有し、その大部分は「ホワイト・ハイランド（White Highlands）」であった。この土地は、一九〇二年の「王領地条令」によって安価でヨーロッパ人農民のものとなった。追い出されたアフリカ人は、「リザーブ（保護地区）」に押し込められて住んだが、土地不足に陥り、小作農として安価な労働力としてホワイト・ハイランドへ行きヨーロッパ人農場で働かざるを得なくされた。南アフリカ・モデルのこのやり方は、リザーブで土地を持たない小作農民「アホイ」、言わゆる「スクウォッター（不法占拠者）」を生むことになり、植民地政府は治安への脅威を理由に厳しいスクウォッター取締を始め、四〇年後にはスクウォッターの数はその家族を含めて約二五万人（キクユ族の四分の一）となり、これがやがて生じる残忍な反乱の原因となるのである。

一九二〇年代、スクウォッターは、セトラーのために年間三ないし四か月（一か月四シリングの賃金）働き、自己のため羊やヤギ（三〇頭まで）を飼うことができ、自己のため野菜（約二・五ヘクタール）を作り、生活には充分であった。一九二〇年代の半ばには、セトラーはスクウォッターの労働期間を六か月に拡大し、スクウォッターの家畜や農作物の余剰が市場に出るのを拒む規定を作り上げて行き、彼らの生活余裕をなくし、農奴化し、一九二九年の世界恐慌はさらにこれに追い打ちをかけた。

一九三〇年代に入ると、スクウォッターの従来の借地人としての立場は単なる労働者となり、不況のため農作物の輸出価格の低下で、セトラーはスクウォッターの消費に目を向け、セトラーの生産物を買わすため制限を加えた。ようするに、スクウォッターの個人的生産を禁止した。南アフリカの大プランテーションと異なり、小規模で経営の成り立ちがたいセトラー達は吸い上げれるものは吸い上げようとした。そんな時、この状況に、高収入をもたらす除虫菊の栽培がケニアに導入され、生産への重労働を支える者としてスクウォッターの利用が拍車をかけた。

一九三九年、第二次世界大戦が始まると、ケニアの植民地政策はヨーロッパの食糧の供給地としての役割を果たすべく、強制労働を導入し、アフリカ人の食糧不足も気にかけず、購入価格を固定する制限を強化した。終戦の年の一九四五年には、セトラーとの一年間の労働契約期間は九か月に及び、自由に耕やせる土地は〇・六ヘクタール、所有できる家畜はわずか五頭と、スクウォッターを生活できなくしてしまった。そして、この支配制度は、戦争後も断固続行する政策を持ったため、スクウォッターに憎しみが生じないわけはなかった。特に、キクユ・ランドではなく、セトラーの農場で生まれたスクウォッターが成長して来るとその憎しみは増大した。

一九四五年の中頃には、スクウォッターの不穏な空気はホワイト・ハイランドの全域に広がって行った。しかし、セトラーの抵抗は激しく、スクウォッターは急進化するしかなかった。一九四六年には、セトラーとの契約を拒否するスクウォッターが数千人生じた。当時のケニアの植民地の構造は、最上部に植民地政府・ヨーロッパ人セトラー、中間にアジア人の商人、職人、下級官使、最下部にアフリカ人が位置し、最低の価格で余剰のトウモロコシの購入を行なうヨーロッパ人ばかりでなく、高い商品を売りつけるインド人の独占的な商人もアフリカ人の敵であった。

スクウォッターには、リザーブの首長を通じてセトラーの下で働き、土地の不足と食糧の不足に悩むリザーブでは、一度外に出たスクウォッターの帰還を恐れた。結局、セトラーとの契約を拒否し、かつ故郷に戻れない者達は森に入り、本当の「不法占拠者」となった。木を切り製材業を行ない開拓地を開き、スクウォッターは、実際、違法状態でしかホワイト・ハイランドでは生きて行けなかった。こうして、彼らは森の中で、反政府、反ヨーロッパ人、反キリスト教の砦を築き、植民地政府の作り出した歪みを排除するために動き始め、教育に力を入れ始めた。

キクユ族は、植民地政府とセトラーの抑圧にもかかわらず、伝統的文化の教育を忘れなかった。この主張は、一九二八―一九二九年の女性の割礼の問題から、ミッショナリーとの激しい対立が、キクユ族の教育とキクユ族の学校の独立設置の動きとなった。「アフリカン・オーソドックス・チャーチ」は「キクユ・カリンガ・スクール」を組織し、「アフリカン・インディペンデント・ペンテコスタル・チャーチ」は「キクユ・インディペンデント・スクールズ・アソシエーション」を起した。キクユ族のこれらの学校と教会は、地域に急速に数を増すにつれて、コミッショナー、ミッショナリーを含めてヨーロッパ人の敵対にもかかわらず、影響力を拡大し、同時にスクウォッターの拠点となって行った。

一九三〇年代には、キクユ・ランドに至福千年の教会「ワツワ・ムンガ（神の子）」が生まれ、ヨーロッパ人農場に拡大し、ヨーロッパ人の略奪よりアフリカ人を救出すると位置づけたため、ヨーロッパ人は脅威を感じ、一九三四年五月にはエルバーゴンで五人のアフリカ人を検挙した。いずれ出現する独特の宗教、思考感覚はすでに現われていた。抑圧された状況は、至福千年や「ドリーマーズ」の活動のかっこうの舞台であった。

一九四〇年代、水面下で、スクウォッターは革命運動に移り始めた。一九四六年九月、ブクス族のスクウォッターはトランス・ヌゾイア地区で早くもヨーロッパ人農場の攻撃を行なっていたが、政治的抵抗ではなかった。キクユ族のスクウォッターは、一九四九年に放火キャンペーンを始めた。キクユ族の抵抗はブクス族の不平の突発的な抵抗ではなく、ナショナリズムと結びつき政治化された。

ケニアにおけるアフリカ人の政治活動は、一九二〇年代に出現したナイロビの「ヤング・キクユ・アソシエーション（Young Kikuyu Association）」、キクユ族のリザーブの「キクユ・セントラル・アソシエーション（ＫＣＡ：Kikuyu Central Association）」のようにミッショナリーで教育された若いエリート主義者に始まり、キクユ族が中心であった。ＫＣＡ自体は、めったに抵抗を起しはしなかったが、ホワイト・ハイランドの首長的権威の欠如の中で、仲介者の役目を果し、リザーブではセトラーの農場と結ぶ掛橋の役割を果した。そして、セトラー側が制限を加えるごとにＫＣＡも成長して行ったが、リーダーシップをとるほどではなかった。

とはいえ、第二次世界大戦中の一九四〇年にKCAなど反政府組織は非合法化されて、指導者はすぐに逮捕された。一九四四年にケニアの主要な部族が参加し、「ケニア・アフリカ人同盟（KAU：Kenya African Union）」が設立され、失地回復、キバンデ（パス）の所持反対を訴えた。一九四九年には、二〇年前にKCAの書記長になり、一五年間イギリスに留学していたジョモ・ケニアッタが帰国し、KAUの党首となり、キク族を中心に大衆の組織化を行なった。KAUは失地回復のため土地政策の放棄を植民地政府に何度となく要求したが、譲歩を得ることなく時間が過ぎ、復員兵士の出身者の多い都市部の労働組合の指導者がナイロビの支部から穏健派を追い出し、急進派が進出して来た。

一九四六年春、オレグルオネのスクウォッターは、政府の規則（スクウォッターの耕作地八エーカーの内三エーカーに牧草を育てる事）を無視することに出て、従来のKCAとは異なる新しい誓約を行なった。この抵抗から、スクウォッターに非合法な「ミリタント（闘士）」のネットワークが生まれ、オレグルオネの活動が、ナクル、ナイバシャ、ライキピアなどの各地に広がり、リザーブよりホワイト・ハイランドの活動は活発化し、すぐにオレグルオネは抵抗のシンボルとなった。

同じ年の四月、ナイバシャ地区のソイサムデュのスクウォッターが、耕作地と家畜の制限で、新しい契約のサインを拒否し、エステートを自由に耕作し、キクユ族はKCAと一体化し、流れは独立に向っていた。植民地政府は、この時、大戦の疲れで強硬な態度を避けたかった。が、スクウォッターの態度も、生活が不可能な状況に来ており堅固であった。妥協点を見い出せないセトラー側は、関与者五〇〇〇人以上の大量の追い出しを始め、一九四九年二月以後、抵抗は散発的になった。

追い立てを食ったが、リザーブに戻れないスクウォッターの選択は、結局農場にとどまるしかなかった。同じようなことは各地で生じていたが、植民地政府は、セトラーによって作られた歪みを正そうとしなかった。ここに、植民地政府・セトラーとスクウォッター、リザーブの首長とスクウォッターの二重の歪みが生じた。

三、マウマウの出現

若い「ミリタント（闘士）」は、植民地政府、セトラーばかりでなく、「ケニア・アフリカ人同盟（KAU）」のエスタブリッシュメントに対しても敵対するようになった。したがって、状況は、一九四七年中ずっと不穏なままであった。特に、ナイロビ、リフト・バレイ、ニエク、フォート・ホールは急進的であった。また、ナクル地区ではオレグルオネからの追われた活動家やジョモ・ケニアッタ党首を含んで幹部が、集中してKAUの勢力を増大させた。KAUも「キクユ・セントラル・アソシエーション（KCA）」もほぼ同じ組織であり、KCAは非合法で、KAUは合法的に活動できた。合法的な大集会を通して、ケニアッタ党首はアフリカ人の不幸をナショナリズムに結びつけるのに成功したが、彼の主張はパスを燃やすのに反対したように、あくまで穏健であった。

一方、スクウォッターは、抵抗はより過激に、広域にを謳い文句に「誓約キャンペーン」を始め、一九四七年末にはマウマウの活動が始まっていたと言われ、またナクルではミリタントが大きな勢力となっていた。

一九四八年三月一三日、ヌガタの農場で、偶然にスクウォッターの組織で、活動家によるスクウォッターの裏切り者の誓約者の殺人事件に出会ったことが、マウマウの活動の最初の発見と言われる。ちなみに、マウマウの活動家がキクユ族のスクウォッター達を自ら「マウマウ」と呼んだことはないし、マウマウの語原については多種色々あって、今だ確定されていない。

次に、マウマウの行動が発見されるのは、半年ほど後の九月末のナクル地区でのインド人商店のボイコットであった。インド人商人は、卸売、小売を独占して、高く商品をアフリカ人に売りつけ、スクウォッターの余剰作物を買い叩いた。ボイコットは、KAUの指導部の放棄命令にもかかわらず三か月間続いた。とはいえ、一九四九年になると、植民地政府の不良スクウォッターの即座の解雇、リザーブへの追放が行なわれ、不穏状況は一応改善されたように見えたが、水面下ではマウマウの組織化は進み、誓約の中の警告も利《き》いて、植民地政府警察に発見されないだけであった。当時、すでにキクユ族のスクウォッターの八〇パーセントはKAUのメンバーであるか、支援者であると言われた。植民地政府は、第四次中東戦争のイスラエル政府のように敵の徴候に気づいていたが評価するのに失敗していた。

せっかくのインフォーマーの情報も役立たなかった。一方、マウマウの活動は、KAUのナイロビの中央委員会を支配するエスタブリッシュメントの穏健派と、地方の支部を支配するミリタントの急進派の分裂が見られた。

一九五〇年に入ると、スクウォッターは、セトラーとの新規の契約の拒否などの消極的抵抗から、破壊活動などの積極的抵抗に向った。まずは、夜間に道路に丸太が置かれたり、電話線が切断され始め、農場では作業機械が破壊される言わばマイナーな攻撃が、オルカロウ、ナイバシャ、エルバーゴン・ヌジョロの地域で多発した。

一九五〇年五月一二日、ナイバシャで三九人のアフリカ人が誓約セレモニー参加者として逮捕された。この言わゆる「ナイバシャ事件」で、マウマウの実体が知れ渡ることになった。一方、これに対し植民地政府は一一月二七日にナクルで高級者会議を開き、断固として反マウマウ・キャンペーンを行なうことに決めた。警察、地方官使、セトラーは緊密な情報網を作り、協力して地方委員会を設立して、疑わしいスクウォッターを追放し、彼らの資金源を断つ作戦を展開した。こうして、一九五〇年中は、政府側がスクウォッターの間をほぼ完全に支配しているように見えたが、マウマウは破壊工作よりも自己のポジション固めに力を集中していた。

マウマウの目的は、なんと言っても第一に失地の回復であった。「ランド・アンド・フリーダム」の言葉に描かれるように、キクユ族にとって、「母であり、父である」神聖な土地が白人によって盗まれたのであった。常に若者は、ヨーロッパ人セトラーの所有する土地は、総て昔はキクユ族のものであったと考える傾向があった。また、土地をめぐっては、ヨーロッパ人セトラーが追い出された後には、ホワイト・ハイランドの土地を解放に貢献した度合いによって、再分割されるという若者に期待を持たせる話しもあった。そして、何と言っても、キクユにとっての自由は土地によってもたらされるのであった。

第二の目的は、独立であった。自治政府の獲得は、必ずしも従来のＫＣＡの積極的な目標ではなかったが、同じイギリスの植民地のインドとパキスタンが一九四七年に独立し、翌四八年にビルマも独立した時、インド商人の多いケニアで、アフリカ人の独立に期待が生じないわけなく、不遇のスクウォッターを引き受けるマウマウの目的として申し分のないものであった。

目的の第三は、一九三〇年代に生じていたケニアの伝統文化保護のためのキリスト教信仰の破壊であった。一九〇〇年代の初めから、キリスト教ミッションが東アフリカの奥地に布教活動のために入り、植民地政府よりも早くに教育活動を始めた。教育を受けたいがためにキリスト教徒になるアフリカ人の若者も多くいた。しかし、一九二〇年代に入るとアフリカ人の中からヨーロッパ的価値観への反発が生じ、伝統的文化に根ざす独自のキリスト教の独立教会を設置するとともに独立学校を設けた。独立系の教会の中には、「デニ・ヤ・イエス・キリスト」のように、一九四七年一二月に警官隊と衝突したような過激なものもあった。キリスト教の信仰の破壊は、マウマウの誓約の中にも含まれ、信仰を打破する手段として、暴力と脅迫が行なわれ、反キリスト教プロパガンダには、キリスト教のセレモニーの聖歌のようなものが文言を変えて逆に用いられることになる。

第四は、ヨーロッパ人の文化に対しては、キリスト教文化だけでなく、「イスラム原理主義」のように総ての西欧文明を破壊の目的とした。マウマウの主張は、イギリス製のビールの禁酒、帽子の禁止、タバコの禁煙など、ヨーロッパ人によって持ち込まれた習慣に及んだ。これらはマウマウ団の入団の誓約の中にも謳われ、繰り返し唱えさせられ、公衆の面前でタバコを吸う行為をするキクユ族の者の生命の保障はなかった。

第五の目的は、外国人の追放であった。マウマウは、彼らの富は総て外国人によって奪われ、彼らを追放しない限りアフリカ人は豊かになれないとした。外国人は、もちろんヨーロッパ人、白人ばかりでなく、ケニアの商業活動を支配するインド人も含まれた。

これらの目的を実行する手段として、マウマウは大きなプロパガンダ・キャンペーンを行なった。合法的政治活動とされるKAUのカバーに隠れてマウマウは活動しており、彼らは一番キクユ族の大衆に馴《なじみ》があり、できるだけ多くの者が、もちろん文字の読めない者も参加でき、リーフレットよりも安上がりで、治安当局から目をつけられる危険が少なく、繰り返すことで大衆の脳裏に刻み込まれて大きな効果を持つことに目をつけたのが、「賛美歌（hymn）」であった。

「共に来て泣け、ヨーロッパ人がいかに我々を抑圧し、いかに我々を服従させているかに気づけ」

「我々を長く抑圧しているヨーロッパ人よ、出て行け」と歌って、

「我々の王、ケニアッタに長命を」と、ジョモ・ケニアッタは王として歌われ、コーラス隊が繰り返す。

「なぜ、お前達は子孫を殺すのか、非難されているのに気づかないのか」と、ヨーロッパ人に忠実なロイヤリストに対しての脅しを忘れなかった。

「ヨーロッパ人は、いつかは去る。その時、どうなっても知らないぞ」

賛美歌は、「キクユ・クラブ」、「キクユ・ミュージカル・ソサエティ」などの名を借りた宴会に見せかけた集会や、パーティで歌われた。一般大衆を集めての賛美歌の合唱が公然の誓約であるとすれば、マウマウは秘密の誓約であった。

言わば、マウマウの一種神秘的な部分とでも言うべきものが、誓約のセレモニーであった。概念は

任侠の親分・子分の忠誠の盃のようなものであったが、その儀式はいたって血なまぐさいものであった。元来、アフリカ人の若者には割礼など成人になるための儀式があり、それを通り抜けないと一人前の大人《おとな》、部族民として認められない傾向がある。マウマウへの入団と言おうが、入信と言おうが、誓約セレモニーも根本的には同じ原理であり、極初期の儀式はキクユ族にとって神聖な数字「七」の回数だけ錐《きり》で手首に傷をつけ出血させ、外に対してマウマウの者であるというサインであった。しかし、このサインは人目にふれ検挙される証拠となるため、すぐに止められた。

そして、一般に確認されたマウマウの誓約のセレモニーは、数種、数段階あるようであったが、だいたい次のようなものであった。

キクユ族の若者は、日が暮れ、友人によって誘われ、何も知らされずに、ある家に出かける。そこで、本日の儀式に選ばれていた若者は、いきなり時計とか万年筆とか身につけていたヨーロッパ人が作った物を取り除かれ彼のセレモニーの順番を待つ間、ナタ、剣や槍を手にした警備の者によって見張られる。警備は、逃げ出そうとする者は容赦しないぞと言う恐怖心を若者に与える。次に、若者は本日の儀式のために準備されている別の小屋に案内される。ハリケーンランプの薄暗い明りの中で、若者はいきなり殴られ、儀式のことを他言すれば生きてはおられないと釘をさされる。

ここからは、生贄《いけにえ》のヤギの心臓、腸などの内臓や肉片を使って魔術師（呪術師）が色々の作法をくり広げ、その後、一般的に顔に白くペインティングした魔術師はヤギの血の入った瓢箪《ひょうたん》を手に、彼の口に出す言葉を繰り返すように若者に命じる。若者は、神とＫＣＡに逆らわないことを約束し、誓約を破れば殺されてもかまわないと、瓢箪《ひょうたん》のヤギの血を飲む。そして、同じ行為を七回繰り返してセレモニーを終る。

誓約の項目の中には、「ヨーロッパ人やアジア人に土地を売らない」や、「植民地政府に仲間を売り、スパイになったりしない」など前述の賛美歌に含まれる内容を持って二〇項目ほどであった。これによって若者は、殺せと命じられれば殺し、盗めと命じられれば盗まなければどうなるか、殺しに盗みに失敗すればどうなるか、恐怖心の中で叩き込まれる。

こうして集められた若者を、マウマウは効果的に組織した。KCAとKAU、KAUとマウマウ団が同じ組織であることは、マウマウ関係の裁判で確認されていることである。一九五一年当時のマウマウの組織は、首都ナイロビの中央機関としてエリウド・ムトニ議長の下「中央委員会（CC）」が置かれ、その下に地区委員会があり、その下に支部があった。また、マウマウは軍事組織として「ケニア土地自由軍（KLAF）」を持ち、ゼンゲ・ワ・ミルギ将軍の指揮下にあり、マウント・ケニアやアベルダレルの森林地帯で訓練が行なわれた。

そして、それぞれの議長、書記長などの要職には、常に副次者を任命しており、要職の当事者が逮捕されても、バック・アップできる体制ができていたため、組織体としての力を維持できた。また、それぞれのレベルに「アスカリス」と呼ばれる警備組織を持ち、彼らは銃器やナイフで武装し、必要とあればヨーロッパ人に忠実なロイヤリストに対しての急襲部隊の要員になった。この組織には、多くの犯罪歴のある者が、その特殊技能を生かすために採用されていた。また、上から下への組織のレベルに応じて裁判所が設けられ、裏切り者への判決が下され、アスカリスの要員が処刑を実行した。さらに、マウマウの組織は、武器、弾薬、食糧の供給、暗号化された伝文のクーリエによる伝達、偽造パスや身分証明書の発行に一般の支援を持った。

こうして、組織が整うなか、マウマウは植民地政府とセトラーの鎮圧に対して、一九五二年の春には本格的な武力闘争に入った。

四、非常事態宣言

一九五二年に入ると、警察側は、マウマウの活動範囲が、ホワイト・ハイランドの中央部のナクルから、北のウアシン・ギシュ、トランス・ヌゾイア地区に拡大しているとの認識を持っていた。これは、前年に、第二次世界大戦参加者を中心に設立されたマウマウの「中央委員会（ＣＣ）」の軍事組織「ケニア土地自由軍（ＫＬＦＡ）」の活動状況とも重なっていた。最前線の戦闘部隊はライキピア地区のトムソンズ・フォールズで生じた「バッニ（小隊）の誓約」を取り入れたスクウォッターの若者によって強化された。「ケニア・アフリカ人同盟（ＫＡＵ）」の上層部の不安をよそに、運動は反植民地革命の動きを見せ、ナクル、ナイバシャへ移動し、解放闘争に乗り出した。ＫＡＵの支部の多くは、強硬派のスクウォッターの活動家に乗っ取られ、ジョモ・ケニアッタ党首も大衆を前にミリタントを誉め上げ、彼自身もケニア首相になる日も近いと演説し、ＫＡＵの支部は強化されたが、ケニアッタがこれらのスクウォッターを全面支配しているわけではなかった。この言わば有名無実のケニアッタの矛盾をしめすように、農場ではスクウォッターを監督するヘッドマンが殺され、目撃者が姿を消す事件が多発した。

一九五二年五月、ケニア警察はリフト・バレイでマウマウの掃討作戦を開始した。ナクル地区のスブキアでミリタントを支援した一五〇人のスクウォッターを逮捕し、ライキピア地区のトムソンズ・フォールズで同じくスクウォッター一〇人を逮捕し、戦闘部隊を孤立化させる作戦に出た。しかし、治安当局は、前述したようにマウマウの誓約の恐怖で、情報収集がままならなかった。六月には治安の悪化が激しくなり、八月には北のライキピア地区の三地域で夜間外出禁止令が出され、ナクル、ナイバシャ地区に特別地区が宣言された。

九月に入ると、警察側は軍の支援を受けて、大量逮捕に乗り出し、五〇〇人以上を予防拘留した。とはいえ、治安は改善されるどころか悪化を続けた。植民地政策は、ナショナリストの植民地解放闘争を政治問題として理解してなく、単にKAUを締めあげれば、なんとかなると考える傾向があり、植民地政権とセトラーとのスクウォッターに対する締めつけより生じる経済的貧窮など考慮になかった。

一九五二年一〇月二〇日、イギリス政府は、警察の作戦は単に状況を悪化させるのみで、マウマウの支援の増加は止まず、ナイロビの議員トム・ムボテラと首長ワルヒユ・イトテが暗殺された時、敵が本気であることを認識し、ケニア全土に非常事態を宣言し、軍艦艇と兵士を派遣し、「オペレーション・ジョック＝スコット（Operation Jock Scott）」に突入した。

一方、KAUの地方の指導者やキクユ族のミリタントは、森に逃がれなければならなかった。治安側のミリタントを孤立させるという目標は、すぐに農場のスクウォッターの間に混乱が生じ効果を見せ始めたが、森に姿を消したミリタントは森の中にてすでに生活を営んでいたスクウォッターを軍事組織に編制し始めた。そして、テロや破壊活動の目標をヨーロッパ人に対しても広げた。マウマウの森からの攻撃はナクル地区で始まり、ヨーロッパ人の財産に火がつけられ、アフリカ人インフォーマーは殺害された。非常事態宣言から一か月後の一一月二二日には、ライキピア地区のレショー・ワードでセトラーが殺され、ヨーロッパ人から初めてのテロによる死者が出た。

政府側は、レショーで四三二四人のキクユ族を追い立てると共に、敵の拠点となりそうな地域に軍隊を派遣し、小屋を焼き払って、スクウォッターをリザーブに追い出した。もちろん、森に深く入り、ミリタントに参加する者もいた。

一二月一五日には、共同懲罰制を導入した。これによって、テロなど重大な事件によって被害を受けた農場に対しては、スクウォッターの全員を追い出し、家畜や生産物の押収を行ない、共同懲罰の実行の範囲は周辺の農場にも及び、事件の程度によって押収の割合が決められた。

マウマウは、実に細かな方法で、非常事態宣言がなされる前から、行動のネットワークを確立していた。彼らは、ケニアの周辺領域に、今だ独立の武力闘争を戦っている国はなく、その国境はすでに独立していたエチオピアを除き、タンザニア、ウガンダと同じイギリス植民地に囲まれ、海上はイギリス海軍が配備されていたため、海外からの武器・弾薬の密輸入は難しく、ヨーロッパ人の民間人の護身用、狩猟用、スポーツ用に持つ銃器を盗むしかなかった。弾丸が一度に一発、二発と目立たぬようにヨーロッパ人の屋敷に務めているマウマウ支援の使用人によって盗み出された。非常事態宣言が出されると、植民地政府は盗み出された銃器・弾薬の大きいのに驚き、過失によっても銃器・弾薬を失った者は裁判にかけられることになった。例えば、拳銃一丁と弾丸五発を車の座席に置いたコートの中から盗まれたヨーロッパ人男性は、懲役三か月の代りに一〇〇ポンドの罰金が課せられた。それでも、全土で武器の紛失が多発したため、不法な銃器を回収するため当局は規制を強化した。ちなみに、これらの盗難事件は、マウマウに通報する者と、犯罪者上がりで盗みの実行を担当する者が分担して行なわれた。とはいえ、急増するミリタントを支えるだけの武器と弾薬が盗みのみで供給できるわけでなく、手製の銃の製造を行なったが、その性能には問題があった。そのため、マウマウは、警察所、ホーム・ガードのポストを急襲して、武器・弾薬を一度の大量入手を試みた。

マウマウが軍事組織である以上、一番重要なのは資金である。特に逮捕・拘留されている者の家族への収入の負担があり、政府側の戦略によって逮捕・拘留者が増えるとそれだけ出費は増大した。マウマウの入団誓約セレモニーで、一人当り二ポンド五〇セント取られたが、寄付金だけではすぐに不足し、マウマウは商人など比較的裕福な者達から言わば強制的に寄付金を徴収し、拒否する者には誘拐、殺人、不具にするなど見せしめの実力行使を行ない、ほとんどの者が生命にかえがたく支払いに同意した。

マウマウのミリタントに対抗するため、政府は、警察、軍の他に、同じキクユ族で最も危険であったロイヤリストを集めて、「キクユ・ホーム・ガード（Kikuyu Home Guards）」を設立した。当初、ホーム・ガードは非武装であり、マウマウの活動状況を提供するだけの情報機関としての役割が大きかった。政府は、訓練されていないホーム・ガードから武器・弾薬が奪われることを、まずは心配していた。しかし、組織が大きくなるにつれ、イギリス人の指揮官が任命され、訓練が与えられ、武装が与えられた。他方、マウマウは、その誓約を受けるのを拒否したラリ地方で一九五三年に虐殺事件を起した。同じキクユ族の者をロイヤリストとは言え、九七人を死ぬまでメッタ切りにし、妊婦の腹を引き裂くなど、ベトコン・ゲリラさながらの残虐行為を行なった。そして、このニュースの広まりとともに、一般大衆の支持がくずれて行った。

武装闘争の開始の当初、マウマウ側は、幹線道路を離れた訓練基地でもあったマウント・ケニアやアベルダレルの山岳地帯のスロープにあたる森林地帯で作戦を行ない、ギャング達（政府側は、ローデシア、南アフリカが反政府ゲリラに対して「テロリスト」と呼んだように、マウマウのゲリラを一般に「ギャング」と呼んだ）の急襲を生じても、警察所、軍の基地、ホーム・ガードのポストに連絡が届くまでには時間を要した。したがって、救援の部隊を送るにも四輪駆動車でも進めず、歩かなければならず、ロイヤリストの斥候兼通訳の案内で敵の足跡を追跡することになったが、地の利をいかしてゲリラ側は派遣された部隊を予期して待ち伏せを仕掛けた。

これに対し、当初、政府側は山岳地帯上空で偵察と攻撃を行なうハーバード機を導入した。この小型機は、森林地帯を爆撃し、機関銃掃射を与えたが、厚い森の中に隠れるマウマウには、すぐに心理的効果もなくなり、大きな損害を与えられなく、根本的にはパトロールが対ゲリラ戦を行なうしかなかった。

また、ナイロビでは、マウマウの都市ゲリラに対して、一九五四年四月に一掃作戦「オペレーション・アンビル（Operation Anvil）」を敢行し、偽造身分証明書や関係書類の厳重なチェックが導入され、二七〇〇人を逮捕した。

五、残された歪み

一九五三年に入ると、セトラーの所有の農場での、ライキピラ地区に限定されていたヨーロッパ人に対しての攻撃が、南に下ってナクルとナイバシャ地区へと拡大した。一月一日の夜、オルカロウで二人のヨーロッパ人・セトラーが切り殺された。政府側は、直ちに反撃に出て、スクウォッターを徹底して追い立て、五〇〇〇頭余りの家畜と財産を没収した。こうして、四月までにホワイト・ハイランドを追放されたスクウォッターは六万人に上り、一度はキクユ族のリザーブに戻ったが、リザーブは人口過剰で、彼らの住む所はなく、若者達はすぐに森の中に消えた。

一九五三年三月二〇日、ターニング・ポイントとなるナイバシャの警察所の襲撃事件と、六日後のラリの虐殺事件が生じた。この作戦の成功と、農場の新しい身分証明書のキクユ族の顔写真の撮影への不服従行為の実行は、直ちに州と地区に緊急委員会の設置をもたらし、リザーブの保守的首長やロイヤリスト、その家族を守るための行動をとった。夜間は外出が禁止され、逮捕状なく大量に身柄の予防拘束者が出た。

六月一五日、アベルダレルの森の戦闘で、一二五人以上のマウマウを殺害し、ジョージ・アースキン将軍の下での反撃が始まった。

政府の徹底追放で、一九五三年の一年間に、ナクル地区で四万人以上、ライキピア地区では約二万五〇〇〇人が去り、ヨーロッパ人セトラーは労働力不足にみまわれたが、警察官や軍兵士に多くの者を出していたカンバ族、バルヒヤ族、キプシギヌ族の者が多く雇い入れられた。これら政府側の対抗処置によって、スクウォッターは生活の糧《かて》を失ない、農場で働く者はマウマウへの寄付どころではなく、マウマウの支援にちゅうちょをし始める。

この頃、タンガニーカの領域内の特に北部に住むキクユ族が不穏な動きを見せ始め、ＫＣＡはウガンダのアフリカ人指導者達とも接触があったため、イギリス政府はジョージ・アースキン将軍の下に「イースト・アフリカン・コマンド（ＥＡＣ）」が編制され、周辺のウガンダ、タンガニーカの動きを押え、ケニアを孤立させた。

一九五四年に入ると、マウマウは、新しくセトラーに雇われたキクユ族でない部族のスクウォッターを襲撃し始めた。キクユ族のスクウォッターにしても、森に入ったものの、森には彼らより以前に入り木を切り出して売り、長年かけて開拓した先住者とでも言うべき同族の者達が生活しており、多数入って来るが、このよいとは言えない環境に不慣れな新参者を養う余裕があるわけでもなかった。したがって、マウマウの者は、同族者に要求を強いるか、彼らの代りに農場で働くことになった者、他部族の者を襲って食糧、金品を奪うしかなく、ゲリラより政府側の言うギャングになり始めていた。

こうして、キクユ族は、マウマウに腹を立て、政府側の支援に向き始める者が出るのは当然の成り行きであった。マウマウの反乱のターニングポイントは、ナイバシャの事件で過ぎていた。今では、マウマウの者は、自己の生存のため、やけっぱちに行動するギャングと化し、政府の思惑どおり民族解放の道が閉ざされた。

一九五四年三月には、イギリス人兵士は顔を黒く塗り、頭にカツラを付け、キクユ族に変装し、元マウマウの案内人とアフリカ人兵士で編制する十人程度の小部隊のパトロールが、マウマウ団ゲリラになりすまして「サーチ・アンド・デストロイ」作戦を行なった。

首都ナイロビでは、ゲリラ一掃作戦「オペレーション・アンビル（Operation Anvil）」を四月に行ない、二か月でマウマウを一掃してしまった。

軍は点在するマウマウを各個に撃破する作戦を続けながら、ホーム・ガード部隊の訓練を行ない、治安の全権の譲渡の準備をしていた。一九五四年末には、軍は対ゲリラ戦用の分隊規模のパトロール隊を出して、マウマウを追いつめた。

一九五五年五月末までに、キクユ族のスクウォッターは組織的に解体された。

九月二日、イギリスは派遣兵力の縮小を始め、非常事態宣言以来、約一万人のマウマウを殺害し、一五三八人の降伏を受け入れ、二万四〇〇〇人以上を逮捕・拘留していた。その後も、散発するゲリラ活動に、一九六〇年の初めまで掃討作戦を続けた。最終的に、マウマウ側の損失は、死者約一万一五〇〇人、投降者は約二七〇〇人、逮捕・拘留者約二万九〇〇〇人であった。一方、植民地政府側の死者は、ヨーロッパ人九五人、アジア人二九人、アフリカ人一九〇二人であったと言われる。

軍事的問題が解決すると共に、問題は政治化して行った。

マウマウの反乱は、キクユ族中心の反乱であり、キクユ族とは言語と習慣的に近いカンバ族ですら、単に他の部族より影響力を持つ程度であり、他の部族と仲はよくなかった。マサイ族は、キクユ族のスクウォッターがその領域に流れ込んだせいもあって、関係は悪かったため、植民地政府はキクユ族を孤立させるためうまく用いることが出来た。

キクユ族の解放運動は、すでに述べたように、穏健なナショナリスト派と急進派に分れており、ジョモ・ケニアッタはミリタントへの影響力を失なっていた。従って、ケニアッタを逮捕し、マウマウへの圧力を掛けるように強いたが、不可能であったように、ケニア植民地におけるキクユ族と、キクユ自体の二重の歪みの中に、抵抗側はあり、解放運動としてこの二つの枠を乗り越えない内に、実力行使にマウマウは突入していた。マウマウの目的は、今だ、政治目的に完全に成長していなかった。また、宗教的、神秘性がそれを強めた。

そんな中で、ジョモ・ケニアッタの態度はあいまいであった。合法的に目的の遂行を語るケニアッタの言葉どおりであると、スクウォッターは自らの行動を受けとった。急進派には、ケニアッタへの不信よりも、名前を用いる方に利益を持った。これは、マウマウの弱点であった。ケニアッタは、マウマウへの影響力がなくても、全キクユ族の者にとって解放のシンボルでもあり、王であった。マウマウは、二重の歪みを矯正できないまま、植民地解放闘争に入り、その歪みを植民地政府にみごとに突かれて敗れていた。キクユ族のスクウォッターは、まず第一に失地回復のために戦っていたのである。

一九五六年一〇月、一九五三年八月にこれまで軍事部門の総指揮をとっていたゼンゲ・ワ・ミルギ将軍よりその地位を奪って指揮をとっていた総司令官デタン・キマジが逮捕され、問題は益益政治化して行った。

一九五九年一一月に非常事態は解除され、続いてヨーロッパ人強硬派の反対を押し切り、ホワイト・ハイランドでの土地所有の開放、人種別制限条項の撤廃を宣言した。

一九六〇年一月、植民地政策の変革を望むハロルド・マクミラン政権の下、ロンドンでケニア制憲会議（第一回ランカスター・ハウス会議）が始まり、黒人多数支配が決められ、一九六一年二月の初の総選挙で、キクユ族中心の「ケニア・アフリカ人民族同盟（ＫＡＮＵ：Kenya African National Union）」が勝利したが、ジョモ・ケニアッタの釈放まで内閣に入ることを拒否し、アフリカ人少数派「ケニア・アフリカ人民主同盟（ＫＡＤＵ：Kenya African Democratic Union）」とヨーロッパ人穏健派「ケニア国民党（ＫＮＰ：Kenya National Party）」との連立内閣が成立した。

一九六一年八月一四日、一九五二年一〇月に逮捕され翌年に懲役七年の有罪判決を受けていたジョモ・ケニアッタが釈放され、ＫＡＮＵの党首に就任した。

一九六二年二月、同じくロンドンで第二回ランカスター・ハウス会議が開かれ、独立への最終準備がなされ、一九六三年五月の総選挙でＫＡＮＵが大勝し、ケニアッタ内閣の下で、一二月一二日にケニアはイギリス連邦内で独立を成し遂げた。一年後には、新憲法の制定によりケニアは共和国となり、ケニアッタは初代大統領となった。

ケニアッタは、一九七八年六月二〇日の死去まで一六年間の長きに渡って大統領を務め、ヨーロッパ人セトラーに穏健な政策をとって経済の安定に努めたが、キクユ族代表のケニアッタは野党を非合法化し、一党制の下、次第に独裁的傾向を帯びて行った。生存中は、ケニアッタのカリスマ的力によって比較的安定を維持したが、他部族との関係は改善されず、対立を繰り返し、植民地の歪みを正せないまま流血の惨事を持って今日に至っている。

第二章　アフリカ独立の年

一、マグレブの解放闘争とインドシナ戦争

ケニアで非常事態（一九五二―一九五九年）が宣言されている間に、アフリカ大陸では、独立に向けての動きが、スエズ動乱（一九五六年）、ハンガリー暴動（同年）に見る米ソ両超大国の冷戦のさなか、続いていた。この動きは、同じアフリカ大陸でも、北アフリカのアラブ系住民によって、より盛んであった。

チュニジアでは、二〇世紀に入ると、文化運動を通じて民族意識が高揚して政治活動が生じ、一九〇七年設立の「青年チュニジア党」を通じて独立運動に発展した。チュニジア人市民は、一九一一年の「ジュッラーズ墓地事件」、翌年の「電車事件」など激しい流血の抵抗に民族意識を見せた。第一次世界大戦（一九一四―一九一八年）の後、一九二〇年に青年チュニジア党など多派が結集して「チュニジア立憲自由党（ドゥストゥール）」を創設し、フランス政府との独立交渉を始めたが、話しにされなかった。ドゥストゥール党は、その穏健派の分派ができたり、フランス左翼連合への期待をもったりしたが、独立に近づくことなく、弾圧を受け沈黙状態が続いた。一九三〇年代に入ると、チュ

ニジアに新しい動きが現われ、代表するバビーブ・ブルギーバは一九三四年三月「新ドゥストゥール党」を結成し、大衆を引き込み、反植民地活動を始めた。ブルギーバはじめ指導者は一時逮捕されたが、一九三六年にフランスに人民戦線内閣ができ、保護条約改廃の動きがあった。しかし、フランス人入植者、コロンの反対によって進まず、一九三八年に政府側は弾圧に乗り出した。ブルギーバは再び逮捕され、新ドゥストゥール党も解散させられた。チュニジアの対話政策は、従来味方のはずのフランス人民戦線内閣への期待もむなしく挫折し、労働運動と結びつくことによって、独立への道は急進化した。

第二次世界大戦（一九三九―一九四五年）が始まると、アルジェリアとリビアにはさまれたチュニジアは、難しい位置にあった。チュニジアも含めてマグレブのフランス植民地のモロッコとアルジェリアは、一九四〇年六月のパリ陥落で、親ドイツ傀儡政権、ヴィシー政府の支配下に入り、ナショナリズムも当然に弾圧を受けた。

そして、フランスとイギリス植民地に挟まれる形でリビアがあった。リビアを植民地とするイタリアは、同じく自国領としたエリトリア、アビシニア、伊領ソマリランドからエジプトを挟撃できると考えたムッソリーニは、フランスで勝利を納めたヒトラーへの対抗意識もあって、北アフリカ軍司令官グラツィアーニ元帥にアレキサンドリアの占領を命じた。リビアに二五万人の兵力を誇ったが、士気、火力とも不充分なイタリア軍は、一九四〇年九月一三日、エジプト領に侵入した。三万人の兵力にすぎないイギリス軍は、マルサ・マトルーまで戦略的撤退を行なったので、三か月間イタリア軍はのんびりした展開を行なった。火力と装甲に優《まさ》るマチルダ戦車の補給を受けたイギリス軍は、一二月六日、マルサ・マトルーから反撃を開始し、一気にハルファヤ峠を越えリビア領に、補給の要所トブルクを抜けキレナイカを横断し、二か月間にエル・アゲイラまで八〇〇キロメートルの大追撃を行なった。このイタリア軍の大敗北で、地中海を守るためヒトラーは北アフリカに介入せざるを得なくなり、一九四一年二月一二日にエルビン・ロンメル将軍をアフリカに派遣した。ギリシア戦線に兵力を裂かれエル・アゲイラに留まるイギリス軍に対し、三月二四日ロンメルのアフリカ軍団の攻撃が始まった。トブルクをめぐる攻防戦を繰り返し一九四二年六月二〇日に陥落させた後、アフリカ軍団はエジプト領に入ったが、エル・アラメインをめぐる攻防戦で、七月二一日に行き詰った。

一九四二年一一月八日、ドワイト・アイゼンハワー中将指揮の攻撃部隊が、モロッコのカサブランカ（二万五〇〇〇人）、アルジェリアのオランとアルジェ（各一万八〇〇〇人）に上陸し、ヴィシー政権下の支配を奪回する「トーチ作戦」が始まった。一方、エジプトではエル・アラメインの最後の突破を試みたロンメル将軍のアフリカ軍団は、補給不足も手伝って、一九四二年九月二日アラム・ハルファ陣地を突破できず、枢軸側は海岸線からカタラ低地まで防衛陣地を築かざるを得なくなり、主導権はイギリス軍に移った。ロンメル将軍が本国で休養中の一〇月二四日、イギリス第8軍は攻撃を開始し、ロンメルはすぐに現場に復帰したが、油槽船が沈められ補給がままならず、一一月四日にイギリス第10軍団は敵陣を突破し、アフリカ軍団の撤退が始まった。モントゴメリー将軍の激しい追撃は、一一月一一日にハルファヤ峠を抜けリビア領キレナイカに入り、一二月一七日にエル・アゲイラを迂回し、六日後にはトリポリに入り、チュニジア国境まで三〇〇キロメートルに迫った。アフリカ軍団は、一一月二八日にロンメルが帰国した後も撤退を続け、チュニジアに入りチュニスの防衛線の味方と手を握った。一方、連合軍は、アルジェリアからの部隊とエジプトからの部隊が両翼からチュニスをめざして手を結んでアフリカ最後の決戦を行なったため、全土が戦場となった。一一月二五日に開始された攻撃も、不器用な作戦を繰り返したため、枢軸軍の一九四三年五月一二日の全面降伏まで半年余りの時間がかかり、チュニジアは荒廃した。

戦争が終っても、チュニジアの政治的立場に変化は見られず、一方、釈放されていたブルギーバは新ドゥストゥール党を立て直して「チュニジア労働総同盟」と結びつき、弾圧政策で望む植民地政府に対して、一九五〇年代に入ると大衆運動と都市と農村でのテロを含むゲリラ活動で圧力をかけた。

そんなおり、遠く離れた東南アジアで、同じくフランス植民地闘争を戦っていた小国ベトナムが、武力闘争、インドシナ戦争（一九四六―一九五四年）に勝利していた。

※その後の植民地解放戦争を見るために詳述する。

ベトナムでは、一九四五年八月一五日の日本軍の降伏の前に、ベトミンが飢餓に苦しむ農民の支援を得て解放地区を広げ、降伏とともに、即時に一斉蜂起、連合軍の進駐以前の権力の樹立を目ざした。九月二日、ハノイでホー・チ・ミンが独立宣言を読み上げ、ベトナム民主共和国の誕生を見た。南部のサイゴンでも蜂起して行政委員会ができたが、在住のフランス人の多くがフランスへの復帰を求めたため、九月二三日にフランスは軍事介入、一〇月には増援部隊の到着でフランス軍の支配は進み、一九四六年二月には六〇度以南の主権がイギリス軍によりフランスに渡された。

一九四六年一月にはカンボジアがフランス連合内の内政自治を得ており、八月にはラオスが国王の下で同じくフランス連合内の内政自治が許された。三月、ベトナム＝フランス暫定協定によって、ベトナム民主共和国はアンナン、トンキンの自治を認められたが、コーチシナ問題は棚上げされた。中国軍が撤退すると、フランス軍はハノイに無血入城する一方、コーチシナの国民投票を無視してコーチシナ共和国を樹立し、北部の兵力を増強した。衝突は時間の問題となり、一一月二〇日にはハイフォン、ランソンでフランス軍とベトナム軍の銃撃戦が始まった。一二月一九日、ハノイで両軍が衝突し、ホー・チ・ミンはハノイを脱出して徹底抗戦を呼びかけ、ここにインドシナ戦争が始まった。

圧倒的に火力にまさるフランス軍は、一九四七年に入り、ハノイ、フエ、ナムディンなど主要都市を次々に占領した。ベトナム軍は独立という政治目的のため、毛沢東のゲリラ戦の三段階理論（防御、勢力均衡、総反攻）をとった。

一九四七年三月、最高の規模に達した七万五〇〇〇人のフランス軍は主要拠点と幹線道路を押えたが、ゲリラは山岳地帯に拠点を作り、ヒット・アンド・ラン戦法をとり、絶望的な戦いに追い込んだ。一〇月には、フランス軍は山岳地帯の敵の中枢部分を急襲したが、反撃を受けて大損害を出し、勢力均衡状態に入った。

一九四九年三月、南にバオダイ・ベトナム国ができたが、ホー・チ・ミン政府は中華人民共和国の成立により承認を受け、一九五〇年に入ると第三段階の最初の反攻に出た。一旦は阻止したが、カオライ、カオバン、ランソンなど激戦の末にフランス軍の拠点は次々に陥落し、山岳地帯から追い出され、デルタ地帯に包囲された。

一九五一年に入ると再び大攻勢をかけられたが、アメリカからの増大する軍事支持を持って、火力と航空機の近接支援で敵の正面攻撃を阻止し、正規戦ではベトナム軍に勝っていたが、戦況はデルタ地帯に包囲されたままであった。

一九五一年九月からフランス軍は山岳地帯に向け反撃に出たが、一一月からの要所ホアビン争奪戦に一度は奪回したものの結局確保に失敗し、戦力の限界を明白に示し、以後ベトミン側の優勢が顕著になった。一九五二年一〇月からは、ベトミンはナサンを攻撃し、ラオスへの圧力を強めた。一九五三年に入るとベトミンは、総ての前線で攻撃の手を強め、四月にラオスに進攻を開始した。

これに対し、フランス軍は、ラオスへの進攻を阻止し、デルタのフランス軍主力をもってベトミンを挟み撃ちにすることで戦況を一挙に挽回するため、一九五三年一一月にディエンビエンフーを奇襲占領し、一万二〇〇〇人の兵力と充分な火砲が投入され、滑走路が建設されて空中補給、航空支援に準備された。この「ナヴァール・プラン」によれば、ベトミンの補給力の不足、火力の低劣に基づく作戦であったが、ベトミンはボー・グエン・ザップ将軍の指揮の下にラオスやライチャウで陽動作戦を行ない、その間に、夜間に、しかも人力補給で七万人の兵力と大砲一〇〇門と対空機関銃一〇〇門をディエンビエンフー周辺の丘陵地域に配した。三月一七日から始まった予想外の砲撃に圧倒され、天候不順のため有効な航空支援を欠き孤立無援と化したディエンビエンフー守備隊は、五月七日に降伏した。そして、これを機にデルタ地帯へのゲリラ攻撃は増加した。

陥落の翌日、五月八日にジュネーブ会議が開かれ、七月二一日にインドシナ三国の主権と領土の承認、三国からの外国の軍隊の撤退、内政不干渉が取り決められ、ベトナムは一七度線を暫定軍事境界線として統一のための選挙が行なわれることになった。

八年に渡る戦争で、約八万八〇〇〇人の兵士を失なった敗北は、疲弊したフランスに反戦気分をもたらし、マグレブの解放闘争に影響を与えざるを得なかった。

二、リーフ戦争とアルジェリア戦争

一九五四年七月二一日のジュネーブ条約の終結の一〇日後、フランス首相マンデス＝フランスは、チュニジアに外交と国防以外の内政自治を約束し、一応の安定を目ざした。そうして、一九五五年六月三日、保護条約の改廃が行なわれたが、ブルギーバの全面独立とはかなりの隔りがあった。新ドゥストゥール党内には、ゲリラ部隊「フェラーガ」の武力闘争も含むサラー・ベンユースフ書記長の強硬派と、ブルギーバの主流派との対立が国内に混乱をもたらしたが、同じフランス人植民地のテロに揺れるモロッコに一一月六日に主権の付与が認められ独立の運びで流れがかわり、チュニジアは一九五六年三月二〇日に独立を迎え、ブルギーバが初代大統領に就任した。

モロッコでは、一九一二年のフェス条約とフランス・スペイン条約によって、フランス地区、北部のスペイン地区、そして国際管理地区のタンジール（タンジャ）に三分割され、モロッコのアラウィ朝のスルタンの持つ主権は名目上にすぎず、実態は植民地化されていた。フランス地区では、植民地の歪みをうまく突く初代統監リヨテ将軍のアメとムチ（武力弾圧と経済的な利益）の方法で、アラブ人地域とベルベル人地域の分割統治法で安定した支配を敷いた。

スペイン支配地区では、一九一二年頃から、西部ではアメリカ人市民の誘拐で悪名を成していた盗賊の首領ライスリが、東部では首領アブデルクリムが反植民地抗争を行ない、一九二〇年までに西部地域は鎮圧されたが、東部地域は本格的な反植民地戦争「リーフ戦争（一九二一―一九二六年）」を始めた。反乱軍の拠点であるリーフ山脈に向うフェルナンデス・シルベスター将軍の二万人に対し、地の利を生かしたリーフ側は、敵の駐屯地を各個に撃破し、逃走する兵士を追跡し、一九二一年七月二一日、偵察能力を欠くシルベスター縦隊に出会った時、縦隊が停止するや同時に両側面から攻撃を仕掛けた。スペイン縦隊は急襲を受け、シルベスター以下一万二〇〇〇人が殺され、多数の捕虜を出し、「アンワールの戦い」で大敗北を帰した。この勝利によって、アブデルクリムはスペイン地区のメリーリャとテトワンの沿岸部を除いて大部分を支配し、一九二三年に「リーフ共和国」を樹立し、フランス支配地区を奪取する準備を始めた。アブデルクリムは、大砲、機関銃などスペイン軍から奪取した兵器でよく武装された外国人傭兵と部族民の二万人の部隊を持った。一九二五年四月一二日に秘密の内に山岳地帯をすり抜け、フェスからタザの境界線上に五〇マイル幅で設けられた小要塞の大部分を奪取した。七月二六日に、フランスとスペインは合同で反攻を起すことに合意し、スペイン側がジョゼ・サンジュルジョ将軍の五万人以上の派遣軍を準備する一方、フランス側は一五万人の増援部隊をリヨテ将軍の下に置いた。

九月八日、共同作戦は、スペイン派遣軍がフランス、スペイン海軍の支援の下、アジディールに揚陸して、一〇月二日に奪取し、アブデルクリムの司令部のあるタルギイストを次に目ざした。スペイン軍主力はまっすぐ南下し、フランス軍はタザとタフラントの間の山岳地帯に慎重に進み、両軍によってリーフ軍は挾撃され劣勢に陥った。冬の雨で前進は遅れたが、春に再開され、一九二六年五月二六日にアブデルクリムがタルギイストで降伏したが、リーフ戦争は通常部隊のゲリラ部隊への攻撃の難しさを示し、特に最初のフランス軍のトーチカを並べた防衛線を破られたことは植民地政府にとって痛手であり、大誤算であった。アブデルクリムが降伏した後も、各地に散在する首長のゲリラ活動は続き、フランス軍が各個に敵の山岳地帯の堅固に守られた基地を掃討し終えたのは、七年後の一九三三年三月二日であった。

このように、リーフ戦争は現代ゲリラ戦の先駆であったばかりでなく、アブデルクリムの目ざしたものは、従来の部族制度とイスラムの教えに基づく首長の上に立つ中央政府の樹立であり、植民地政府と傀儡のスルタンより自治を求めるナショナリズムの解放闘争の走りであり、まさに植民地の歪みを一気に正すものであった。フランス政府は、危機を感じ、モロッコ支配の功労者で初代統監のリヨテ将軍を掃討作戦のまっただ中の一九二五年一〇月二四日に辞任させて第一次世界大戦の英雄ペタン元帥を後任に、現場司令官にボアシュ将軍を任命し、優越した兵力と賢明なリーダーシップで広域な前線における急速移動と待ち伏せを避けるため地形を利用しての展開、言わばスピードと機動でゲリラを敗り、マグレブのフランス植民地への影響を押さえた。

その後、フランス、スペイン人の入植者が増加するにつれて、現地住民アラブ人との対立は当然に増し、政府は強硬策をとり弾圧を繰り返し、平和的手段による解決はマグレブから消えた。

一九三九年に第二次世界大戦が勃発し、前述したようにナチス・ドイツの傀儡ヴィシー政府が打倒された時、再びナショナリズムの運動が息を吹き返した。スルタン・ムハンマド・ベンユースフが独立運動の先頭に立ち、ナショナリストに支持を与え、一九四四年初めに「イスティクラール（独立）

党」が結成された。フランス政府は、あくまでフランス人入植者（コロン）の地位を守ろうとして多数支配を拒否、もちろんモロッコ人はこれに反対し、コロンはモロッコ人への譲歩を拒んで反対した。

マグレブの植民地少数支配の歪みはそのまま残され、イスティクラール党は労働組合と一体となり急進化して独立闘争を行なった。一九五三年八月一五日、植民地政府は、親フランス指導者タミアル・グラウイの下マラケシで反乱を起させ、スルタン・ムハンマド五世を廃位して国外追放にしたが、その反動は国中に激しく広がり、スペイン領を利用しての山岳地帯でのゲリラ活動が激しくなり、ベルベル族も蜂起し、危機状況が生じた。フランス政府は、リーフ戦争では勝利した対ゲリラ戦もインドシナ戦争では敗北し、厭戦気分の中、追放したムハンマド五世を復位させ独立を認めざるを得なくなり、一九五六年三月二日、モロッコは四四年ぶりに独立を回復した（スペイン領は一九五六年四月、タンジールは同年一〇月に返還）。モロッコ独立に向けての動きと同様に厳しい状況にあったチュニジアでも動きは急転し、一九五六年三月二〇日に独立を得た。

残るマグレブのフランス領、アルジェリアは、すでに解放への武力闘争が始まっており、独立したモロッコもチュニジアもアラブ民族主義の立場から戦っているアルジェリアの独立をフランスに求めた。フランスに対抗するため、モロッコ、チュニジアが友好条約を結んだリビアは、戦後支配のイタリア、イギリス、フランスの対立の中で、国連決議に基づきサヌーシー派のムハマンド・イドリーヌ王の下に一九五一年一二月二四日に独立し、注目はアルジェリアに移って行った。

戦後、自治共和国の成立にフランス人植民者（コロン）の反対で同じく挫折を味わっていたアルジェリアは、一九五四年七月に隣国チュニジアが五月のフランス軍のディエンビエンフーの敗北の流れで内政上の自治を勝ち得たことで、独立運動を過激化させることになった。

アフマド・ベンベラの下の「民族解放戦線（ＦＬＮ）」の軍事組織「民族解放軍（ＡＬＮ）」が組織され、一九五四年一一月一日、国内三〇か所で一斉に武装蜂起を起し、七年四か月に及ぶアルジェリア戦争が始まった。

フランス駐留軍約五万人に対して、ゲリラは民族解放闘争のベトナムでの勝利の流れを受けて、急襲とテロ活動による社会混乱より、政治交渉に持ち込もうと考えた。しかし、フランス政府は一〇〇万人のコロンの意向に反するつもりなく、ベトナム帰りの外人部隊など駐留軍の増強を試みた。住民へは、特別地区の設定や監視体制強化など対ゲリラ活動を強め、拘留・拷問、焦土戦術で益益アルジェリア人の反発を買うことになった。

一九五六年三月に非常事態を宣言し、予備役の動員をはかり、駐留軍を三〇万人に増強したが、二〇分の一の約一万五〇〇〇人のゲリラにほんろうされた。チュニジア、モロッコ、リビア、エジプトは、武器の供給源であると共に、フランス軍に追われたゲリラの聖域でもあった。ＦＬＮの国連および対外活動が功をそうし、ソ連はもとより、アメリカ、イギリスも同情的であった。

一九五八年に入ると、フランス軍は四五万人、ゲリラ側は二万五〇〇〇人に上り、武装は向上していたが、両者とも勝利を獲得するのが事実上困難になり、二月にフランス政府が地方自治拡大の方針を打ち出すと、五月と一二月にフランス駐留軍がマシュー司令官の下に反乱を起した。新首相となったド・ゴールは、一九五九年にアルジェリアに自治権の承認を発表したが、完全独立を求めるアルジェリア共和国臨時政府は拒否した。ＦＬＮと妥協に至らず、戦いは激しくなりフランス軍の死者は一万人に達した。一九六〇年一月と一九六一年四月にはコロンによるアルジェリアの反乱があった。アルジェリアの独立に反対する「ＯＳＡ（秘密軍事機構）」のテロ活動が頻発したが、一九六二年三月にエヴィアン協定が成立し、アルジェリアは七月三日に独立した。

ゲリラに対し、フランス軍は、視界の利く砂漠地帯であって、航空機の偵察・近接支援を持って、ヘリボーン作戦を多用して、個々の戦闘では、ベトナムの教訓の下に、ゲリラを包囲・殲滅させ、国境の外への封じ込めに多くの成功をもたらしたが、ＦＬＮの政治目的の打倒に至らなかった。

アフリカの独立戦争においては、リーフ戦争（一九二一―一九二六年）とアルジェリア戦争（一九五四―一九六二年）は一つの特徴を残した。すなわち、膠着状態が勝敗の決め手となっていた。

両戦争とも、民族の自決を目標とする解放闘争で、ゲリラ戦を主体とする武力抵抗であった。ただ、戦況を膠着状態に持ち込んだ時、リーフ戦争の場合は地理的に地上ではフランス軍とスペイン軍に囲まれた状況にあり、海岸部はフランス海軍が制海したので、言わば孤立状態であり、アルジェリアのようにすでに独立して国境を接するモロッコ、チュニジア、リビアのような支援を反政府側は得られなかった。したがって、優越した植民地側の兵力に対して、補給の行き詰まりからリーフ側は膠着状態を長く続けることはできなかった。リーフ戦争の当時から、鉱物資源をめぐる外国企業の暗躍、社会主義国・同組織からの支援、国際機関の介入などの問題が生じていたが、いずれも成果を上げるには充分でなかった。そうなると、膠着状態よりもたらされる消耗戦に、それぞれの側が長期耐えられるかが問題となる。この問題は、アルジェリア戦争で、確かに一つの方向が見い出された。植民地国は消耗戦を避け、自由主義と経済的利益のため、社会主義を寄せつけないため、自分達に近い政治組織を支援して独立をもたらせて政権を譲渡することによって、利益を導き出そうとはかった。しかし、この方向は、植民地の歪みがマクロ的には改められたが、ミクロ的には問題を残したままになった。アルジェリア戦争がアラブ人の独立で幕を閉じた一九六二年までに、ブラック・アフリカでは二〇か国ほどが新しく独立していた。

一九五六年一月一日、アフリカ最大の領土を持つ国としてイギリス植民地（正確にはエジプトとの二元支配）のスーダンが完全独立した。同じく、イギリス植民地であったガーナはクワメ・エンクルマによる一〇年間の独立運動の末に、一九五七年三月六日に独立した。翌一九五八年の一〇月二日、フランス植民地であったギニアは、「ギニア民主党（ＰＤＧ）」の書記長セクー・トウレの指導の下、フランス第五共和制憲法の下での徐々に段階をへての独立を拒否し、唯一完全独立を果たした。モザンビーク海峡をはさんでインド洋上の世界第四位の大きさの島、フランス植民地のマダガスカルは、一九五八年一〇月にフランス共同体の中の自治共和国となり、完全独立を果たした一九六〇年には、アフリカで一挙に一七か国が独立する「アフリカの年」を迎えた。

ベニン（独立日・一九六〇年八月一日、植民地・フランス）、オートボルタ（同年八月五日、フランス）、カメルーン（同年一月一日、フランス）、中央アフリカ（同年八月一三日、フランス）、チャド（同年八月一一日、フランス）、コートジボアール（同年八月七日、フランス）、ガボン（同年八月一八日、フランス）、マリ（同年六月三〇日、フランス）、モーリタニア（同年一一月二八日、フランス）、ニジェール（同年八月三日、フランス）、ナイジェリア（同年一〇月一日、イギリス）、セネガル（同年六月三〇日、フランス）、トーゴ（同年四月二八日、フランス）、ソマリア（北部同年六月二六日、イギリス、南部同年七月一日、イタリア)、コンゴ(ブラザビル)(同年八月一五日、フランス)、そして、独立直後に流血の内乱を生じたベルギー領コンゴもあった。

第三章　コンゴの反乱

一、ベルギー領コンゴの起り

アフリカで一番アフリカらしい名前の響きを持つ国は、コンゴであろう。また、独立後の五〇年近くに渡るその政治状況、軍事状況、それにからむ野蛮性に変化のない国で、多額の資金が注ぎ込まれ、多量の血が流された植民地政策の歪みがほとんど正されない珍しい国であろう。とはいえ、今日に至るまでコンゴの反乱は、前述したアルジェリア戦争では完遂されなかった鉱物資源をめぐる外国企業の暗躍、社会主義国・組織からの支援、国際機関の介入などの問題が大きく作用することになるのであった。

さらに、当時人口わずか一、四〇〇万人にすぎないが、二三四・五万平方キロメートル（日本の面積の約六・三倍）の広大な大地を持つ領域に、バコンゴ、バルバ族など大小二〇〇以上の部族に分れ、整った交通網を持たずインフラの不整備の中で、独立と言う美名の下に、真空地帯が、しかもアフリカのど真中に突然に誕生したのであった。

一四四五年、ポルトガル人はアフリカ大陸の最西端ヴェルデ岬（セネガル）を回り、イスラム世界を迂回して、未開の黒人に出会い、奴隷狩りは象牙とともどもカラヴェル船の船長達をとりこにした。アフリカ大陸を大西洋岸によっての南下は進み、一四七三年にはビアフラ湾に入り、翌一四七四年には赤道を越えてサント・カテリーヌ岬（ガボン）に達した。経済的に破産状態のポルトガル王室をジュアン二世が継承した翌年の一四八一年、ポルトガル人ディオゴ・カンがコンゴ河の河口に達した時、コンゴの不運が始まった。

白人が来た時、アフリカの奴隷制が変った。財産を所有し、人間的尊厳を失なうことのなかった言わば農奴的、年期奉公的、従者的アフリカの奴隷が、イスラム教徒の売買の対象となる終身的な奴隷に身を落す制度を、白人ポルトガル人がコンゴ王国に持ち込んだのであった。最初友好的な関係を持ったコンゴ王アファンソ一世は、何度となくポルトガルに奴隷貿易の中止を訴え、自ら勅令を出したが、銃器など目先の利益につらされるアフリカ人もおり、何の効果もなかった。ポルトガル王室の厳しい経済状況を支えるのは、奴隷貿易しかなかった。一五四三年頃、アファンソ王の死で、王室の内乱、部族抗争の中でコンゴ王国の力は後退し、ポルトガルの関心がアフリカ本土植民地第一号とでも言うべきアンゴラのルアンダに移り、益益衰退した。

ポルトガルは一五八〇年。スペイン王フェリペ二世による統合統治時代に入り、イギリス、オランダとの奴隷貿易をめぐる戦いに巻き込まれた。やがて、彼らの関心が一七世紀の半ばにはインド、アジアに移り、一六四〇年にポルトガル王国がジュアン四世の下に復活すると、コンゴ領回復にかかった。一六六五年に完全回復を果たし、奴隷売買の最も過酷な一〇〇年と言われる時代が始まり、ポルトガルは一五〇〇年に発見したブラジル植民地にせっせと奴隷を送り込んだ。同時に、啓蒙主義的立場より奴隷制反対の動きが現われ、一九世紀初めのイギリス、ヨーロッパの産業革命の発展が奴隷労働力を不用にさせ、一八〇七年にイギリスが、そして一八一二年にポルトガルもついに奴隷の売買を全面禁止し、アフリカはヨーロッパの原料供給地、工業製品の消費地に変化して行った。このため大陸奥地への関心が生じたが、当初ヨーロッパ列強はアフリカでの利益も確立されてなく、ケニア植民地の起りに見たように、積極的な植民地化には気のり薄であった。しかし、コンゴの不運は、再びヨーロッパ人の手によって、このつかの間の静けさが破られ、突然にもたらされることになった。

ベルギー王レオポルド二世（在位一八六五—一九〇九年）は、オランダからの独立時に失なった海外領土を強く求めていた。学術的研究と人道主義を掲げ、アフリカへの野心を隠し、一八七六年「国際アフリカ委員会」を設立し、アメリカ人でデイビッド・リビングストンの発見で名を上げ、タンガニーカ湖からルクガ河、ルアラバ河、コンゴ河を経て大西洋岸に出るのに成功していたヘンリー・モートン・スタンリーに支援を与えた。わざわざ、ザンジバルを訪れ、人目をあざむき、ジブラルタルを回って一八七九年に秘密の内にコンゴに入ったスタンリーは、スタンリー・フォールズまで道路と基地を建設し、四〇〇に及ぶ保護条約を首長達と結び、レオポルド二世の野心を果たした。

スタンリーと競う形で、フランス人ピエール・サヴォルニャン・ド・ブラザがガボンからコンゴに入り、コンゴ河、ウバンギ湖、大西洋岸を結ぶ地域で保護条約を結んで、現在のコンゴ・ブラザビルの支配をフランスは確立した。

レオポルドビルの野心に驚いたポルトガルは、イギリスを味方につけ、一八八二年にコンゴ河の河口周辺地域の主権を主張したが、ポルトガルに反イギリスのフランスの反対、コンゴ河をそのままの状態にしておきたいドイツ、人道主義的主張を売りにベルギーはアメリカを味方につけ、主権は承認されなかった。

こんな中、コンゴをめぐっての危機を避けるため、一八八四年一一月一一日、ビスマルク主宰の呼びかけで「ベルリン会議」が開かれ、翌一八八五年二月二六日「コンゴ問題に関する決議」がなされ、コンゴ河以北はフランスに、下はポルトガルに、そして中央部、コンゴ盆地はアメリカを味方にして巧妙な操作で、中立、無害、人道を謳い文句にレオポルドビル二世の私有地として認められ、一八八五年四月「コンゴ自由国」が誕生した。

紙上の分割によって創られたコンゴ自由国などあずかり知らぬアフリカ人住民は、総督の下一四地方に区分され、ベルギー人の地方長官の下に置かれ、治安を維持するため白人将校の下にアフリカ人を訓練して「公安軍（Force Publique）」が編制された。自由国などとすばらしい国名とは裏腹に、「無主地」はケニア植民地のように総て政府の所有とし、特殊会社に配布して大事業に当らせ利益を得、さらにゴム、象牙の取引を独占し、そのためアフリカ人に強制労働を義務づけ、その厳しさはケニアなど比ではなかった。

暴政の限りをつくしたレオポルド二世は、北東国境を広げるため、南部スーダンの「マハディの反乱」における一八八五年一月のゴードン将軍の死後も、上ナイルのラト（ジュバ付近）で抵抗を続けていたミエン・パシャの救出をスタンリーに命じたが失敗し、逆に南西国境があやうくなって来た。

ケープの首相で「イギリス南アフリカ会社」の代表セシル・ローズは、北上し各地の族長と保護条約を結び、一八九九年に北ローデシア（現在のザンビア）を手に入れ、実質的にベルギーの支配の及んでいないバイエケ族の王ムシリの支配するカタンガを狙っていた。レオポルド二世は、部隊を派遣し、保護条約の締結を渋るムシリを射殺し、後継者で長男のムカンダを傀儡にすえて、カタンガの地を手に入れた。カタンガは、レオポルド二世のベルギー本国はもとより、イギリス、フランスの資本家も参加し、鉱山開発と鉄道建設のための会社が設立され、一九〇六年にはこれまでにない最大のコングロマリット、今後のコンゴの運命に大きくかかわって来ることになる「ユニオン・ミニエール・デュ・オ・カタンガ（UNHK）」が設立されることになる。

二〇年間で、約二千万ドルの純益を手に入れ、そのため少なくとも五〇〇万人のアフリカ人の生命が露に消えたと言われるレオポルド二世のコンゴ自由国での暴政非難は、一九〇三年に同じ植民地を持つ国ながらイギリス政府から生じ、厳しい告発の「ケイスメント報告」が出され、民間に広がり「コンゴ改革協会」ができ、世界中から激しさを増した。

一九〇六年にレオポルド二世は大改革を約束し、一度も足を入れたことはないが、この上もない収金装置のコンゴ自由国にあくまでしがみつこうとした。しかし、国際世論は許さず、ベルギー政府もコンゴ植民地の直轄を決め、二三年間に渡る暴政の後、一九〇八年一一月一五日「ベルギー領コンゴ」が誕生した。この時、もちろん、コンゴをコンゴ人の手に戻す発想などなく、父権的な立場から植民地を治めるつもりであったが、所詮植民地行政であり、レオポルド二世時代の土地所有、商品売買、強制労働の制限は廃止されたが、かえってヨーロッパ人が押し寄せることになり、コンゴ人の権利が回復されることはなく、二三年間に渡る搾取によるアフリカ人住民の衰退は取り返しようがなく、植民地の歪みは残ったままであった。

ベルギー領コンゴは、ベルギー本国政府の植民地相の下、現地では総督の下、全土を四州、コンゴ・カサイ州、赤道州、東部州、カタンガ州（後に六州）に分け、それぞれに州知事を置いた。州は郡、区に分かれ、区には部族単位で首長が置かれ、末端で植民地政府はコンゴ人に間接統治をめざしはしたが、第一次世界大戦（一九一四年七月―一九一八年一一月）の勃発によって、改革は中途半端なものに終った。ベルギーは大戦中ヨーロッパ本土は占領されたが、コンゴでは侵攻をして来たドイツ軍を撃退し、逆に一九一六年四月にドイツ領ルアンダ・ウルンジに進撃を仕掛け、軍事占領を行ない、ベルギー領コンゴの五番目の州（後に、国際連盟の委任統治領）とした。第一次世界大戦が、三国協商の側の勝利に終り、アフリカにとって民族主義の芽生えの時期がおとずれたとされるが、コンゴを含む中部アフリカは民族主義運動の最も遅れた地域であった。

フランスの植民地の直接統治支配の同化主義とも、イギリスの植民地の間接統治支配とも言えない、中途半端な状況のベルギー領コンゴに父権主義からの支配の下であったが、前述したケニア植民地で生じていた文化的ナショナリズムのような、キリスト教のアフリカ化が、独立教会運動のようなものとして一九二〇年代に生じた。シモン・キンバングの「キンバンギズム運動」がまたたく間にバコンゴ族の間に広まり、反白人感情をともなったため危機感を持った植民地政府は、救世主キンバングを逮捕して運動の弾圧を行なった。千年王国、福音主義運動は、ムワナ・レサの「キタワラ運動」がカタンガ州に広がり、白人支配の否定を解いたため、同じく弾圧を受けた。ベルギー領コンゴでは、民族主義は政治的運動が形成されないで未発達の一方で、擬似的形をとった。

第二次世界大戦（一九三九年九月―一九四五年五月）が始まると、一九四〇年五月一〇日に急襲攻撃を受け、わずか一八日間の戦闘で、再びベルギー本土はドイツ軍に占領され、植民地支配の弱体は避けられなかった。

とはいえ、フランス領赤道アフリカ植民地同様、ベルギー領コンゴも本国の降伏に追従することなく、アフリカ大陸でドイツ軍、イタリア軍への反攻に参加した。そして、一九四一年八月の「大西洋憲章」は「住民の主権と自治の回復」を約束し、連合軍がアジア、アフリカの植民地の住民を味方につけ、植民地支配の正当性を自ら打ち崩した。とはいえ、戦後に大きな経済問題をかかえたベルギー政府は、コンゴの政治活動をできるだけ押えようとした。コンゴの豊かな鉱物資源を中心に開発してベルギー本国の経済復興に当てたく、コンゴの自治など眼中になかった。ヴァン・ビルセン教授の発表した「ベルギー領アフリカの政治解放のための三〇年計画」すらベルギーでは進歩的と考えられ、ベルギー政府はできればこのままの状態を引き延ばそうと考えていた。

一九四九年、コンゴ社会・経済一〇年計画によって五〇〇億ベルギー・フランの投資計画が実行に移され、一方で生ずる利益の大半は本国に持ち去られ、制限された経済支援をアフリカ人に与え、政治的には民族主義の発展を押えようとする植民地主義政策は、他方で矛盾を生んだ。投資、開発による工業化は、ヨーロッパ人では足らず、アフリカ人の安価な労働力を大量に必要とし、都市化現象を生み出した。アフリカ人労働者の増加は労働組合を生み出し、差別問題や失業問題を通して、地位の向上の要求過程で国際的社会主義や民族主義の影響を受けるのは、コンゴも他の植民地と変りなかった。植民地の歪みは、抑圧すればするほど、ベルギー政府の政策に大きな反動を導くのは避けられないことであった。ただ、この国は広大な土地を有し、大小二〇〇以上の部族がいたことで、歪みの複雑さを招いた。

二、コンゴ動乱

コンゴ河を渡った隣国、フランス領コンゴが一九五八年一一月一八日、自治共和国を宣言した今、ナショナリズムの動きは幾ら植民地政府が押えようとしても、押えられる状況になく、一九五九年一月四日に「レオポルドビル暴動」が生じた。この死傷者三〇〇〇人を出す出来事に、ベルギー政府はあわて、コンゴの独立を決意したが、準備がともなっていなかった。すでに、バコンゴ地域とカサイ州では混乱が見られ、モーリス・バン・エーメルライフ担当大臣は辞任し、オーギュスト・ド・シュリベール新大臣は一九五九年一〇月一六日に四年内の独立を報じ、わずか二か月後の一二月一五日には一九六〇年までに独立体制を認める用いがあると勢いに押れての発言が続いた。

一方、アフリカ人側は、ナショナリズムに基づくとはいえ、中央集権主義的な国民政党と地方分権主義的な部族政党が、交通網の未発達と部族性から生じる地域都市グループ、地域グループから成り立ち、入り乱れていた。主な所では、バコンゴ族を中心のジョセフ・カサブブ指導の「アバコ党」、中央集権をめざすパトリス・ルムンバ、シリル・アドウラ指導の「MNC党（コンゴ国民運動党）」、中央集権よりではあるが反ルムンバの穏健派のポール・ボリア指導の「PNP党」、そしてバルンダ族のモイゼ・チョンベとバイエケ族のゴデフロワ・ムノンゴの指導の「コナカ党」の四党があった。

予想に反して、一九六〇年一月二〇日のベルギーの首都ブリュッセルでの「円卓会議」は、アフリカ人側代表が直前に共同戦線を結成したため、わずか五か月後の六月三〇日の独立がすんなり決まった。植民地政府によって作られた歪みが、政治、経済、社会問題を一度に正されるように見えた。この動きは、一刻も早く独立を勝ち取るためのものであり、各政党、部族の間の調整など一切の準備を残したままの中であり、すぐに五月に行なわれる選挙の治安維持が問題となった。

四月二二日、カサイ州の一部、二四日にマニエマで非常事態宣言が出され、事態の悪化にともない公安軍の予備隊が召集され、地方に派遣された。MNC党が勝利して第一党になったが、過半数に及ばず、ベルギー政府はあくまで反MNC党の穏健派政府の樹立をめざしていた。結局、一度は失敗したが、ルムンバは何とか翼賛連立内閣が組織されることになり、首相と国防相にはルムンバが就任し、内相クリストファ・グベニエ、大統領にはジョセフ・カサブブが任命された。首相のルムンバは行政機関のアフリカ人化を急ぎ、公安軍に関しては、カタンガ州やカサイ州の自治政府樹立への動きや各地の不穏な動きに対して、部隊を派遣できるように手元に置くためルムンバ自ら国防大臣を兼任し、司令官にエミール・ジャンセン将軍をそのままにして、二万五〇〇〇人（ベルギー人将校・下士官一〇〇〇人、コンゴ人兵二万四〇〇〇人）の兵力を即応力として維持しようと努めた。

一九六〇年六月三〇日、コンゴは独立の日を迎えた。式典は、ベルギー国王ボードワンがレオポルド二世への賛辞と父権主義的正当性の言葉に、カサブブ大統領が痛烈な批判演説を行ない、今後の暗雲をにおわせるものがあった。コンゴ市民は、独立によって、すぐに暮しがよくなり、物理的に利益が得られると考えていたが、何も変化がないのに気づいた。コンゴ人ナショナリズムに訴え、広い国土を統一する中央集権政府の設立のような遠い道のりなど、市民に待つ気分はなかった。他方、この動きは、新中央政府での扱いに不満を持つカタンガ州、あくまで反ルムンバのアルバート・カロンジの率いるMNC党カロンジ派のカサイ州での動き、宗主国ベルギーの失望など、火の着きやすい部分は国中に幾らでもあった。

独立してわずか四日後の七月四日、コンゴ人兵士の不穏な気配を感じたジャンセン公安軍司令官は、キャンプ・レオポルド二世に出かけ、扇動しているコンゴ人下士官を降格させ、全兵士を集め「独立前＝《イコール》独立後」の演説を行ない、ルムンバの思いとは裏腹に、公安軍のコンゴ人化に不満の兵士にさらに油を注いだ。コンゴ人兵士達はベルギー人将校を脅し、兵器庫から武器を取り出し、暴動を起した。ジャンセン将軍は、ベルギー首都軍（正規軍二個大隊）を投入して鎮圧するつもりであったが、ルムンバは拒否し、ジャンセンの解任と全兵士の一階級の昇級で答えたが、兵士達は満足せず、武器を手に町に出てヨーロッパ人狩りを始め、暴力は首都から各地に波及して行った。

七月八日、公安軍はコンゴ人化され、司令官にビクトル・ルンドウラ、参謀長にジョセフ・モブツ元下士官が選ばれた。しかし、植民地政策の典型で、最も文明化されていない部族を出身地以外の地域に配置し、ベルギー人将校への忠誠心と市民への残虐性の植民地の歪みをそのまま背負った兵士達に、ベルギー人将校への忠誠の枠がはずされると行動に見境なく、かつ軍の持つ無線ネットワークで、反乱は広域に悪化して行った。

七月九日、ベルギーの首都ブリュッセルでは、コンゴから帰国した難民のもたらすニュースにより軍事介入を決意した。翌一〇日、午前中にカタンガ州のカミナ基地からベルギー軍部隊三〇〇人がエリザベトビル空港に降り立ち、公安軍が反乱を起しているキャンプ・マサートを占領し、夕刻にはベルギー空挺隊二個中隊がカサイ州のルルアボルグを急襲してヨーロッパ人を救出した。これまで二度カタンガ州の独立にベルギーの圧力で屈していたカタンガ大統領モイゼ・チョンベと内相ゴデフロワ・ムノンゴは、逆にこれを機会にベルギーに軍事介入を求め、七月一七日にカタンガの分離独立を宣言し、冷戦時期に西側政府と外国企業の支援を頼りに、コンゴは共産主義の影響を受けていると訴えた。カタンガでは、ジャドビル、コルウェジ、コンゴロなどの都市がベルギー軍によって奪回され、公安軍を武装解除して追放した。一週間の休業に追い込まれたユニオン・ミニエールは操業を再開し、チョンベはカタンガの軍隊「カタンガ憲兵隊（Katangese gendarmes）」の新設を始めた。

チョンベがカタンガの分離独立を報じるや、翌七月一二日、中央政府のルムンバとカサブブは国連に支援を要請した。親共産主義者ではないと言われるが、急進派のルムンバはチョンベに対抗するため、二日後コンゴはベルギーとの外交関係を破棄し、ソ連首相ニキタ・フルシチョフにコンゴの展開に注目するように要請した時から流れが変り始め、チョンベの思いどおりに動き始めた。この処置により、ベルギーはヨーロッパ人の保護のため益益の派遣の必要を感じさせた。

七月一三日、国連事務総長ダグ・ハマーショルドは、安全保障理事会の召集を行ない、ベルギー軍の撤退要求と国連軍のコンゴ派遣の権限を事務総長に与える決定を承認した。七月一八日までに、「コンゴ国連軍（ONUC）」四〇〇〇人がレオポルドビルに空輸され、カタンガを除く地域に配置された（八月末までに一万四五〇〇人に増強）。国連軍は秩序の維持のため派遣されており、ガーナ軍参謀長H・T・アレキサンダー将軍は公安軍の武装解除を求めたが、ルムンバの国連軍への期待はカタンガの分離独立を武力回復することであった。この間に、ルムンバは国連、アメリカ政府、カナダ政府を訪れ、カタンガへの攻撃を要請したが断わられ、オタワでソ連大使と接触し、トラックと航空機の直接支援の受け入れを受諾した。コンゴ問題を複雑化させるソ連介入の危機感を持ったハマーショルド事務総長は、政治的問題に不介入を条件に国連軍のカタンガ派遣を決め、撤退するベルギー軍五五〇〇人に入れ代った。カタンガの分離活動を終らせることに不満にされたルムンバは、「コンゴ国軍（ANC）」によるカタンガ攻撃を計画し始めた。中央政府ではルムンバが独裁的傾向を持ち始め、ソ連の介入に反対するアルバート・カロンジは八月八日にカサイ州に「南部カサイ鉱山国」の分離独立を宣言し、カサブブのアバコ党も動き出した。

八月二五日、ルムンバはカタンガより弱いカサイに攻撃を開始し、すぐに新首都バクワンガを奪取したが、公安軍上がりのANCは、その残虐性の伝統を持ち続け、他部族のバルバ族市民を殺害し、今日まで続くコンゴ国軍の代名詞「略奪部隊」を始めた。ソ連機でルルアボルグに空輸されたANCは、次の目標のカタンガの奪回を狙った。

これに対し、対外的にソ連の介入、国内的にANCの無秩序批判にさらされ、カサブブ大統領はルムンバ首相を解任し、新首相にジョセフ・イレオを任命したが、中央政府は混乱した。

九月一四日、ジョセフ・モブツ大佐は、この行き詰まりを打開するためクーデターを起し、軍政を敷き、ソ連大使館員を追放し、海外教育を受けたエリートの若者を集め「委員会内閣」を設置し、ルムンバ派に対した。

一方、カタンガでは、九月一日にベルギー軍の撤退が完了したが、技術顧問として残るベルギー軍将校の下、六五〇〇人のカタンガ憲兵隊が編制され、首都エリザベトビル、コンゴロ、カミナ、マノノ、マルバートビルに配して要所を固めた。他方、総兵力二万人を持つＡＮＣのカタンガ攻撃は、国連の圧力があり、モブツによって中止され、南部カサイ鉱山国はカタンガの支援の下に再建された。

航空機と傭兵の導入でさらに軍事力を強化するカタンガ政府であったが、内部に植民地のつくり出した歪みを持っていた。カタンガ北部はバルバ族の支配地であり、ジェイソン・センドゥエに率いられた「バルバカ党」が実権を握り、ＭＮＣ党と同盟し、チョンベとムノンゴのバルンダ族とバイエナ族の「コナカ党」と対立し、憲兵隊との交戦が続いた。さらに、バルバ族の特有の器用さで、ヨーロッパ人に重宝がられ、南部カタンガの都市労働者にされていたため、植民地の歪みをより大きくしていた。

九月以降、カタンガ政府はバルバ族の反乱によってボードウィンビルをはじめ多くの都市を失ない、反乱軍によって手足の切断など残虐行為が続発し、対応するため傭兵の雇い入れを海外と現地でヨーロッパ人から急いだ。ベルギーは、この間、中央政府に財政支援を行なうとともに、カタンガに技術支援を行ない、どちらにころんでもいいように利権の確保を狙っていた。

この頃、東部州の州都スタンレービルにルムンバ派の副首相アントワーヌ・ギゼンガ、ピエール・ムレレ、クリストファ・グベニエなどが集まり、カサブブがコンゴの国連の代表権を得た時、ルムンバはＡＮＣの兵士によって身柄を拘束された首相官邸から東部州に逃がれるため一一月二七日に脱走した。しかし、四日後、ルムンバはカサイ州のムウェカで逮えられ、シスビルの刑務所に入れられた。スタンレービルでは、一二月一二日、ギゼンガが新政府の樹立を発表し、ソ連とアラブ連盟に支援を求めた。

一九六一年に入ると「委員会内閣」の行政の失敗が明らかになり、アメリカのケネディ新政権と国連はルムンバの復権を考え始めたため、カサブブとモブツはルムンバを始末することを決意した。ルムンバは、南部カサイのカロンジに渡されることになっていたが、彼を乗せた飛行機はエリザベトビルに現われ、殺害された。ルムンバの殺害が報じられると、批判が国際世論に高まったばかりでなく、亡霊となって植民地の歪みの一つとして現在まで生き続けることになろうとは誰も考えはしなかった。

スタンレービル軍は、キブ州を奪取し、バルバ族の要所マノノを奪取し、一方モブツはブカブの防衛に失敗し、レオポルドビルではジョセフ・イレオ内閣が誕生することになった。

アメリカは、スタンレービル政府にソ連が一方的に介入するのを恐れ、ソ連の非難にさらされるハマーショルドを助け、「統一平和と共産主義の排除」という政策をとることで、国連の対応の積極化をうながした。一九六一年二月一一日、カタンガ憲兵隊と傭兵部隊がマノノ奪回の反撃を始めた矢先、二月二一日、総ての外国の軍隊と政治顧問と傭兵を排除し、コンゴ議会の再開、コンゴ国軍の再編制を宣言する安保理決議（S四七四一号）が出された。

カタンガ軍は三月三〇日にマノノを奪回したが、国連軍は「二月二一日決議」実行のため増援部隊がカタンガに入り始めた。この決議には、中央政府も、カタンガ政府も、南カサイ鉱山国政府も反対であり、三月一五日にマダガスカルのタナナリブで三者会議が行なわれ、ゆるやかな連邦国家を設立する決定がなされたが、各政府には一時の気休めであり、国連から見れば時間かせぎにすぎなかった。マノノで勝利したカタンガ軍は、次に四月七日、カバロの奪回を試みたが、国連軍にはばまれて捕虜となった傭兵は国外に追放された。

「タナナビル決議」の実行をうながすため、一九六一年四月二四日、「コキラトビル会議」が開かれたが、直前にカサブブは国連の圧力に屈して「二月二一日決議」を承認してしまい、チョンベは拒否して帰国する直前に身柄を拘束されてしまった。会議は、チョンベ抜きで「二月二一日決議」の承認が行なわれた。チョンベの拘束で、エリザベトビル政府は弱体化すると思われたが、留守を預かるムノンゴ内相の努力でがっちり守られた。その間に、モブツはチョンベに接触してなだめ、「二月二一日決議」の承認を条件に釈放した。チョンベは帰国すると、コキラトビルでの合意は脅迫によるものとして破棄し、あくまで「タナナリブ決議」にこだわり、以後カタンガは増援し続ける国連とジリ貧対決に追い込まれることになる。

六月一四日、エリドベトビルに入った国連エリザベトビル代表コナー・クルーズ・オブライアンは、国連決議の断固実行の決意を持っていた。カタンガでは、ベルギー人の政治・軍事顧問の追放が続いた。ベルギー政府の同意しての行動に、カタンガ政府と留まっているベルギー人の不満は増大した。

一方、七月二四日、中央政府はカタンガのボイコットにもかかわらず、「ロバニウム会議」を開き、八月一日にシリル・アドウラを新首相とする挙国一致内閣ができ、国連にとってもカタンガ対決への政治的準備が整った。

カタンガには国連軍約五〇〇〇人が配置され、コナー・オブライアン代表はコキラトビルの二の舞を避けるため国連の保護の下にチョンベにレオポルドビルに行きアドウラ新首相と会談するようにうながしたが、拒否され、八月二七日に「ランパンチ作戦」が敢行された。国連軍はエリザベトビルと北部カタンガの諸都市で外国人将校の逮捕を始めた。しかし、チョンベとベルギー領事アンリ・クレナーの巧妙な行動で、ベルギー正規軍人の追放はなったが、言わゆる「傭兵」と知られる者達は民間人の中にまぎれ込んでしまい、国連側はもう一度作戦を行なう必要に迫られた。

オブライアンはカタンガ憲兵隊の武装解除、チョンベ、ムノンゴの逮捕、ラジオ局の占領を実行して、前作戦を完遂してチョンベの分離独立を終らせるため、九月一三日に「モンソール作戦」を決行した。カタンガ憲兵隊の指揮は、ベルギー人将校の追放で、フランス人傭兵に移っており、弱体化していると考えられた。作戦は、チョンベ、ムノンゴの身柄の確保をできず、失敗に帰した。フランス人傭兵は、民間人の服装をしてヒット・アンド・ランの戦法で都市ゲリラ戦を行なった。また、シンコロブウェのアイルランド軍部隊が航空戦力を持つ圧倒的多数のカタンガ兵によって包囲され、九月一七日に降伏する失体にハマーショルドは憂慮し、チョンベと北ローデシアのヌドラで会うことに合意した。

九月一七日、ハマーショルドを乗せレオポルドビルを飛立ったDC-4は、ヌドラ上空で消息を断ち、飛行機は墜落し、事務総長が死亡しているのが発見された。ハマーショルドの死によって、国連とカタンガの関係は冷却したが、ハマーショルドの意思は受け継がれ、九月二〇日に休戦協定が調印された。カタンガ側としては、モンソール作戦の失敗とハマーショルドの死は勝利であるととらえ、「タナナリブ協定」のゆるやかな連邦の考えを変えようとしなかった。このため、一〇月の終りにANCはカタンガ侵攻作戦を行ない、作戦は失敗に終ったばかりでなく、腹いせにANC兵士はいつもの残虐性のパターンを見せていた。また、スタンレービル軍は、司令官ビクトル・ルンドウラ（一九六〇年九月にANC総司令官を免職され、翌月スタンレービルに現れる）がレオポルドビルに去り、混乱状態にあり、カタンガは益益勝利と受け取り、フランス人傭兵の指揮するカタンガ軍は国連軍への挑発を繰り返した。一方、国連では一一月三日にウ・タントが新事務総長になり、国連としては何としてでもカタンガ分離を終らせなければならなかった。

一一月二四日、「安保理決議第九八二回会議決議」がなされ、外国人軍人、傭兵の即時撤退が決められた。今回は、空軍力の投入も含めて万全の体制がとられた。

カタンガの首都エリザベトビルで騒動が持ち上がるのは時間の問題となり、一二月に入るとカタンガ軍は道路防塞を設け始め、国連軍と戦闘が随所で行なわれ始めた。傭兵によって率いられた憲兵隊は、ヨーロッパ人市民の電話連絡を受け、市内でゲリラ戦を展開した。一二月五日、国連軍はエリザベトビル中心部への攻撃を開始した。カタンガ憲兵隊は損害を大きくする前に撤退し、チョンベはケネディ大統領にアドウラ政府との仲介を求め、一二月二一日に「キトナ協定」が成立し、チョンベは中央政府の権限を認め、国連決議の尊重を約束し、カタンガの分離独立を放棄することになった。そして、残るスタンレービル政府は、翌一九六二年一月にルンドウラが中央政府の命を受けギゼンガを逮捕して崩壊に至った。

国連側は「キトナ協定」を直ちに実行してカタンガの分離独立を終らせなかったが、チョンベはこの協定を実行しようとはせず、今後の交渉の叩き台としか考えていなかった。そして、この間に傭兵によってカタンガ憲兵隊の再編が行なわれていた。このような状態が半年以上続き、ウ・タント事務総長は、コンゴを連邦組織にする憲法の制度とユニオン・ミニエールのロイヤルティーの中央政府との折半を含む解決案を提出し、双方が受諾したが、チョンベはいつものように実行しようとはしなかった。もはや、和解は非現実化し、一年たっても何ら問題は解決されず、ウ・タントは再び強硬な措置をとらざるを得なかった。

一二月四日、中央政府は停戦協定を破棄し、ANCはコンゴロを再占領した。一二月二四日、カタンガ軍と国連軍の間に小競り合いが生じ、二八日に国連軍はエリザベトビルの憲兵隊の一掃を始め、憲兵隊は、焦土戦はもちろんのこと、ほとんど抵抗らしいものはせず逃げ出した。国連軍は、ジャドビル、シンコロブェと憲兵隊を追い、傭兵と憲兵隊四〇〇〇人は、コルウェジを追われアンゴラ領内に撤退し、年が変って一九六三年一月一四日に国連はカタンガの分離独立の終りを宣言した。

こうして、コンゴ動乱（第一次コンゴ内戦）は、一応の終りを迎えるのであるが、植民地支配の歪みが取り除かれての終りではなかった。米ソ両超大国の冷戦の代理戦争によって、スタンレービル政府が一九五九年の「キューバ革命」のような状況になり、歪みをさらに悪化させることは、国連と西側諸国の努力によって避けられはしたが、この解決は国連によっての武力解決であり、部族主義を主体とする分離独立を求めるモザイク模様は残ったままであり、ANCの殺人、略奪による無差別な残虐行為が、さらに対立を悪化させた。その上、鉱物資源に富んだ地域は外国企業の支援で、部族の支配地からの利益を全体に分配するつもりでなかった。ゆるやかな連邦が理想的と思われるが、従来の国境線の改訂を嫌がる国連とアメリカは、ソ連の介入を恐れ、中央集権政権を支持するという矛盾の上に、以後、行き着く所は統一政府しかなかった。

国家単位でのナショナリズムが、部族単位では、議会制民主主義が未発達で少数派への弾圧が回避されない限り、歪みが取り除かれることはなく、広域なコンゴのブッシュの中に逃げる所は幾らでもあり、逆に伝統的制度と新しい制度によって悪化させられる恐れが出て来た。特に、厳格な規律と士気を欠いたままのＡＮＣを中央政府が持つ限り、不安要因は残されたままであった。

三、シンバの反乱

見て来たように、コンゴ動乱（第一次コンゴ内戦）は、中央政府・統一コンゴを守り、植民地の歪みを残したまま、カタンガの敗北に終った。そして、アフリカ人から見れば、裏切り者、植民地国の手先、黒い皮膚をしたヨーロッパ人とさげすまれたモイゼ・チョンベはスペインに亡命した。

一方、この動乱に派遣された国連軍は、二一か国、三二六人の死者を出し、一億六〇〇〇ポンドを費やして、一九六四年六月三〇日に完全に撤退した。しかし、国連軍の撤退は半ば資金倒れの形であり、コンゴには新しい内戦の状態がすでに生じていた。

チョンベの総兵力一万五〇〇〇人と言われたカタンガ憲兵隊は、カタンガを撤退しないで中央政府のコンゴ国軍（ＡＮＣ）に編入された約二〇〇〇人と、鉱山の仕事に戻ったり、山賊化した者を除いて、ベルギー人傭兵ジャン・シュラムによって率いられた約四〇〇〇人は国境を越えてポルトガル植民地のアンゴラ領内のブッシュに入り、「カタンガ解放軍（ＦＫＬ）」として再編されることになった。

また、カタンガ州政府は、チョンベの右腕ゴデフロワ・ムノンゴが閣僚として残り、実質上の支配権を失なうことなく、チョンベの遠隔操作が行なわれていた。

アントワーヌ・ギゼンガを逮捕され崩壊したスタンレービル政府のカイロ大使を務め、ルムンバ内閣の教育相でもあったピエール・ムレレは、エジプトのナセル大統領の保護の下に亡命した後、東ヨーロッパと中華人民共和国を訪れ、中国ではゲリラ戦の訓練を受けていた。ムレレは、一九六三年九月に秘密の内にクウィル州に入り、「ムレレ主義」を唱えて、ブラザビルの中国大使館から支援を受け、ゲリラ基地を設け、クウィル州政府の賭けた賞金をよそに、一九六四年に入ると放火、殺人とテロ活動を開始した。

また、殺害されたパトリス・ルムンバの後継者を自称するギゼンガのスタンレービル政府での内相を務め、その後ギゼンガを裏切り、アドウラ中央政府の内相となっていたクリストファ・グベニエは、再び中央政府に反して一九六三年八月、アッベ・フルベール・ユールーからすでに大統領が親共派のマサンバ・デバに代っていたコンゴ・ブラザビル領内にゲリラ訓練基地を設け、一九六三年一〇月二日「民族解放評議会（CLN）」を組織し、キブ州はタンガニーカ湖畔の都市ウヴィラを一九六四年五月に奪取して東部地域で解放闘争を始めた。

さらに、ガストン・スミアロが、一九六四年二月に隣国ブルンジの首都ブジュンブラでCLNの支部として「東部民族解放評議会」を結成し、中国からの支援を受け、東部地域の反乱を強化した。

コンゴのベトナム化をめざす中国の槍先となるべくこの三人の指導者達は、東部州、キブ州、クウィル州の分離独立をさせ、新しい愛国主義と社会主義をめざすものであり、中央政府の西側よりの官僚エリートと軍隊を非難した。とはいえ、この革命主義者達の行なっていることは、伝統的部族主義の打破と言うよりも、根絶であり、その手段は残虐性を持ち、地方行政を破壊して行った。ちなみに、この反乱に参加した一二才から二〇才が中心となる参加した若者（Junesse）は、自らを「シンバ（スワヒリ語でライオンの意味）」と呼んだため、この内戦は「シンバの反乱」と言われることになる。

共産主義がどれだけ理解できたかどうか、疑問にするまでもない。シンバは、村の首長や聖職者ばかりでなく、唯一共産主義を理解できると思われる数少ないインテリゲンチャまでも、単に読み書きができれば殺害していた。彼らは、ただ暴力的に伝統主義的な社会を破壊していたが、社会科学主義とは無縁であり、前述したケニアのマウマウ団の誓約に見られるように、魔法と迷信のアフリカの世界に生きる魔法使い、呪術師とでも言うべき者からの祈とうを受け、ダワを飲んだり、「ムレレの水」を体にふりかけたりして、体に当った銃弾は無害な水に変り、又は体を通り抜けて行くとされた。その後、彼らは手に槍、弓、パンガ（ナタ）、手製の銃を持ち、「マイ・ムレレ」と叫びながら敵に、日本軍の万歳突撃さながらに突撃して行った。

反乱軍の侵攻は急速に拡大し、一九六四年六月中旬にタンガニーカ湖畔の要所アルバートビル、七月にキブ州の要所キンドウを奪取した。

新しいものをめざしていると言うが、矛盾した古いものの力と一体になっていたのは、シンバ側だけではなかった。コンゴ政府には、国連軍の撤退後も文民活動に六三一人の技術者と八〇〇人の教師がおり、フランスは四〇〇人の文民の提供を申し出たが、シリル・アドウラ政府はアメリカの支援にもかかわらず、経済政策と農業政策に失敗したままであった。中央政府の唯一の頼りとするモブツ将軍の下のコンゴ国軍（ＡＮＣ）は、将校訓練とパイロット訓練のため要員をベルギーに派遣育成中であり、モブツの虎の子の空挺部隊はイスラエルで訓練を受けていた。アメリカは、コンゴ軍事顧問団と亡命キューバ人パイロットを送り込み、一見ANCは強化されたように見えたが、そうではなかった。ANCは反乱軍の姿を見ただけで、出現の予告電話を聞いただけで、トラックに乗って逃げ出し、さらにいつものように腹いせに罪もない一般市民に略奪、レイプなど残虐行為を働いて、住民の反感を買い、反乱軍をふくれさせていた。

こうして、煮え切らないアドウラ首相とANCの無能で、六月末までにコンゴ領土の三分の二が反乱軍によって占領される事態に陥った。それは、第一次コンゴ内戦を通して、植民地の歪みから生じたものであるとはいえ、状況はアナーキー的であった。

中央政府は、この反乱を治めるため、ANCを強化し、奪われた拠点を急襲・奪回する打撃部隊を短期間に編制するしかなかった。そのためには、現在使える部隊、傭兵によって率いられアンゴラに撤退していたカタンガ憲兵隊をANCに導入するしか現実的選択はなかった。モイゼ・チョンベ自体も、「自分のみがコンゴを安定化できる」と主張していた。結局、中央政府は、和解のテーブルに反乱側をつける人物として、チョンベを呼び戻すことになり、ジョセフ・カサブブ大統領も安定するまでの過渡期の間、チョンベを首相に任命するしかなかった。亡命からわずか一年半で、コンゴに戻るとは、それも中央政府側として働くことになろうとは、統一政府を望んだアメリカにとっても国連にとっても、統一政府維持のために、今度は同じ人物に頼らなければならないとは全く皮肉であった。

チョンベは、一九六四年六月二四日に亡命先のスペインからレオポルドビルに帰国して、カサブブ大統領はアドウラ首相を解任し、七月九日にチョンベが首相に任命され、反乱軍との和解と、ANC

の強化をめざすことになった。チョンベは、逮捕されていた元スタンレービル政府大統領のアントワーヌ・ギゼンガを釈放したが、彼は前言を翻して反乱軍との和解に至らず、問題は軍事的に解決するしかなかった。

混とんするコンゴの状況を打開するため、アメリカ国務省の代表アベレル・ハリマンは、ブリュッセルに飛び、ベルギー外相ポール＝アンリ・スパークと会談し、ベルギー側には前内戦の時とは逆にコンゴへの支援を説得した。スパーク外相は直接に戦闘に従事することになる四〇〇人の顧問団を送ること、アメリカは航空機、トラック、通信機材の輸送を増加することを決めた。また、両者は、自国民でない限り、チョンベが外国人傭兵を雇い入れることを妨害しないことで折り合いをつけた。「ルムンバ殺し」、「白人の手先」と植民地の歪みそのままに糾弾されるチョンベに、「アフリカ統一機構（OAU）」からの兵力は得られず、また、たとえ得られたとしても、その効果があるとは思えず、短期的な軍事的勝利をもたらすには、彼は再び傭兵を雇うしかなかった。秩序を維持する自らの力のともなわないコンゴでは、植民地の歪みを利用して、安定を回復させるしかなかった。

八月に入り、コンゴ第三の都市スタンレービル周辺が焦《きな》臭くなり始めた。八月五日、シンバによってスタンレービルが陥落し、二五か国、一五〇〇人に及ぶ外国人が人質状態に置かれ、スタンレービルの一一一日が始まった。アメリカ領事館では、マイケル・ホイット領事ら五人の職員が人質となり、アメリカ政府は救出作戦を計画したが、他の人質へのシンバの報復を恐れて結局中止された。

シンバが占領したスタンレービルには、次々に反乱の指導者が入り、九月五日、「コンゴ人民共和国」が宣言され、大統領にグベニエ、国防省にスミアロ、そして軍の最高司令官には、元鉄道事務所の小間使いをしていたが、戦闘的なバクス族、バテテラ族を率いてやりたい放だいをしていたニコラス・オレンガが就任した。

一九六四年八月は、スタンレービルを手に入れ、国際的承認を受け、外国政府からの武器を入手し、コンゴ全域にルムンバ主義の復活をめざす反乱軍にとって絶頂期であったが、政府軍も八月の終りに本格的な反撃に出た。三〇〇人のシンバの攻撃にさらされていたキブ州のキブ湖の南の端に位置しルワンダと国境を接する町、ブカブは、レオナール・ムランバ大佐の指揮の下、ANC二〇〇〇人が、キューバ人パイロットの飛ばすコンゴ空軍のT-28の近接支援を受け、守ることができた。ブカブの確保は、ANC側の初めての成功であり、この後、アメリカ空軍のC-130は増援部隊とフェレット装甲車二輌を空輸してANCの士気を高めた。半ば裸に猿の皮や鳥の羽根を身に着け、手に槍やパンガしか持たないシンバに、時代錯誤も馬鹿馬鹿しいが、ANCの優越した火力が効果を見せ、銃弾が水に変らないことを証明した瞬間であった。また、タンガニーカ湖の要所アルバートビルは、カバロからのANCによって九月一日に奪回され、一四〇人のヨーロッパ人が救出された。民主主義の選挙によって埋め合わされない植民地の歪みが、何とも中国共産党によって組織化した革命を成功させた中国が、ただ単に国際的に勢力の拡大を狙って、訓練も教育もないシンバを支援し、反乱に火をつけることによって、残虐性のみ残すことになった。

スタンレービルでは、コンゴ人はルムンバの等身大の写真を飾った「ルムンバ・モニュメント」の前に連れてこられ、手足を切り取り不具にする残忍なやり方で多くの者が虐殺され、死体はコンゴ河に投げ込まれた。シンバ支持者は、ルムンバは今だ隠れて生きており、勝利したあかつきには再び姿を現わすと考えていた。シンバは、アメリカの提供したT-28、B-29によって多大な被害を受けており、このためアメリカを憎み、オレンガは第二次世界大戦後初めてアメリカに宣戦布告を行ない、スタンレービルの白人人質に死者が出るのは時間の問題とされ、救出作戦が急がれた。OAUのチョンベへの敵対は変らず、アメリカに干渉の中止を求める状態にあり、国際赤十字委員会の人質への補給も行き詰まった。一〇月末になると、人質にとられているアメリカ人ばかりでなく、ベルギー人の生命も危くなった。

一一月に入ると軍事顧問フレデリク・バンデワル大佐の指揮の、コンゴロからルアラバ川沿いにキンドウを経由して地上からスタンレービルを奪回する「バンデワル・プラン」が開始され、「第5機甲旅団」（装甲車五輌と兵員約一〇〇〇人）が、傭兵隊長マイク・ホアーの率いる「第5コマンド」を先頭に北上した。

一一月三日、大きな支持を得て再選されたアメリカ大統領リンドン・ジョンソンは、すぐに人質の救出のため積極的に乗り出し、ベルギーももはや第一次コンゴ内戦の再現の懸念はなく、両国の活動は素早かった。アフリカの国々にとってはシンバの行動をナショナリズムの行動ととり、植民地の歪みを改める行動ととったが、アメリカもベルギーもシンバの行動は単なるテロ行為としか映らなかった。

一一月五日、第5機甲旅団がキンドウを奪回した時、「総てのベルギー人とアメリカ人を戦争捕虜とみなす」と反乱側は報じて、救出作戦は急がれた。一一月一四日、ベルギー、アメリカ両軍によってスタンレービル救出作戦「ドラゴン・ルージュ」ができ上がり、同じ頃、スタンレービルでは民間人で教会の医師として働いたアメリカ人、ポール・カールソンが、アメリカ軍人とされ、スパイ容疑で死刑判決を受けた。ドラゴン・プランは、数日中にパウリスに「ドラゴン・ノワール」、ワトラに「ドラゴン・ヴェル」の二つの救出作戦が追加された。

アメリカ空軍のC-130、一三機は、一一月一七日、秘密の内にフランスのエブルーの基地からベルギーのクレイン・ブロゲル基地に飛び、五四〇人の空挺隊員（レッド・ベレー）と装備を積み込み、スペインのモロン空軍基地を経由して、大西洋を南下し、一八日夜中にアセンション島に着陸した。三日間休息した後、二一日、全機は出撃基地となるカタンガ州のカミナ基地に向け離陸し、二二日午前一〇時、全機無事に着陸した。

一一月二四日、午前三時、第一陣五機がカミナ基地を離陸し、午前五時、スタンレービルのゴルフ場に三二〇人が降下し、隣接する空港を制圧し、第二陣の兵員とジープなどの装備・補給品を運んで五機が着陸した。レッドベレーは、シンバの報復の人質の殺害の起る前に、人質の捕われている町の中心部のビクトリア・レジデンス・ホテルに急いだが、間に合わず二二人が殺害され、この中にポール・カールソンもいた。スタンレービルが解放されるまでに、一〇〇〇人以上のコンゴ人市民と三三人の白人が虐殺されていた。

レッドベレーに続いて、北上していた第5機甲旅団も市内に入った。スタンレービルの陥落に怒ったシンバは、他の都市で白人の虐殺を始めた。空挺作戦は、「ドラゴン・ノワール」が一一月二六日にパウリスに敢行され、三七五人の外国人民間人を救出し、ドラゴン作戦は終了した。レッドベレーの死者三名、負傷者七名と作戦としては成功であった。確かに、エジプトではジョン・F・ケネディ図書館が焼かれ、北京では七〇万人の介入反対デモがあったが、スタンレービルの陥落で、シンバの反乱は半分終ることになった。スタンレービルの掃討を行なった後、傭兵部隊の第5コマンドとANCは、東部州と赤道州の拠点の奪回作戦を行なった。フランス語を話す傭兵部隊第6コマンドと、アンゴラにカタンガ憲兵隊を率いて撤退していた傭兵隊長ジャン・シュラムの「新レオパルド大隊」として知られる第10コマンドは、キブ州と東部州で鎮定作戦を行なっていた。こうして、一九六五年三月には、反乱はほとんど鎮圧されていた。（傭兵活動の詳細は、著者の「コンゴ傭兵作戦」（朝日ソノラマ刊）を見ていただきたい。）

コンゴの東側の国境、スーダン、ウガンダ、ルワンダ、ブルンジは、シンバが海外から補給支援を受け、また兵員の休息を行なう聖域として用いるのに適していた。コンゴ・ブラザビルの中国大使館員、ブルンジのブジュンブラの大使館員のゲリラの専門家が支援を行なっていた。武器はタンザニアのダルエスサラーム、ブルンジ又はタンガニーカ湖を経て、またはコンゴ・ブラザビルからコンゴ河を渡ってシンバの手に渡されていた。スタンレービル陥落後、中国は気づかれぬように支援の手を引き、かわってソ連がスーダン、ウガンダを経てシンバに武器を流し始めた。このため、第5コマンドは北東部国境で掃討作戦を行ない、シンバを撃退した。

一九六五年半ばになると、シンバの反乱地域は、キブ州のフィジ、バラカ地域に限定された。この地域のシンバは、キューバのカストロ首相によって派遣された軍事顧問によって支援されていた。そして、この軍事顧問を率いたのは、ボリビアに行く前の一九六五年三月にアフリカを訪問した後、姿を消していたエルネスト・チェ・ゲバラで、半年あまりコンゴに潜入していたと言われる。しかし、シンバの兵士達は、残虐性にはすぐれていたが、組織立った行動をするには怠惰で、まともに砲弾一発すら運ぼうとはせず、そんなシンバの指導者の中に、やがてコンゴの支配者となるローラン・カビラもいた。

フィジ、バラカの掃討作戦も一〇月半ばに終ると、中央政府も動きが出始めた。

急場しのぎのピンチヒッターとして呼び戻されていたチョンベ首相は、傭兵部隊がシンバの反乱を鎮圧すればするほど、不用になる矛盾した立場にあった。チョンベ首相は、一九六五年二月に「コンゴ国民会議（コナコ）」を設立し、四月の国会議員選挙で圧勝した。そして、今や、翌一九六六年一月の大統領選挙に向け野心で燃えるチョンベは、現大統領カサブブにとって危険な存在となった。

ここで、かつて一九六〇年九月五日に、当時のコンゴ首相パトリス・ルムンバに生じたのと同じ事が行なわれた。カサブブは、ビクトル・ネンダカの支援で、一九六五年一〇月一二日にチョンベを解任し、エンヴァリスト・キンバを新首相に任命した。これに対して、チョンベは首相の座を降りることなく、コナコ党の優勢な議会の新任を楯にねばり、一方キンバ内閣が議会で信任されるはずなく、中央政府は行き詰まった。

カサブブは、一〇月二一日のアクラでのOAU会議で、「傭兵はすぐにコンゴを去り、ブラザビルとの河川交通が条約締結後再開される」と表明した。これに対し、モブツ将軍は、今、傭兵を手放せば、また敵が勢力を盛り返す恐れがあり、敵を根絶するチャンスをみすみす逃がすつもりはなかった。カサブブは、モブツを中将に昇進させ、この難局を乗り切ろうとした。しかも、ブラザビルとのフェリーの再開がなされればどうなるか意味することを知るモブツは、充分に現状を理解できた。政局を打開する政治家はいなかった。

この混乱の中で、カサブブを支持するネンダカ警視総監が、ベルギー人将校によるチョンベの政権奪回クーデターの陰謀をあばいたと主張して、第6コマンドの指揮官を追放した。

モブツに時は迫っていた。一九六〇年九月一四日と同じく、一一月二五日、モブツは再びクーデターを決行し、カサブブを大統領職から解任して、自らが大統領に就任した。一九六四年憲法は停止され、議会は休会し、ブカブを死守したレオナール・ムランバ大佐を新首相とする委員会内閣を発足させ、軍政化で政治と軍の腐敗の一掃をはかるとともに、シンバに対して交渉は決して行なわないと断固明言を行なった。

シンバの指導者クリストファ・グベニエとニコラス・オレンガはスーダンに逃がれ、ガストン・スミアロはブルンジ、ピエール・ムレレはコンゴ・ブラザビルに、敗北の内に姿を消していた。

チョンベ復活のクーデター陰謀事件に巻き込まれ指揮がフランス人傭兵ボブ・ディナールの下に移った第6コマンド、マイク・ホアーから二代目隊長ジョン・ピータースに指揮の移った第5コマンド、そしてジャン・シュラムの第10コマンドの各傭兵部隊は、各地でシンバの残党狩りを続けていた。チョンベは、再び亡命するためスペインに去ったとはいえ、しょせんモブツ将軍にとって、チョンベの息のかかる傭兵部隊は目の上の瘤であり、傭兵が解雇されるのも時間の問題となって行った。

モブツは、一九六五年四月、翼賛政党「人民革命運動（ＭＰＲ）」を組織して民政への支配を固めると同時に、コンゴ最大の企業でチョンベのカタンガ憲兵隊の資金源となったユニオン・ミニエールを国有化し、コンゴ経済の安定化をはかるとともに、傭兵とカタンガ兵への資金の流れを立ち切ろうとした。

これに対し、ベルギーの陰謀家達は、傭兵を使ってチョンベの復活を狙った。一九六六年七月二日、ベルギー人、フランス人、スペイン人、少なくとも一〇〇人の傭兵とシポレ大佐指揮のカタンガ兵一〇〇〇人が反乱を起し、キサンガニ（元スタンレービル、モブツのザイール化のはしりで、一九六六年六月六日に改名された）を占領した。カタンガ兵は、チョンベが去った後、他のANC兵より悪い待遇に置かれていた。しかし、反乱は、他から支援を受けるわけでなく、第5コマンドと第6コマンドの傭兵部隊がモブツ側についたため、九月中旬、キサンガニをANCが包囲して攻撃を始めた。カタンガ兵はトラックでコンボイを組み、カタンガ州に向け撤退し始めたが、航空攻撃を受け撃破された。降伏したカタンガ兵は、モブツによって公平な裁判を保障されたが、すぐにホゴにされた。第5、第6、第10コマンドの傭兵部隊は、この反乱でモブツに忠誠をしめしたが、モブツ将軍は再び傭兵が反乱を起す前に、遅滞なく傭兵部隊を解隊する決意を固めた。

最強の傭兵部隊、第5コマンドは、平和の内に一九六七年五月に解隊されたが、モブツに近い傭兵部隊の解隊で、逆に力を得たチョンベは、第6コマンドのディナールと第10コマンドのシュラムに接触して、最後の復活のチャンスに賭けることになった。状況は、六月に入って悪化して行った。モブツは新憲法を制定して大統領に強権を与え、国内的に独裁を完成させるとともに、対外的にアフリカの指導者をめざし、OAUの意思尊重に方向転換を行なうため、したがって、傭兵はもはや不用の存在であった。反乱の疑いを持つモブツは、カタンガ兵を指揮する傭兵部隊を一刻も早く解隊したく、一方、傭兵は反乱で降伏し武装解除されたカタンガ兵の運命を知っており、双方とも疑心暗鬼にあった、

こすいモブツは、まずディナールの第6コマンドに、シュラムの第10コマンドを武装解除するよう

に命じた。しかし、第10コマンドを武装解除したところで、次に第6コマンドがどうなるかを知るディナールは、シュラムに会い、一九六七年七月五日、最後の反乱を起し、キサンガニとブカブをす早く占領したが、キサンガニはANCに包囲され、傭兵約一五〇人と約一〇〇〇人のカタンガ兵は、キブ湖畔のブニアに撤退し、ここでANCの攻撃を受け、一一月四日、ルジジ川の国境を越え、ルワンダに入り傭兵の反乱は終った。

この最後の反乱は、直前の六月三〇日にモイゼ・チョンベが空中誘拐されてアルジェリアに拘禁される事態に陥り、カタンガの分離独立闘争と違い、反乱軍は大黒柱を失ない、小さな反乱からシンバの反乱のようにすぐに燃えあがりやすいコンゴの状況に火をつけるルムンバのような正当性を失なった。カタンガ兵の反乱とはいえ、反乱は東部州とキブ州で行なわれ、カタンガ州ではなく、傭兵の下での参加で、単に植民地支配の白人の継続闘争とかわりなくなり、コンゴ政府から見れば、カタンガ兵はコンゴ人の支配の元植民者の白い槍先を持つ黒い柄の部分にすぎず、植民地の歪みを正す行動ではなく、一方、モブツは民主主義の未発達のコンゴで強権をうまく用いていた。

かと言って、モブツが植民地の歪みを正したわけではなかった。ただ、モブツが与えたのは西側好みの見せかけのナショナリズムと社会主義化の拡大するアフリカの中での冷戦構造における自由主義陣営の参加であり、それによってもたらされる外国の援助からの搾取と外国企業からの賄賂で、とり巻きの大統領警護隊や同族の縁者の支援のため、彼の文民政治への復帰が果たせない状態になったと思われる。そして、独裁政権を長期化することで、乗り切ろうとして、そのため逆に伝統的に反対する地域に弾圧を加え「ザイール化」の名の下に、益益植民地の歪みを大きくして行くのであった。

モブツは、首相を廃止し、大統領の下に八州の任命知事を置き、そして同じく各段階にMPRの政治局を置き、直轄で上から下までの支援を固め、植民地政府と同様の父権主義的な独裁支配、現代では西側政府の一番嫌う、そしてソ連、中国の共産主義勢力の一番非難、対抗しやすい体制に、ただ西側が目をつぶることで移って行き、植民地の歪みが正されることなく、冷戦が続く限り正されることはないように思われた。

コンゴが内戦を繰り返していた間に、アフリカの国々の独立は続いた。一九六一年一二月九日、三年後にはザンジバルと合邦してタンザニアと呼ばれる国、タンガニーカが、「タンガニーカ・アフリカ人民族同盟（TANU）」を創設したジュリウス・ニエレレの民族主義の指導で、イギリス植民地より独立した。翌一九六二年には、同じく東アフリカの三か国が独立した。七月一日、第一次世界大戦後に国際連盟の委任統治領、第二次世界大戦後に国際連合の信託統治領となっていたベルギー植民地ルアンダ・ウルンジが、共和国としてルワンダが、王国としてブルンジが独立した。一〇月九日、ブガンダなど四王国よりなるイギリス植民地がウガンダとして独立した。一九六三年一二月一〇日、アラブ人の奴隷商人で有名なタンガニーカ沖合の島国ザンジバルが、イギリス植民地から独立した（一九六四年四月二三日、タンガニーカと連邦結成）。この年の一二月一二日には、マウマウ団の内戦で前述したケニアが独立した。そして、一九六四年一〇月二四日、一九五三年に成立したローデシア・ニヤサランド連邦が解体し、北ローデシアがザンビアとして独立した。

このように新しいアフリカの国々の独立が続く一方、すでに独立した国の中で、新しく宗教がらみの人種、部族闘争から内戦となる国が生じた。

第二部　広がる内戦

第一章　ナイジェリア内戦

一、ナイジェリアの起り

ナイジェリアは、一九六〇年一〇月一日、九万三〇〇〇平方キロメートルの広大な領土と三四〇〇万人のアフリカ最大の人口を持って、イギリス植民地より独立した。この国は、南部の熱帯雨林地帯から、中部のサバンナ地帯、そして北部の乾燥地帯まで、一か国で様々な気候条件を持ち、イボ、ヨルバ、ハウサ、フラニの大部族が地域化された勢力を持ち、さらに言語、文化の異なる一〇〇以上の部族が居住していたが、アフリカの中で最も安定した国として、民主主義の「ショーケース」として西側の国々に見られていた。

一八六一年八月六日に、イギリスのラゴス植民地の設置によって始まるこの地域の植民地化は、一八八四年一一月から一八八五年二月にかけてドイツのベルリンで開かれた「ベルリン会議」において、支配権がイギリスに認められることになるが、「ナイジェリア（Nigeria）」の名称は今だなく、この名は一八九七年に黒人を意味する「ニガー（Niger）」より、後に植民地総督フレデリック・リガードの夫人となったフロラ・ショーによって作り出されたものであった。すなわち、「ニジェール沿岸保護領」、「中央スーダン」、「ハウサ・ステート」、「王立・ニジェール・カンパニー領土」のように様々の名称で呼ばれていたナイジェリアは、歴史的に、政治的に、文化的に見て、共通性の背景を持たないにもかかわらず、政治的、経済的便宜主義によって人為的に造られたものであったため、国家と言うよりも、地域的広がりであり、内部的に「相異の統一」にすぎなかったため、植民地支配の歪みをそのまま現在まで持ち続けることになる。

一九〇六年五月一日、ラゴスと南部ナイジェリア保護領が併合され、一九一四年一月一日には、すでにかなりの欠損をだしていた北部ナイジェリア保護領も併合がなされ、今日のナイジェリア領土が確立されたが、ただ経済的効果のための南北統一は、政治的、経済的、部族的、そして何よりも宗教的、文化的にあらゆる分野で、異なるナイジェリアの対立を残した。熱帯雨林地帯の南部地域は、西部と東部に分れ、西部にはヨルバ族が住み、東部にはイボ族が住んでいた。熱帯雨林地帯の北の森林地帯の言わゆるミドル・ベルトは、非ハウサ系の部族が住み、より北部の草原、砂漠地帯にはハウサ、フラニ、カヌリ族が住んでいた。

北部は、イスラム教の支配する封建主義的な地域であり、イギリス植民地政府は資金と人員不足を補うために、保守的な土侯を利用する間接支配を行なった。このやり方は、キリスト教と現代教育の影響力を拡大する近代化の大きな足枷《あしかせ》となり、部族主義と地域主義を強めることになった。

一方、南部は、海岸部に近いため、西欧文化との接触、吸収の機会も多く、キリスト教の教会、学校が次々に建てられ、近代教育を受けたエリートを排出し、教師、下級官使、ビジネスマンなどとしての仕事に就くため、北部に進出して行った。すなわち、イギリスは一つに統合したとはいえ、南北の異なるナイジェリアに二つの異なる植民地政策、北部の土侯を利用しての間接支配、そして南部の教育、福音の啓蒙支配を行ない、正しいはずの植民地支配に歪みを生じさせることで、一つの国家としてナイジェリアを統一させようとする問題に、不統一の貢献をして来たのであった。やがて、この植民地の歪みは、ナイジェリアの独立、そしてその後のビアフラの分離独立に向って精算されるべき問題として残った。

第二次世界大戦（一九三九―一九四五年）中に、ナイジェリアの民族運動は、多くのアフリカの国々で見られるように、青年層が主体に発展し、一九四四年八月二六日に部族、学生、労働者の総てを含めた「ナイジェリア国民会議」がラゴスで結成された。ハーバード・マコーレーとナムディ・アジキエによって指導され、ゆるやかな連合組織は、後に、「ナイジェリア・カメルーン国民会議（NCNC）」に改称され、南部を主体に一九四〇年代のラゴスの政界を安定支配した。北部では、ハウサ族を中心に部族・地域主義の「北部人民会議（NPC）」がアフマド・ベロの指導で設立され、公然と北部の分離を主張した。西部でも、同じく部族・地域主義のヨルバ族中心の「行動党（AG）」が、チーフ・アウォロウォの下に結成され、一九四七年の「リチャードソン憲法」、一九五一年の「マクファーソン憲法」をめぐって、憲法上の地域主義制度の導入に関して、激しい対立を始めた。これに対して、イギリスは、ナイジェリアを東部、西部、北部の三州に分け、連邦主義の導入を考え始め、一九五四年の「リットルトン憲法」の成立となった。

一九五九年の総選挙で、NPCは過半数を勝ち得ず、AGが二枚舌を使ってNPCとNCNCに二又の連立工作を仕掛けたため、NPCとNCNCとの奇妙な連立を誕生させ、大統領にナムディ・

アジキエ（NCNC）、首相にアブバカール・タファワ・バレワ（NPC）が就任し、北部州の首相にアフマド・ベロ（NPC）、西部州の首相にチーフ・アキントラ（AG）、そして東部州の首相にマイケル・オクパラ（NCNC）が就任し、ナイジェリアはアフリカで一六番目の国家として、英連邦の四番目の国家として一九六〇年一〇月一日に独立を達成した。

連邦政府は、北部のイスラム教のハウサ、フラニ族のNPCと、東部のキリスト教徒のイボ族のNCNCの言わば「便宜上の結婚」であり、不安定な状況で進んだ。首相バレワは、エジプトのナセル、ガーナのエンクルマ、ギニアのセクー・トウレのような「英雄」でカリスマ性を持つ人物ではなく、地域主義のはびこるナイジェリアでは決定的な役割を果たせず、大統領のアジキエも大統領職に満足して政治的影響力を示せず、また国民の側も軽蔑的な目で中央政府を見ていた。

そんな状況の中で、一九六二年五月二〇日、アキントラの率いる野党AGに分裂が生じた。NPCに協力的なアキントラは西部州首相の地位を解任されたが、拒否し、中央政府からの支援を求めたため、西部州に非常事態を宣言しなければならないほど西部州に混乱をもたらした。結局、中央政府からの指示を持つアキントラが首相に復帰した。同年九月、中西部州がベルデルの非ヨルバ族の地域に設けられ、NCNCが勝利した。また、この年の人口調査で北部が絶対多数を確保できる数字が出たため、NPCとNCNCの間に危機が生じ、再調査となったが、不正が横行し、独立前のアフリカで最も安定した国との評判を全く裏切り、益益政局を混乱させた。

悪化の続く中で、各政党は、一九六四年一二月の独立後初めての選挙をめぐって、再編に明け暮れた。結局、AGのアキントラ派はNPCと合同して「ナイジェリア国民同盟（NNA）」を設立し、

ＡＧ正統派はＮＣＮＣと合同して「統一進歩大同盟（ＵＰＧＡ）」を組織して、一九六四年一二月の総選挙はキャンペーンを妨害する暴力事件、不法逮捕が相次ぎ、激しく対立した。東部州と中西部州では選挙のボイコットが生じ、ＮＮＡは過半数以上を得て勝利したが、アジキエ大統領は全国基盤の政府を望み、妥協工作でバレワを再び首相にすることで連邦の崩壊を回避し、再び選挙が行なわれた。危機は去ったが、問題を先送りにしたにすぎなかった。西部州の地方選挙では、正当に行なわれればＵＰＧＡの勝利にまちがいなく、ＵＰＧＡは東部州、西部州、中西部州の支配を得ることになったが、ＡＧ分裂後の初の選挙であり、不正行為は連邦選挙の比ではなく、アキントラの不正行為に対して、国民は西部州で暴動を起した。

国民の不満は、殺人、放火、略奪に発展し、ＮＮＡ派の者は家や車の焼き打ちに会い、連邦政府のバレワ首相は、一九六二年の西部州の議会事件のように非常事態が宣言はされなかったものの、無能な警察にかわる軍隊の出動を命じた。しかし、この軍隊が暴動の鎮圧よりも、報復のようにＵＰＧＡ派の攻撃を行なったため、最高司令官ジョンソン・アグイ・イロンシ少将は引き上げを命じることになり、秩序維持に失敗した。

地域間の対立は、大学の人選問題など、あらゆる面で生じたが、これらの危機に公平な司法判断が下されなかったため、危機を倍化させ、一九六六年の初めまでに、ナイジェリアは民主憲法を尊重しない政治家達によって機能しなくなった時、アナーキーの状態に入るのを避けるため、運命づけられた事態が生じることになった。

独立後のナイジェリアでは、南部と北部に色分けたイギリス植民地の歪みが、連邦をまとめ上げるカリスマ的英雄の欠如で、そのまま地域的支配権の争奪に用いられることによって、本来正されるべき民主主義的ナショナリズムがそっちのけにされ、歪みを管理する植民地政府のような存在がない中で拡大されることになった。

二、クーデター

ナイジェリアの連邦主義は、部族主義と地域主義の下、北部地域がその規模と人口の優位を基盤に、そして中央での過半数を得ることの利益を持って、北部化政策の永続を願ったため危機にあった。さらに、この危機は、無責任で、無能な政治家の国の内外での権力の乱用と贅沢《ぜいたく》な生活によって、一層の拍車がかけられた。この状態に憤慨するチュクウマ・ヌゼオグ、エマヌエル・イフェアジュアナ、デイビッド・オカフォル少佐の佐官級の中監将校によって、クーデターが考えられていた。また、同時に、西部州の混乱の鎮圧に失敗したNNAは、西部州のアキントラの支配を回復し、東部州の支配権までも握ろうとしてUPGAを一挙につぶそうとする北部人の国防相と軍人によるクーデター計画が進んでいた。

一九六四年一月一四日、カドナ基地のミリタリー・アカデミーの教官ヌゼオグ少佐は、北部首脳達の官邸地域に非常事態演習と称して部隊を起動させ、翌朝の決行の下準備をした。翌一月一五日、北部においてはヌゼオグ少佐の指揮の大隊が、ベロ州首相と軍幹部を殺害した。首都ラゴスでは、イフエアジュアナ少佐指揮の部隊が、バレワ連邦首相と同じく軍幹部を殺害した。西部州のイバンダンではアデモエガ少佐の指揮した部隊が、アキントラ州首相を殺害し、この時点までクーデター側の行動はうまく遂行した。

しかし、休暇中の最高司令官イロンシ少将の逮捕に失敗した時、このクーデターは方向を変え始めた。コンゴ国連軍に参加したことのある実直な人物ジョンソン・トーマス・ウムナリエ・アグイ・イロンシ少将は、クーデターを鎮圧するため、彼に忠実な部隊を飛行場、通信施設、ラジオ局に配置して、機敏な措置をとり、クーデター側の連絡網の切断にかかった。東部州のエヌグでは、クーデター側の将校が配置されておらず、マイケル・オクパラ州首相が殺されることはなく、中西部州首相のオサデベイには危機状況にあったが救出され、クーデターは鎮圧方向に向ったが、これが後に大きな問題を生じることになった。

北部クーデターの指導者ヌゼオグ少佐は、カドナに臨時政府を樹立して、ラゴス攻撃の準備を始めた。南下攻勢に混乱させられた中央政府は、イロンシ少将に全権を委ねた。将軍は、クーデター参加者の身の安全と公平な裁判の保障、不正な政治家の復職の拒否で合意し、民衆、政党、労働組合、学生などの広範囲な支持を受けて、軍政を始めた。四州には、北部州には軍政官としてハッサン・カチナ中佐、西部州にはアデクンレ・ファジュイ中佐、中西部州にはデイビッド・エジョール中佐、そして東部州にはチュクエメカ・オドメグ・オジュク中佐を任命し、中央には「最高軍事評議会」が設けられ、これによって植民地の歪みが一挙に解決される期待を持たせるものであった。

各地で一斉に腐敗政治家の排除が行なわれ、もちろん西部州ではアキントラによって任命されていた総てが無効とされた。しかし、北部州では、実際、行なわれていなかった。北部の政治家達は、元の地位に復帰し、現状の再確認をするため五月二四日に「布告第34号」をイロンシ将軍が出して、今までの連邦制を廃止して、統一国家の形成をめざしている時、この政令は北部の特権を奪い、東部人の採用をうながすものであると見なして、北部人を煽りたて、文盲率の高い北部人は流言、ふいちょうに踊らされた。そして、一月のクーデターを「イボ族のクーデター」であると、北部人民衆に植えつけて回った。さらに、クーデター派に多くの東部人がおり、殺害された高級将校七人の内四人が北部人であったことも、北部人市民にイボ族がナイジェリアの乗っ取りをはかっていると印象づけるのに成功した。布告の五日後の五月二九日、北部のカノ、ザリア、ソコトなどの町のイボ族のサボンガリ（よそ者の居住地）が同時に襲われ、略奪、殺人、暴行、放火が行なわれ、約三〇〇〇人が殺害された。

六月に入り、イロンシ将軍は、混乱を和らげ、国民に広く意見を聞くため、視察旅行に出かけた。この旅行は、実直であるが、言わば政治的にうとい将軍に対して、北部人が綿密に企てたクーデター計画、「アラバ（分離の日の意味）計画」への旅路となった。

第一次クーデターによって、実行されなかった北部州の分離独立と北部のヘゲモニーの再確立の時が来た。計画の中心となる人物は、以外にもイロンシの政策に不満の原因を持ったことすらない、皮肉にもイロンシの全面的信頼を受けており、最高軍事評議会のメンバーでもあり、ナイジェリア陸軍の参謀長でもあったヤコブ・ゴウオン中佐であり、以外にも少数部族出身のキリスト教徒であった。

一九六六年七月二八日、イロンシ将軍は視察旅行の途中であり、西部州の州都イバダンで、現地の支配者と国政についての議論を交わし、その後、軍政官アデクンレ・ファジュイ中佐の官邸にいた。同日午後二時、クーデターは西部州のアベオクタ基地で端を発し、北部人兵士は東部人兵士を捕え、殺害し始めた。七月二九日の未明、西部州軍政官の官邸は北部人兵士によって包囲され、イロンシとファジュイ両人も捕えられ、暴行を受け、サブ・マシンガンで蜂の巣にされた。北部人兵士による東部人兵士狩りは、アババ、イチジャ、ヤバで続き、北部の基地では同日の夜から始まった。この第二次クーデターの混乱の中で、殺された将校四三人中三三人は東部人であり、北部人は一人もなく、兵士を含めると二〇〇人程の者が殺されていた。とはいえ、東部州では、クーデター情報がうまく伝わり、軍政官のオジュク中佐は、エヌグの第1大隊の北部人将校と兵士を武装解除できた。また、中西部州は、一月のクーデターの時と同様に動きはなかった。

ゴウオン中佐は、当初、北部を分離独立する方針であったが、海岸部の港を失ない、貧乏になり孤立するとのイギリス、アメリカの外交的説得でとり止めることになった。西側に安心を与える一方、八月一日、ゴウオン中佐は、自ら国軍の最高司令官で、国家軍事政府の長に就任して、「布告第34号」を撤回して北部人に安心を与えるとともに、北部人の支配的地位を確立したが、この日を期して、東部人には北部人支配のナイジェリア連邦共和国との戦いが始まることになった。ゴウオンが、彼の最初の目的通り、北部の分離独立を行なっていれば、植民地の歪みの修正が一段進んだかと思われるが、コンゴ同様、分離独立による境界線の変更を嫌うイギリス、アメリカの圧力によって阻まれたことは、コンゴ同様にナショナリズムの矛盾をナイジェリアの今日まで残すことになる。

クーデター後も、基地や刑務所にて続いた東部人に対しての虐殺に、うまく逃げ出せた者は、東部州へと帰国を急いだ。もはや、ナイジェリアは、一つの連邦で維持できなくなった。北部人兵士は、北部州、ラゴス、そしてヨルバ人が伝統的に軍人になりたがらなかったため西部州を支配して、彼らのために東部人兵士の三〇パーセントが捕えられており、八月九日に代表会議が開かれ、それぞれの支配地域に残った兵士の交換が合意された。とはいえ、支配している西部州からの北部人兵士の撤退は行なわれず、東部州にとって緩衝地帯としたい意思は拒否され、平和的解決の手段の一つが失なわれた。

九月一二日に、東部人の虐殺で延期されていた特別憲法会議が開かれ、東部州は唯一の解決策として、前述したカタンガのような各州に大幅な自治権を認めさせる緩やかな連合を求め、一時合意するかと思われたが、休会中に、ゴウオンは再び外圧によってコンゴ中央政府のように強い中央集権を主張して、北部の圧倒的な軍事力を背景に方向転換をして対立し、再開の直前に北部人は北部で東部人の虐殺を再び始め、ジョス、ソコト、カドナの町で無差別な暴行、略奪、レイプ、殺人、放火が続き、首都ラゴス、西部州にも広がった。このような状況で会議は中断されたままになり、結局、一一月一七日にゴウオンは解散を報じ、彼の行動は独裁的傾向を持ち始めた。

北部の東部人三万人が虐殺され、約二〇〇万人が難民となって東部州に流入し、一方で、ガーナ首相ジョセフ・A・アンクラの仲介で、ガーナのアブリで和平会議が開かれることになった。「アブリ会議」は、一九六七年一月四日と五日の二日間、ゴウオン最高軍事評議会議長と四州の軍政官が参加して開かれたが、(一)武力の公平な配分、(二)軍の再編、(三)北部人兵士の西部州からの引き上げ、(四)最高軍事評議会での政策決定など、現実的なアプローチが決められ、成功するかと思われた。しかし、一月二六日、またしても中央集権を主張してゴウオンは、アブリ決議を拒否し、植民地の歪みが一段でも正される三度目のチャンスが失なわれた。

この時までに、難民の流入で財政難に陥った東部州の軍政官オジュク中佐は、二月二五日にアブリ決議の実行を求める最後通牒を出し、無視された。三月三一日、オジュクは歳入徴収令を出し、東部州の収益は総て東部州の国庫に石油収入を確保した。一方、ゴウオン側は、圧倒的な軍事力を見せつける行動をとり、三時間もあれば東部州をつぶせると豪語する一方、軍政官三人の合意でいかなる地域も非常事態が宣言できるとの布告を出し、双方とも平和的解決は望めない時点に来ていた。しかし、ここでナイジェリア内戦に最も重要なことは、東部州の国境の封鎖で危機感を煽ったゴウオンは、コンゴ動乱とは異なり、これはあくまで国内問題であるとし、国連や海外企業の介入を避け、植民地の歪みの幅を再び狭くしたことであった。

五月三日、中西部州の軍政官エジョール中佐がオジュク側につき、東部州での分離独立を求める動きが大きくなり始め、州都エヌグではデモが多発し始めた。五月二七日、東部州の諮問会議で、できるだけ早い独立の宣言が満場一致で決議された一方、同日、ゴウオン中佐は「布告第34号」を廃止し、従来の連邦システムの国に戻し、ナイジェリア全土に非常事態を宣言し、領土を一二州（東部州を三州、北部州を六州、ラゴス州、西部州、中西部州を各一州）に分割し、東部州を分割して力をそぎ、沿岸部の石油地帯の資源を切りとる最後通牒的挑発行為に出た。またしても、植民地の歪みは、連邦制維持か自治政府の確立かと言う問題に突き当り、武力的解決の方向に流れた。言わば、地域主義的なハウサ、フラニ族が連邦制を求め、連邦制を求めていたイボ族が分離独立を求めると言う、何とも矛盾の繰り返しで、植民地の歪みを正すことなく反転させてしまっていた。

三、ビアフラ戦争

一九六七年五月三〇日の夜明け、不安な気分の一四〇〇万人の東部州の者達に、ラジオはオジュクの「ビアフラ共和国」の独立宣言を流した。「ビアフラ」とは、イボ族の言葉でギニア湾から昇る太陽を意味し、ライジング・サンのマークは、ビアフラ軍のユニフォームの袖を飾ることになった。宣言とともに、家長や村長は、留学など世界に散らばるイボ族の者に手紙を出し、帰国して新生国家を助けるように促した。ビアフラは、総力戦の準備を始めていた。

ビアフラを指揮するイボ族の裕福な家庭で育ち、イギリスで教育を受けた弱冠三三才のチュクエメカ・オドメグ・オジュクは、ビアフラ軍の奇襲攻撃で数か月持ちこたえ、和平交渉に入れるものと考え、一方、ゴウオンは短期間の警察活動で数か月の内に勝利すると安気に考えていたが、実際にはビアフラ側はクーデターの虐殺で実践部隊を指揮できる将校を欠き、連邦側は警察力を欠いていた。

独立から三九日目の一九六七年七月六日の夜明けとともに、ナイジェリア連邦軍のビアフラ北部国境の町オゴジャへの砲撃で、ナイジェリア内戦（ビアフラ戦争）が始まった。七月六日にオゴジャを牽制攻撃した連邦軍は、七月八日には主力を持ってヌスカを攻撃し西部戦線を開いた。ヌスカを敵に奪取されたビアフラ軍は、後退して防衛戦を築いた。七月二八日には、連邦軍は重要な石油積み出し港のポートハーコートに揚陸作戦を仕掛け、南部戦線を開き足場を固めた。

これに対して、ビアフラ軍は、八月九日に大電撃作戦を展開した。三〇〇〇人の機械化された部隊が、ニジェール河にかかるオニッチャ橋を渡って、中西部州に侵攻し、その日の内に州都ベニンを占領し、同族系の部族から歓迎された。そして、なんとも、これによってビアフラ側は、一九六七年六月の第3次中東戦争（六日戦争）のため価値の上っていたナイジェリアの油田地帯の総てを手中にした。オジュクは計画どおり短期決戦に勝利して、和平のテーブルに連邦政府を持って行きたく、様子を見るヨルバ族の西部州に向け、八月一六日に再び進撃を開始し、ラゴスに迫った。一方、西部戦線重視をすゴウオンは、北部州への後退を考えたが、イギリスとアメリカの外交官によって留まって戦うことを説得され、ラゴス防衛のため兵力をかき集め、歴史的に北部人を恐れるヨルバ族を連邦の側に留まらせて、連邦政府の崩壊をまぬがれた時、オジュクの計画は崩れかかった。人手不足からオジュクの信頼を受け、ヨルバ族であったが前線の「S旅団」の指揮をしていたビクター・バンジョ准将が、突然の裏切りを見せ、ベニンから部隊の撤退命令を出し、ビアフラ軍の西部戦線は一瞬にして崩壊し、逆にビアフラの首都エヌグが危くなった。バンジョの裏切りには裏があった。彼は西部州に入ると指導者チーフ・アウォロウォに接触し、オジュクに反意を持つビアフラ人将校二人を巻き込み、一方的にビアフラ軍を中西部州より撤退させ、クーデターを起し、オジュクを殺し、ラゴス側に高位で迎えられ、アウォロウォはこの計画を利用してヨルバの軍隊をつくり、ラゴスに攻め込み首相につく考えであったと言う。前述したチーフ・アキントラの場合と同様の「マキャベリ・タッチ」のヨルバのなせる植民地の歪みの中で弱者が支配を狙った行動であった。それは、ともかく、オジュクを暗殺しようと次に企てたバンジョらは、状況報告と称してオジュクに近づこうとしたが、すでに情報を得ていたオジュクに逮捕され銃殺刑にかけられた。

この裏切りによって、西部戦線は出発前のオニッチャの位置に戻り、一〇月四日には首都エヌグを失ない、ビアフラ軍の士気は完全に低下した。八月のビアフラの攻勢に浮き足立ったゴウオン同様、今度はオジュクが浮き足立ち、辞表を提出したが、諮問会議で満場一致で退けられ、ビアフラの崩壊は避けられたが、長く苦しい戦いが始まるのであった。こうして、もたつくビアフラは、一〇月の終りにはギニア湾のナイジェリア連邦海軍艦艇による海上封鎖と沿岸部への揚陸作戦、カメルーン国境の連邦陸軍による幹線道路の阻止で、東西南北総ての戦線で連邦軍に包囲される形になっていた。陸の孤島と化したビアフラに出入りできるのは空路のみとなった。一方、ソ連、イギリス、ベルギー、イタリアから大量の武器を輸入した連邦軍は、国内では徴兵制を採用して開戦時一万二〇〇〇人の兵力を四万人に増強して包囲網を固め、この戦いはジェノサイド的傾向を持ち始めた。

西部戦線では、ニジェール河をはさんでオニッチャの攻防戦があり、水に縁のない北部の砂漠地帯のハウサ族が渡河中にビアフラ軍の攻撃で多くの溺《でき》死者を出していたが、連邦軍はソ連からミグ戦闘機、イリューシン爆撃機、イギリスからはフェレット、サラディン装甲車を入手し、一方、ビアフラ軍には有効な対空、対戦車兵器を持たなかった。一九六八年三月一五日に、連邦軍はオニッチャの奪取に成功し、ニジェール河の対岸に橋頭堡を確保した。

一九六八年一月、アメリカではリチャード・ニクソン新大統領が誕生し、選挙中はビアフラへの支援演説を行なったりしたが、就任後は何ら具体的な行動はとらなかった。イギリスのハロルド・ウイルソン政権は、二億ポンドの石油投資を守るためゴウオン政府を支援した。同様に、ナイジェリア連邦政府を支援していたソ連は、一九六八年八月のチェコ動乱で西側と対立したが、一一月には「ソ連・ナイジェリア協定」を結び、小火器から哨戒艇まで、それにともなう技術顧問とともに送り込み、コンゴで失敗したアフリカでの足場の確保をめざした。

兵員、物資の両面で強化されるナイジェリア連邦軍に比して、一九六八年四月から五月のビアフラは惨憺《さんたん》たる状況にあった。イボ族の志願兵は旧式のラッパ銃と斧でよく戦ったが、東部戦線で連邦軍はクロス河を渡河し、ビアフラの中央部に近いアフィクポを落し、中心部のウムアヒアに迫った。南部戦線では、ポートハーコートが陥落し、七月にはオウェリ、アバ、ウムアヒアの最終防御拠点の三角地帯に押し込まれ始めた。特に、ポートハーコート周辺の穀倉地帯の損失は、食糧不足にあるビアフラ側に痛手であった。ビアフラ軍は、敵の武器の捕獲と、敵の輸送部隊のコンボイを襲って毒の入っていない安全な食糧を手に入れることでしのいでいた。

開戦からこの間に、すでに三回、一九六八年五月二三日カンパラで、七月一五日にニアメーで、七月二九日にアディス・アベバで和平会議が行なわれていたが、要所を次々に奪取している連邦側には交渉に積極的に参加する意思はなく、アフリカ統一機構（ＯＡＵ）の顔を立てるためのただの参加で、「飢えは、戦争の合法的武器」であると述べる始末であった。

南部戦線では、八月二四日、連邦軍はアバに向けソ連軍事顧問の指揮で、砲撃に始まり、装甲車を楯に歩兵部隊が前進して来るこれまで通りのやり方に従って攻撃して来たが、「オグブニグエ」又は「オジュクの鍋」と言われた手製の爆発物で前進を阻止された。しかし、ソ連軍事顧問の指導で作戦を建て直し、九月四日に攻撃を再開した。今回は、幹線道路ではなく、ブッシュの中の小道を装甲車で抜け、ビアフラ軍に奇襲攻撃を仕掛け、側面に突破口を開いてアバを陥落に追い込み、守りの三角地帯の一角を崩した。

ビアフラは、地上戦で追いつめられる中、ポートハーコートの空港を失ない、ウリとウツルの二か所の飛行場に空輸されて来る補給品で国を支えていた。一夜に五〇回以上のフライトが、墜落のたびに上昇する高価な空輸料金を取るハンク・ウォートンのような傭兵パイロットによって行なわれ、空輸物資の九割は飢餓に苦しむ難民の食糧であった。ビアフラの飢餓状態は、この世の地獄と化し、国際救援機関も当初はこの手のパイロットに空輸を頼まなければならなかった。従来、東部州のタンパク源は、北部の牧畜地帯からの牛肉と北欧の干し魚であった上に、連邦軍に都市が占領されるたびにふえ続けた五〇〇〇万人近い難民（人口の三・五人に一人が難民）になっていたことが、一層食糧不足をひどくしていた。

国際赤十字委員会は、食糧、医薬品、衣類の緊急輸送許可をラゴス政府に求めたが、ゴウオンの見せかけの同意と裏腹に、遅々として実行は進まず、一九六八年六月には世界に飢餓の報道が流れ始め、ニュース・フィルムにタンパク質の欠乏から生じる、髪の毛が変色し、関節が腫《は》れ上がり、水分過剰でふくらんだ腹が異常に飛び出すクワシオルコルの症状の子供が映り始めた。このため、一日、二〇〇〇人以上がビアフラでは生命を失なっていると言われた。食糧不足は、銃を手に強奪する者を出し、兵士の士気を低下させ、救援物資が異常な高値で市場で売られるなど、教育水準の高いイボ族に危機はせまっていた。一日、推定三〇〇トンの食糧空輸のため、カトリック教会の救援組織は、後には国際赤十字委員会も、スウェーデン人貴族カール・グスタフ・フォン・ローゼンのようなパイロットによって操縦されるチャーター機を導入し、ナイジェリア空軍の戦闘機とレーダー網を避けて危険な飛行を行なった。

ナイジェリア空軍は、ビアフラ空軍の攻撃に対しての防空戦、陸軍部隊への偵察・近接支援の他に重要な任務があった。それは、学校、教会、市場などの一般市民の集まる場所の攻撃であった。ビアフラの最初の首都エヌグが一九六七年一〇月初めに陥落して、この地の飛行場に配置されたナイジェリア空軍機によって、一般市民の空襲の被害は増大した。一九六八年二月一七日のアウグの空襲では一〇三人が死亡し、四月のアバの爆撃では一二五人が殺され、一〇月のアグレリでは五一〇人が亡くなり、その被害は死者だけで五〇〇〇人に達した。

一九六九年になると、ラゴス政府は、まるでイボ族の絶滅「ジェノサイド」を目的としているようであった。開戦時のビアフラの領土四万平方マイル、一五〇〇万人の人口は、九〇〇〇平方マイル、七〇〇万人に減少した。

一九六八年末にかけて、ビアフラは対戦車兵器を含む武器・爆薬の空輸量の増加を受けて、反撃に転じた。アバでは、ナイジェリア連邦軍を市街地まで押し戻し、オウェリでは、その周辺の土地を奪い返した。開戦時にナイジェリア連邦軍より捕獲していた二五機余りの航空機によって編成されたビアフラ空軍は、ラゴス爆撃など大胆な攻撃を行なったりもしたが、補充に制限されじり貧状態にあった。しかし、一九六八年の夏以来、チャーター機を操縦して救援物資を運んでいたパイロット、かつてエチオピア空軍の設立を支援したカール・グスタフ・フォン・ローゼンが、無差別の民間人への空襲を見かね、スウェーデン製のスポーツ機、MF1-9Bにロケット・ポッドを着けミニコイン機に改造して、一九六九年五月にビアフラ空軍を復活させた。オジュクは、ビアフラ空軍が連邦軍によって奪回されている石油地帯への攻撃を行ない、投資を心配する元宗主国のイギリスに圧力をかけて、ラゴスとの停戦をもたらす最後のチャンスに賭けたが、何分、ビアフラ空軍の小さな兵力では圧力は弱すぎた。

空からのミニコイン機による攻撃と、地上のコマンド部隊の攻勢で、石油施設の破壊を仕掛け、和平交渉の席にラゴスを着けるオジュクの策略は失敗に帰した。

一九六九年に入ると、領土的に大きな変化はなく、ナイジェリア連邦軍は都市と主要幹線道路をがっちり確保し、ビアフラ側はブッシュの中でゲリラ戦を展開するという状況が続いた。四月一五日、ビアフラ側の最後の防衛の三角地帯の残っていた一角、首都が置かれていたウムアヒアが陥落した。一〇月半ばには、ナイジェリア連邦軍は全戦線で全面攻勢を仕掛けたが、友軍機による誤爆を受けたり、戦線での各個バラバラの攻撃で、足踏み状態にあった。ビアフラ軍は、空輸量の増加に武器を得て、最後の抵抗を見せはしたが、双方とも決定的な勝利に至らなかった。

とはいえ、ビアフラ軍は、使える者は動員しつくし、限界に達しており、一九七〇年に入ると南部戦線が崩壊し、ビアフラ軍兵士は連邦軍兵士の気づかぬ間にユニフォームを脱ぎ捨て、一般市民の服装をしてブッシュの中に消えた。この現象は、すぐに総ての戦線に広がり、最後の外部への出口、ウリが占領されるのも時間の問題となった。一月八日、オジュク将軍は、最後の閣議を開き、全権を参謀長フィリップ・エフィヨング少将に渡し、その夜、コートジボアールに亡命するため飛び立った。

翌一月九日、最後の首都になったオウエリが陥落し、一二日にビアフラは降伏して、「ビアフラ共和国」は、わずか三一か月でその姿を消した。

北部の多数派の占めるラゴス政府は、内戦には勝利したが、植民地の歪みが、この戦いによって正されたわけでは決してなかった。確かに、コンゴの内戦に見られたような国連の介入、海外企業の陰謀的な支援を与えることを相手から断ち切り、あくまで国内問題として処理しようとし、逆に敵対部族を抹殺するジェノサイド的傾向を帯ることで、一挙に歪みを鮮烈化させることになった。

また、民政の失敗による軍事クーデターによる軍政から生じた内戦は、内戦を終えても民政に戻れない現実を示すことで、植民地の歪みを受け継いだ。内戦に勝利したゴウオン将軍は、戦争地区の復興と東部州の石油収入を基盤に開発復興計画を打ち出し、イボ族と和解政策をとり、軍の再編、腐敗の根絶、人口調査、民主主義の確立に努め、一九七六年一月までには民政への復帰を報じたが、四年後には前言に従わず、時期尚早と否定した。一九七五年七月九日、ゴウオンがOAU首脳会議に出席中に、無血クーデターが生じ、ムルタラ・ムハンマド将軍が政権を奪取し、ゴウオンと同じく腐敗の根絶と一九七九年一〇月までに民政に移管を行なうと報じ、州を一二州から一九州に細分化してナイジェリア化を進めたが、一九七八年二月にクーデターが生じ、軍内部の不満分子によって殺害され、政権はオルセグン・オバサンジョ将軍によって引き継がれた。一九七九年八月に新憲法が発布し、非常事態宣言が解除され、政治活動禁止令も解かれた。とはいえ、新しく出現した政党は、ハウサ族中心の「ナイジェリア国民党（NPN）」、ヨルバ族中心の「ナイジェリア統一党（UPN）」、イボ族中心の「ナイジェリア人民党（NPP）」の他にカノ州中心の「人民救済党（PRP）」とボルヌ州中心の「大ナイジェリア人民党（ＧＮＰＰ）」の五政党で、かつての北部州のＮＰＣ、西部州のＡＧ、東部州のＮＣＮＣの地域別区分とほとんどかわりなかった。

一九七九年の選挙でＮＰＮが勝利し、シェフ・シャガリが大統領に就任して、一二年ぶりに民政に復帰したが、経済不況にみまわれ一九八三年八月に再選はされたものの、選挙の不正から暴動が生じ、石油市場の悪化もともない、同年一二月三一日にクーデターが生じ、四年三か月の民政（第二共和制）は終り、再び軍政に戻り、ムハマド・ブハリの率いる最高軍事評議会が発足した。

ブハリ政権の積極的な経済緊縮政策の失敗を理由に、一九八五年八月二七日にイブラヒム・ババンギダ将軍がクーデターを起した。政権を握ったババンギダは、いつものように民政への復帰を公約したが、政権に固執し、一九九三年八月に民政への移行を行なうと報じ、大統領選挙を実行した。「社会民主党（ＳＰＰ）」の南部出身のモショド・アビオラが勝利すると、ババンギダは無効を宣言した。そして、ババンギダは実業家のアーネスト・ショネカンを首相に任命したが、国防相に起用されたサニ・アバチャ将軍が一一月一八日に無血クーデターを起し、国家元首に就任して政権を握り、議会の解散、政党の解散など、一切の民主的機構を禁止した。

ナイジェリアの独立後は、内戦をはさんだが、全く民政から軍政への繰り返しで、石油資源より生じる利権をめぐる腐敗をからめての繰り返しであった。また、独立時に、東部、西部、北部の三州が、部族間の和解のためと細分化を進め三〇州になり、首都をラゴスからアブジャに移すなどしたが、北部人が握る中央の強権的、腐敗的構造の中で、植民地の歪みが改められるはずもなかった。望ましい姿は、ゆるやかな連邦制であったと思われるが、コンゴ同様、中央政府から離れた所に鉱物資源に富む豊かな地域が存在する限り、国境を変えたがらない外圧もあって、植民地政策の歪みをまた改善しようとすれば、独裁的な傾向を持つ支配者の野心がらみで、益益残虐性をともなって、問題を複雑化させた。

人道主義では、地理的、部族的歪みを歴史的憎しみの中で出現を押えることに困難を見せた。一方、腕づくで実施する者にも困難をともなった。

第二章　スーダン内戦

一、第一次内戦

スーダンは、ナイジェリア同様にかつてイギリス植民地であり、かつ西アフリカに位置してギニア湾に面するナイジェリアに対して東アフリカに位置して、その南部はほぼ同緯度に存在した。アフリカ最大の領土、二五〇万五八一三平方キロメートル（日本の約六・六倍）を持つこの国は、人口が一九八六年の推定で二三〇〇万人と少ないが、その種族五六、その部族に到っては一〇倍以上の六〇〇近く存在すると言われ、大きくは北部の全人口の約四〇パーセントを占めるアラブ系スーダン人、そして一〇パーセントを占めるディンカ人、五パーセントのヌーバ人などナイル系またはスーダン系の南部黒人地帯にその生活圏が分れる。

北緯四度から二二度までの幅を持つスーダンは、前述したナイジェリア同様に、北部のサハラ砂漠の地帯に、南北の境界線あたりの西部に山岳地帯を持つサバンナ地帯から、南部の熱帯雨林地帯まで、変化に富んでいる。そして、この国のやや東寄りの中央部を、ビクトリア湖から流れ出る白ナイル川と、エチオピア高原を流れ出る青ナイル川が首都ハルトゥームで交わり、ナイル川となりエジプトに下る。

また、ナイジェリアと同様に、宗教的には北部はイスラム教徒であり、南部のキリスト教徒と伝統的信仰（アニミズム）に大きく分れ、イスラム教がアラブ系、キリスト教が黒人系と結びつくことで、広大な領土を持ちながらスーダンはナイジェリアの問題より複雑化されている。

スーダンの歴史は、紀元前七〇〇〇年頃の砂漠化する前の北部のヌビアに始まるとされる。ＢＣ三〇〇〇年頃には、ヌビアは黄金、象牙、奴隷を求めるエジプト王朝の支配を受けた。ＢＣ二二〇〇年頃、黒人種のクシュ王国が栄え、ＢＣ五〇〇年頃になると砂漠化とともに南下し、メロエ王国として栄えたが、紀元二六五年にエチオピアに位置するアクムス王国によって滅ぼされ、キリスト教時代に入った。現在でも、北部にはベジャ人、ヌビア人、フール人など、アラブ系でない土着民族が残るように、スーダンには元来アラブ人はいなかったのである。

七世紀半ば、エジプトに侵攻したアラブ人は、徐々にスーダンに移住したため、ヌビアの改宗には長期を用いたが、イスラム勢力が拡大するとともに、キリスト教勢力は衰退して行った。一五一五年、イスラムの首長が統合して、青ナイル川流域のセンナールを中心にフンジ国、そして西のダルフールにフール国が造られ、イスラム教を広く浸透させた。これらの国は、奴隷、象牙の交易国として栄えた。

一九世紀に入ると、名目上オスマン・トルコ帝国の支配下にあったが、実際には独立した力を持ったエジプトのムハンマド・アリーは、奴隷、象牙、黄金などを求めて、軍隊を派遣し、スーダン征服に乗り出した。すでに衰退の傾向にあったフンジ国は一八二一年に滅び、一八三九年からは南部への侵攻が開始され、フール国は一八七四年に滅び、ほぼ現在のスーダン全域がトルコ・エジプトの植民地とされた。スーダンは、こうして奴隷、黄金、重税の調達の場所とされ、ヨーロッパの植民地政策以前に、エジプトによって植民地の歪みを、北部スーダン人を傭兵として奴隷狩りを行なうという屈辱を持って、特に南部は担うことになった。

一八六九年にスエズ運河が開通し、イギリスはインド経営と極東進出を確実にするため、エジプトを押える必要が生じた。当時、エジプトは副王イスマイールの南下政策の下で財政破綻をしており、イギリスは難なく一八七五年にスエズ運河の株券を買い取り、翌一八七六年からはイギリス、フランスによる財政建て直しのため「二国管理」システムが成立し、三年後にはイスマイールが副王の地位を追われるに到り、エジプトは独立の回復を求めて、一八八一年に青年将校アフマド・アラビー大佐が反乱を起した。翌一八八二年に、ワタン党、民族主義政府が成立したが、民族革命の拡大を懸念するイギリスは軍事介入を行ない、この時よりエジプトを事実上支配することになり、当然にエジプトの植民地スーダンもイギリスによって支配されることとなった。

太平天国の乱（一八五〇—一八六四年：洪秀全を首領とする清朝への反乱。）での活躍で国民的英雄となっていたチャールズ・ゴードン将軍は、南部解放奴隷より成る部隊を率つれ、奴隷交易の撲滅を目指し、奴隷商人と戦い、南部人も両派に分れて戦うという、すでに現在の先例となる内戦状況がスーダンでは生じていた。

一八八一年、イギリスに対してエジプト人が反乱を起したように、エジプトの支配に対して、北部スーダンで救世主ムハンマド・アフマドが聖戦（ジハード）と称して、「マフディーの反乱」を起した。一八八五年には、ゴードン将軍の守るハルトゥームを陥落させ、マフディーの国家は一三年間続き、マフディー派の成員「アンサール（支持者）」は、その後のスーダンの政治活動に重要な役割を果すことになった。マフディー国家は一八九八年にイギリス・エジプト連合軍によって「オムドゥルマンの戦い」で敗れ、翌一八九九年にスーダンは「イギリス・エジプト共同統治領」となった。とはいえ、共同統治とはあくまで名目上であり、実際は支配権を握ったのはイギリスであった。

マフディー国家崩壊後も、ダルフール王国（一九〇〇ー一九一六年）、南部ではディンカ族、ヌエル族など諸部族の抵抗があったが、植民地政府はこれを武力鎮圧し、「パックス・ブリタニカ」を達成した。北部では、伝統的支配者に行政権と司法権を与え、ゲジラ地域では綿花の栽培によって依存型の資本主義経済を根づかせ、間接的支配を行なわせ秩序の維持をはかった。一方、南部では、部族の抵抗を鎮圧した後、閉鎖地域として切り離し、南部政策を行なった。この特例な政策によって、北部人の南部への自由な交通を禁じ、公用語を英語として、キリスト教宣教師による初等教育を根づかせた。これが、北部人の収奪より南部人を守るために、本意はエジプトのナショナリズムの侵入から南部を守るためであろうと、その結果、北部では経済発展に基づき労働者、都市に住む知識から地主、商人まで富裕化をもたらし、近代的な社会層を生んだが、南部では事実上低開発のまま放置されることになり、ここに植民地支配による歪みを生じさせ、北部人と南部人の間に大きな隔りを作ってしまった。

第二次世界大戦（一九三九—一九四五年）後、スーダンでも独立の気運の高まる中、イギリスの態度がはっきりしない内に、エジプト政府はスーダンとの恒久的な合併以外を認めないと強硬な路線を打ち出し、北部スーダン人もエジプトとの連合派と単独独立派に分れて対立した。イギリスは、植民地政策の変更の調査を行ない、スーダンの将来を決めるのはスーダン人自身であるとの考えに基づき、統一スーダンを望んだ。一九四七年六月一二、一三日の「ジュバ会議」で、南北の代表が一堂に会し、北部人側は理解不充分な南部人も統一スーダンに合意したとみなした。後に、南部側は、この会議に歴史的な地位を認めなかったように、イギリス植民地政策の歪みを、あいまいさの中に埋めることで、後に大きな問題を残すことになった。翌七月に、イギリス植民地政府は総督会議で南部政策の廃止を決め、「一本化政策」を採用した。こうして、上ナイル州、バハル・アル・ガザール州、エクアトリア州（赤道州）よりなる南部に、北部人行政官を派遣し、北部人商人が商売でき、南部でアラビア語を教えることが可能となり、未発達の南部は一変することになった。一方、エジプトのスーダン併合への圧力の強まる中、イギリスはスーダンへの自治権の移行を早めざるを得なかった。

一九五二年七月、エジプト革命がナギブ・ナセルの将校団によって生じ、一転してスーダンは自立の方向に流れたが、南部人への相談はなされないまま、一九五三年二月一日にスーダンの自治を認める「イギリス・エジプト協定」が成立し、三年後の独立が決まった。この協定により、植民地政府のイギリスの支配が北部人に代っただけであった。一九五三年末の総選挙で、親イギリス派でマフディー派の「ウンマ党」を抑えて勝利した親エジプト派でハトミーヤ派の「民族統一党（NUP）」のイスマール・アル・アズハリが首相となり、「スーダン化」すなわちアラブ化を始め、イギリス人官使が去った後を北部人官使が埋めた。

これに対し、劣等感にさいなまれる南部では、一九五二年に「南部党（SP）」を結成し、連邦制を求めたが拒否され、独立を前にして、一九五五年八月に南部で反乱が生じた。南部の綿織物工場での南部人の突然の解雇から抗議デモが生じ、治安部隊との衝突で南部に不満の広まる中、エクアトリア州のトリットに駐留する「エクアトリア軍」の南部人兵が北部への移動を拒否して、武装解除を恐れて反乱を起したことにより、スーダンで第一次内戦が始まった。南部では、北部人を含めて多くの死傷者を出し、自治政府は非常事態を宣言して、北部人兵士を南部に派遣した。反乱はすぐに鎮圧され、多くの兵士が逮捕されたが、一部は逃がれて銃を手に反政府活動を続けることになった。

一九五六年一月一日、スーダンは共和国として、自治統治後の合邦か独立かの帰属を決める国民投票も行なわれることなく、北部人、アズハリ政権の支配の下で独立を迎えた。独立はしたものの、南北の対立ばかりでなく、北部人内にも政治的対立が続き、綿花生産の減少で経済不安が重なり、コンゴやナイジェリアでも見せたように、植民地の歪みが是正されないまま、文民政治が行き詰まりを見せる時、南北に通じるカリスマ的人物を欠く現状の中で、お定りのコースをとることになった。

一九五八年一一月一七日、スーダン軍最高司令官イブラヒム・アブード将軍が軍事クーデターを起し、首都ハルトゥームを押えて、無血の内に成功させた。軍部が主導権を握ったことによって、対南部政策は軍事力によって強圧的に行なわれることになり、南部人の反発は益益大きくなった。南部では、一九六一年に「スーダン・アフリカ人民族同盟（ＳＡＮＵ）」がウィリアム・デングとジョセフ・オドゥホによって組織され、その軍事部門として南部でゲリラ活動を行なっていた諸勢力が統合して「アニャニャ」が一九六三年に組織され、ゲリラ戦を本格化させた。ちなみに、アニャニャとは、南部スーダンに生息する強いヘビの毒の名称とされる。

続く、政治、経済、軍事総ての不安定の中で、一九六四年一〇月、首都ハルトゥームで南部問題の討論会を開こうとした大学生と警察部隊の衝突で死者が出たことにより、知識人、労働者を巻き込んで、大暴動が生じた。この反軍政行動は、左派の共産主義者から右派のイスラム原理主義者までを含み、「一〇月革命」となり、一〇月二一日にアブード政権は崩壊した。一〇月三〇日にはアル・ハーティムが首相となったが、共産党系の閣僚が半数を占め、これまでのスーダンの中立外交から、エチオピアやコンゴの反政府勢力を支援して、左翼的な積極外交を始めたが、大政党であるウンマ党（アンサール、中、西部農民支持）と民族統一党（都市のインテリ、ビジネスマン支持）、人民民主党（ハトミーヤ、東、北部農民支持）が統一国民戦線を組織し、総選挙の即刻の実施を求めて、内戦の終結を優先を主張する政府と対立した。

この間、新政府は、南北和平交渉を求めたが、アニャニャは一切応じようとはせず、政府はＳＡＮＵと接触したが、オドゥホの分離独立の急進派とデングの連邦化を目指す穏健派に分れていた。結局、デング派の参加で、一九六五年三月に「円卓会議」が開かれはしたが、両陣営とも自己の主張を述べ合っただけで、結論は見い出せなかった。北部側は単一の国民政府と南部の単一でない地方政府を主張し、南部側は自らがリーダーを選挙する単一の南部政府を求め、財政と安全保障の自己の支配権限を欲した。一九六五年四月の総選挙で成立したウンマ党と民族統一党の大政党のマフード・マフジューブ連立内閣は、全政権の方針を一転させ、軍政時代に戻ったように、保守的強硬路線をとり、政府軍は南部で住民の虐殺を始めた。彼らは、前政権の穏健派がアニャニャをつけ入らせたと考えていた。その後、中央政府は、醜い争いの中で、サイード・アル・サーディク内閣をはさんで、マフジューブ政権が続いた。

スーダンは、広大な領土を持つと同時に、エジプト、リビア、チャド、中央アフリカ、ザイール（コンゴ）、ウガンダ、ケニア、エチオピアと地続きでアラブ系、アフリカ系の両方の人種を含めて八か国との国境を持つことによって、同族が国境を越えて生活しており、この複雑さが南北問題に大きく影響を持つことになった。アニャニャの活動の活発化の原因となった武器は、何とも、中央政府の支持したコンゴの前述したシンバの反乱に関係するものであった。スーダン南部の中心都市ジュバの飛行場には、アルジェリア空軍のマークを付けていたが、ソ連人パイロットによって飛ばされるソ連製の輸送機ＡＮ-12で、エジプトのナセル大統領より提供されたソ連製とチェコ製の兵器が空輸され、コンゴの国境の町アバまでトラック輸送されていた。スーダン領内に、避難、休息の場所を求めるシンバの兵士は、提供されていた手持ちの武器を食糧などと交換して、アニャニャに密輸していた。これによって、アニャニャの兵士にはカラシニコフＡＫ47を持つ者もいた。

また、アニャニャの武器獲得ルートは、ウガンダにもあった。一九六六年にウガンダ陸軍の司令官となっていたイディ・アミン将軍は、南部スーダンにまたがるバリ族系のクワ族の出身であった。一九六二年一〇月九日に、同じくイギリス植民地より独立したウガンダは、大統領にムサテ二世とアポロ・ミルトン・オボテ首相の対立の中で、軍の主流派として植民地軍の元第9ライフル銃隊のボクシング・チャンピオンは昇進を続け、一九六六年二月に副司令官となっていたアミンは、オボテ首相とコンゴからの金と象牙の密輸事件（シンバがウガンダから武器・弾薬の購入に金と象牙を当てた。）が暴露されたのを一挙に巻き返すために動いた。三月にオボテは憲法を停止し、全権を掌握して、大統領に就任した。五月二三日には、アミンの部隊がムテサ二世のブガンダ王宮を急襲して、イギリスへの亡命に追いやり、以後はウガンダ政府にとって軍隊の依存が大きくなった。そして、アミンは、その生まれからもスーダンの黒人に好意的であり、自己の権力奪取に向けてアニャニャとも接触して支援を続けていた。

内戦は、南部の三州全域にエスカレートし、アニャニャと一つに表現されても、部族のラインにそって部隊は個別化していた。しかし、一九六〇年代末になると、イスラエルの支援を受けた元陸軍中尉ジョセフ・ラグによって一つにまとめ上げられていた。イスラエルは、第三次中東戦争（六日戦争）に勝利した後、反アラブの立場の者を支援して、一九六九年九月より始まったイスラエルの武器空中投下作戦で、ラグはイスラエルが第三次中東戦争中にアラブ側から捕獲したソ連製の迫撃砲、機関銃、地雷などを、イスラエルの軍事顧問とともに受けた。ビアフラ軍のように武器・弾薬の不足するアニャニャの中で、ラグはこの支援によって勢力を拡大し、一九七〇年七月に「南部スーダン解放運動（SSLM）」を組織した。

ちなみに、この時期、ビアフラ戦争で有名になった傭兵隊長ロルフ・シュタイナーが、南部スーダンに入り、新興勢力のラグに人気を奪われていた元陸軍少尉で独立以来のゲリラ戦を展開していたアニャニャの少数派、バリ族のベテランのエミリオ・タフェング将軍に接し、支援を始めていた。一方、シュタイナーと接触していたイディ・アミン将軍は、同じ頃、オボテ大統領を追放するクーデター計画のため南部スーダン領内で、南部人の兵士を集めて準備していた。

ハルトゥーム政府は、軍事費に不足を来たし、政府軍は主要都市と幹線道路を保持するのがやっとで、アニャニャとの戦闘にて決定的勝利を納めることはできなくなっており、ナイジェリア政府軍と同様に、空軍機により民間施設の攻撃を行なった。また、ヘリボーン作戦では、ソ連製の大型ヘリコプターに乗る政府軍兵士は、南部人の村に降り立ち、住居を焼き払い、村人を虐殺して、反撃を受ける前に飛び去っていた。

外には南北問題、内には憲法制定問題で再び民政は行き詰まった。一九六九年五月二五日、ジャファー・ヌメイリ大佐の率いる自由将校団がクーデターを起し、革命評議会が設けられ、右派のアラブ民族主義者から、左派の共産主義者まで広く参加して、国民統合と社会主義的経済発展が目指され、政党の解散、憲法停止、企業の国有化を行ない、ソ連、東ヨーロッパ諸国と接近した。ソ連、東欧諸国からは兵器と軍事顧問がスーダン政府軍の強化をはかり、アラブ諸国との友好を強めエジプトとリビアとは一九六九年七月に三国の協力関係を約束した「トリポリ憲章」を締結した。

翼賛的な「スーダン社会主義協会（SSU）」を設立して、社会主義化政策は強硬に進められ、アンサールのマフディ一族の解体、共産党系の評議会メンバーの解任、共産党の解体を行なった。これに反発する共産党系の将校達が、一九七一年七月一九日に左派クーデターを行なったが、エジプトとリビアの支援で、政府軍は反撃を行ない事なきを得、一九八五年四月までヌメイリ長期政権が続くことになる。

一九七〇年一月には、前述したようにビアフラの敗北によってナイジェリア内戦が終了して、世界の注目が、米・ソ両超大国の代理戦争化しようとする南部スーダンに集まって来ていた。政府軍がソ連と東ヨーロッパに軍事支援され、一方背景にアメリカがいると言われたイスラエルがアニャニャを支援していた。アニャニャは勢力を増し強くなることで、イスラエルはスーダン政府に継続的打撃を与えようとしたが、政府側は内戦の勝利が見い出せず、増大する軍事費に経済的に圧迫され国民統合をはかるためにも和平交渉に入るしかなかった。

ヌメイリは、クーデター後、すぐに一九六四年の「一〇月革命」の立場と同じ南部地域の自治を認める宣言を行なっていた。一方、南部人の間には連邦派、地方自治派、分離独立派の三派の意見の対立があったが、一九七二年二月にSSLMは政府との交渉をアディス・アベバで始めた。交渉はスムーズに進み、三月三日に「アディス・アベバ協定」が締結され、三月一二日に政府軍は戦闘を中止し、五〇万人の犠牲者と無数の国の内外に難民を出して、独立前年より一七年間戦われていた第一次内戦に終止符が打たれた。

アディス・アベバ協定は、地方政府にあたる「高等行政評議会」、そして地方議会にあたる「人民地方議会」を持ち、地方政府の議長は中央政府の第一副大統領を兼任することになり、外交、防衛などの重要事項以外の立法権が認められることになった。また、アニャニャの兵士は、政府軍、警察に吸収されることになった。

この協定は妥協の産物であったとはいえ、コンゴにおいてもナイジェリアにおいても、案に終って実行に到らなかった地域紛争解決のモデルと思われ、植民地の歪みが半ば改められるものと期待されるものであった。

二、第二次内戦

ヌメイリ大統領は、一九七三年制定の憲法で、全権を掌握し、一党独裁を行ない、軍部、官僚、南部エリートの支持で政権を維持したが、一九七三年から一九七六年まで極右のムスリム同胞団から、解散させられた大政党連合「国民戦線（ＮＦ）」まで、リビアやサウジアラビアの支援を受けたクーデターの計画、未遂事件が相次いだ。また、隣国エチオピアでは革命が生じ、一九七四年九月にハイレ・セラシエ帝政が廃止され、誕生した社会主義を唱《とな》える革命軍事政権は、スーダン中央政府のエリトリア解放勢力の支援に抗議して、スーダン南部の反政府ゲリラの支援を公言した。南部スーダンでは、元アニャニャの兵士で、軍や警察、刑務官に採用されなかった者達が、ブッシュに戻り、一九七五年に総称として「アニャニャII」を名のる組織で、反政府活動を行なっていた。

ヌメイリ政権の「アディス・アベバ協定」への精神が再びおかしくなり始めたのは、軍事的にばかりでなく、経済的にもそうであった。一九七六年にアメリカとの関係強化を果したヌメイリ政権は、積極的に西側資本の導入をはかり、大規模国土開発に取りかかったが、それらはいずれも皮肉にも南部スーダンで行なわれた。スーダンの二大開発プロジェクトの一つ「ジョングレイ運河」の建設は、一九七六年から始まり、白ナイル川の広大な湿地地帯を掘削して河川交通を可能にするとともに、下流域の両側に広大な農地を開拓しようとするものであった。しかし、この運河建設によって湿地帯の生態系が犯されるばかりでなく、居住しているヌエル人の農業と漁業の生活態系も破壊するものであった。下流に出現する開拓地にはエジプト人の大量移住が計画されていたため、益益南部人の反発を招くこととなった。

もう一つの大プロジェクト「ベンティウ石油開発」は、アメリカとフランス系の石油会社が、採掘権を獲得し、製油所の建設場所から中央政府と南部政府が対立し、ヌメイリは南部での製油による直接的利益を北部にもたらそうとし、ついには南北の境界線を改め、ベンティウの油田地帯を北部に併合しようとした。

このような重大問題に対抗しなければならない南部の政情も一枚岩ではなく、決して安定したものではなかった。ハルトゥームでは、ヌメイリは南部に譲歩しすぎると考えられていたが、一方、ジュバでは「高等行政評議会」のアベル・アリエルも北部に同じく譲歩しすぎると考えられており、南部ではこれによって政治的対立がエスカレートして行った。対立は大きく、上ナイル州とバフル・アル・ガザール州のアリエル大統領の属するディンカ人を中心とする者達と、エクアトリア州のジョセフ・ラグの属するエクアトリア人を中心とする者達に分れ、これはヌメイリの南部分断政策をつけ込ませることになった。

ヌメイリは、南部の敵にもそうであったが、北部の敵にもアメとムチで、直接的な脅威は弾圧し、潜在的なライバルには無害にして政府に組み入れるという複雑なやり方で、将校団、社会主義者を次々に吸収して行った。そうして、一九七七年七月、右派と妥協し、国民戦線と和解した。言わゆる「民族和解」は、イスラム原理主義者の「イスラム憲章戦線（ＩＣＦ）」の指導者ハッサン・トゥラビーを政権に参加させ、それは当然にスーダン化を導き、北部人大衆の支持を得たが、同時に南部を犠牲にすることになり、南部人に反発をもたらし、ヌメイリをこれまで支持して来た南部のエリート達に戸惑いを生じさせた。そして、当然に、これはアディス・アベバ協定の破棄をもたらすこととなった。

一九七八年の中央政府の選挙干渉にもかかわらず、南部大統領はアリエルからラグに移った。これは、南部では「内部者」と呼ばれる第一次内戦を国内の政党を通じて反政府活動をした者への不満で、「外部者」と呼ばれるゲリラ戦や亡命先で反政府活動をしていた者の人気が上昇して来たのを示した。また、政府軍、警察に吸収されていたアニャニャの出身者が昇進させられず、退任に追い込まれている事実もあった。

しかし、ラグは、確かに人気はあったが、政治家として策略を交わす能力を欠いていた。隣国ウガンダでは、当時、イディ・アミン将軍の一九七一年一月のクーデターによって、外遊中のミルトン・オボテ大統領を追放していたが、外国人商人の撤退で経済的に行き詰まり、激しい弾圧と虐殺によって、国際非難の的になっていた。一九七八年一一月、タンザニアとの国境紛争を契機にタンザニアは、「ウガンダ民族解放戦線（ＵＮＬＦ）」を支援してウガンダに侵攻し、一九七九年四月にアミンを追い出した。アミン政権の崩壊によって、第一次内戦でウガンダに逃がれていたエクアトリア人難民とともに、南部人に近いアミン派のウガンダ人が今度は難民として南部スーダンに入ったため、先住する者との対立が生じ、ラグ大統領への批判が生じた。これによって、従来の失業者の就職がよけいに困難になり、かつてのラグの支持者は中央政府のヌメイリに支援を求めた。ヌメイリは、南部分断のチャンスと見て、南部の地方政治に介入を行ない、一九八〇年に南部議会を解散させ、アリエルが大統領に復帰した。そうして、第二期目のアリエル政権は閣僚にディンカ人を採用することによって、南部は不統一になりやすい状況になった。一方、一九八〇年には、新しいゲリラ活動がリビアや前述のエチオピアの支援で始まっていた。

ヌメイリは、この南部の不安定なチャンスを逃がさず、南北の境界線の変更策を打ち出した。アディス・アベバ協定では、南北の境界線のあいまいな地域は住民投票によって所属が決まることになっていたが、皮肉にも、ナイジェリアのビアフラの場合同様、石油は上ナイル州のベンティウで発見されることになり、ヌメイリは北部に併合しようと、成功はしなかったが、画策を行ない、南部人の反感を買った。油田地帯は、特に未開の南部では経済的発展に手放すわけにはいかない絶対に必要な財源であった。

ヌメイリは、次に方向を変え、南部の分割問題を打ち出した。これは、南部一地方を、上ナイル、バフル・アル・ガザール、エクアトリアの三州を格上げして、南部三地方とするもので、その狙いは、南部で多数を占めるアリエル派のディンカ人の南部の支配を終らせるものであり、一九八三年六月に南部分割は実行された。エクアトリア人のラグ派を無害にして政府に吸収する政策も成功し、南部の政治的分断をもたらしはしたが、同時に南部人の中央政府への不信は拡大した上に、アディス・アベバ協定の違反は、こればかりではなかった。

ヌメイリは、大衆の支援の欠如と、一九七七年七月に「民族和解」として保守派と結びついた時、「イスラム法（シャリーア）」の導入を準備することになった。「一九七三年憲法」では、キリスト教、伝統的宗教もイスラム教と同様に宗教として認められており、対等な関係とみなしていた。この憲法は、前年のアディス・アベバ協定の反映とされるものであった観点からも、あいまいさにつけ込んで、これは南部人に対しての完全な裏切りであった。

一九八三年九月、手足の切断、ムチ打ちの刑が南部で課せられることはなかったが、イスラム法が都市犯罪の防止を名目に実行された。アディス・アベバ協定で正されると思われた植民地の歪みは、約束したヌメイリが自己の権力の保持という、優先問題を解決するために、南部は所詮経済開発の財源確保のための南部統合推進の手段になっていた。南北和平は結局、その目的を遂げたヌメイリによって破られることになり、正さぬ植民地の歪みから、内戦が再び開かれることになった。

イスラム法が実施される前に、すでに反政府武力抵抗は、アニャニャの生き残りとでも言うべきアニャニャIIによって行なわれていたが、組織だった集団でも活動でもなかった。最初のゲリラは、一九八〇年に上ナイル州に出現し、エチオピアの支援を受けたと言われる。一九八二年には、北部人兵士の大量南部投入に反抗するため、ゲリラも増大し、一九八三年初めエチオピア国境のナシール地区、油田地帯のベンティウ地区、ジョングレイ地区で政府軍との戦闘が生じた。

ヌメイリは、一九八二年にエリトリア問題でエチオピアとは双方で反政府ゲリラの追放に合意し、一九八〇年一二月にチャド内戦に敗れたハブレ国防相派の亡命で対立して一九八一年六月のチャド大使館爆破事件で国交を断絶したリビアに対抗するため、アメリカより増大する支援を受け、エジプトと軍事協定を結ぶことにより、国内の反乱に対しての鎮圧の自信を持った。

しかし、反乱分子を大量逮捕し、再び、アニャニャ出身兵士の政府軍部隊を、第一次内戦の時のように北部に移し、すでに宣言していたイラン・イラク戦争のイラン側派兵をさせようとしたことで、逆に脱走者が相次ぎ、南部出身の部隊に反乱が生じた。

一九八三年五月一七日、上ナイル州のボルで、元アニャニャ兵のカルビノ・クワニィン中佐の一個大隊が反乱を起し、追討にあたった政府軍に反撃を浴びせ、エチオピア領内のガンベラに撤退して、ここに司令部を置いた。この時、軍を脱走した中にジョン・ガラン大佐があり、ビボール、ボチャッラでも同様の反乱が生じガンベラに集った。こうして始まった第二次スーダン内戦に、ヌメイリは一度棚上げされていた南部の三地方分割をすぐに大統領令によって発した。

一九八三年七月、ガンベラに集まる反乱軍部隊とアニャニャⅡは「スーダン人民解放運動（SPLM）」を設立し、その軍事部門として「スーダン人民解放軍（SPLA）」を編制して、SPLM議長、SPLA最高司令官としてディンカ人でアメリカで教育を受けていたジョン・ガラン大佐が選ばれ、アニャニャⅡのベテラン指揮官ガイ・トゥットとアクオット・アテムの言わば南部分離派は抜け、手勢を連れて南部スーダンに戻った。この時、SPLAは、分派に対してエチオピアの支援で攻撃を仕掛け、トゥットとアテムを殺し、兵士を吸収した。ちなみに、アニャニャⅡの残党は、政府軍と連携してSPLAと対立することになる。また、やがて、ディンカ人とヌエル人の部族的対立が問題化することになる。

SPLMが、第一次内戦のヌエル人を中心とする「南部スーダン解放運動（SSLM）」やアニャニャと異なったのは、その名称からもわかるように、最終目的であった。SSLMは南部の分離独立、あるいは連邦化を目的とした勢力であったが、SPLMは、問題は統一スーダン総ての問題であり、アフリカ社会主義に根ざす革命として明確にして、これによってSPLMは北部の非アラブ系のヌーバ人やフール人などに連帯を呼びかけることができた。一九八三年一一月一五日、SPLAはベンティウの油田地帯とジョングレイ運河の建設工事現場から、一一人のイギリス人、フランス人、パキスタン人労働者を誘拐し、両方の計画とも中止するように求めた。人質は、政府側は救出したと主張したが、外国企業の会社側とSPLA側の話し合いで、すぐに釈放されることになった。ベンティウ油田は一九八四年の二月二日にもシェブロン・オイル・コーポレーションの現場事務所が攻撃され、結局油田開発も中止されることになった。また、ジョングレイ運河も三分の二まではでき上がっていたが、結局、SPLAの攻撃で中止に追い込まれた。

ヌメイリの下での開発計画は、外国資本の導入でインフラ整備と農業生産を増大させ、産業の基盤の確立であり、一九七〇年から「五か年計画」、「中期計画」、「六か年計画」と一九八四年まで続けたが、石油開発と運河建設がSPLA攻撃で中断、生産が上がらず、債務ばかり増え続け、経済破綻の状態に陥った。このため、医師や弁護士など専門技術を持つ者が、高賃金を求めてアラブ石油産国に働きに出かけるケースが急増し、第一級の頭脳流出のためスーダンの産業は低下を来たした。さらに、政治家と新興商人との腐敗構造ができ上がり、経済的不平等が著しくなった。スーダンは再び、政治、経済、軍事の総ての分野で行き詰まりを見せ、一九八三年にアメリカより受けた二億ドル以上の軍事支援も効果なく、さらに自然災害の旱魃が食糧不足と難民の増大に追いうちをかけた。

一九八四年七月、右派のアンサール、ハトミーヤから左派の共産主義者までが、反ヌメイリ組織として「救国戦線（NF）」を設立した。ヌメイリ政権は、九月に非常事態宣言を解除し、南部の三分割を停止し、南部でのイスラム法の適用を中止したが、弱体化した政府に応じる反応はなかった。この反ヌメイリの政策の転換は、イスラム化に反するものであり、人権尊重を主張するアメリカ、またイスラム原理主義を警戒するエジプトの圧力に添うものであったが、同時にヌメイリの支援基盤を失ない、民政が育たない中、食糧暴動、物価暴動と続き、来るべきものが訪れることになった。

一九八五年四月六日、ヌメイリがアメリカ訪問中、首都ハルトゥームで軍事クーデターが生じた。クーデターを起したのは、三週間前にヌメイリが兼任していた国防相の地位と国軍最高司令官の地位に着いていた大統領の右腕と言われたスワル・エル・ダハーブ中将であり、「暫定軍事評議会（TMC）」と文民の暫定内閣が組織され、一七年間に渡ったヌメイリ政権が崩壊した。新政府は、ヌメイリの翼賛政党SSUを解散させ、一年内に総選挙の実施と民政移管を報じたが、SPLAはヌメイリ政権の連続にすぎないとしてTMCを認めるのを拒否した。新ダハーブ政権は、内戦の停止と和平交渉の開催をSPLAに求めたが、穏和な政策は政府軍への圧力で答えられた。一〇月南部人政治犯の釈放と一方的停戦を宣言して、政府側は懐柔策を続けた。クーデター直後の四月二三日、チャド問題で一九八一年以来対立していたリビアと国交を回復し、リビアがSPLAの支援を止めたことは、新政府によって利する所となった。

一九八六年三月、ウンマ党、民主統一党（DUP）、共産党などの政党と労働組合が参加した北部代表の「国民救済の国民連合」とSPLAの代表が、エチオピアのアディス・アベバ郊外のコカ・ダムに集まり、和平に向けての協議が行なわれた。北部側は、南部の自治について、南部側は対等な統一国家として、出席の基本的立場に差異はあったが、(一) 将来の議論はスーダン全体の問題であり、(二) 非常事態宣言は解除され、(三) イスラム法は廃止され、(四) 効果的停戦が確立され、(五) 新憲法のための制憲会議の開催などが合意された。この「コカ・ダム宣言」は、アディス・アベバ協定に代るものとして期待されたが、ＴＭＣによって無視された。予定通り一九八六年四月には選挙が実行されたが、ＳＰＬＡは選挙をボイコットした。

ダハーブ政権は、コカ・ダムでの交渉中、南部にて攻勢を仕掛け、イスラム法、南部三分割などを実際にはあいまいにして、言わばヌメイリの後継者のようなクーデターであったため、その表明とは異なり、植民地の歪みが改められることはなかった。

一九八六年四月の総選挙では、第一党のウンマ党と第二党の民主統一党の連立内閣が誕生し、新首相にサディク・アル・フラディーが就任して、南部の選挙拒否にもかかわらず、北部の多数支持を持つと主張した。第三党の極右のハッサン・アル・トゥラビーの「民族イスラム戦線（ＮＩＦ）」を避けることで、一九八六年七月にサディクはアディス・アベバでジョン・ラグと会談したが、イスラム法の改正と廃止で対立してものわかれに終り、またしても和解の叩き台を失ない、状況はまた逆もどりした。

ジュバ、ワウへの包囲網を強めるＳＰＬＡは、一九八六年八月一六日、上ナイル州の州都マラカル近郊で離陸したばかりの「スーダン・エアーウィングズ」の民間航空機をソ連製の対空ミサイルＳＡ-７で撃墜して、乗っていた全員六三名が死亡した。この事件によって、南部飢餓地帯への食糧空輸は止まり、二〇〇万人が死の危険に瀕した。一〇月には、国連は救済のための「虹作戦」を行なったが、内戦の活発化で失敗した。ナイジェリアで見られたように、食糧支援も、政府軍とＳＰＬＡの双方にとって戦略の一部となっていた。こんな中で、リビアのカダフィ大佐は政府とＳＰＬＡの仲介を始めたが、今では中央政府の味方となっていたリビアの話しにＳＰＬＡが乗ることはなかった。

五万六〇〇〇人の政府軍に対して、ＳＰＬＡは今では二万人をようして、南部の大都市を除く全域を支配していた。

内戦の激化、食糧暴動、改善されない経済破綻にサディクは、一九八七年一月に内閣の改造を行ない、新イスラム法の制定を提案したが、これまで同様、極右と極左の反対、そして南部の反対で、根本的に植民地支配の歪みが改められない内は、状況が改善されることはなかった。一九八七年七月二五日には、また非常事態を宣言するしかなかった。

南部三州を主戦場とするＳＰＬＡは、一九八六年に上ナイル州のルンベクを一時的に奪取し、司令部をエチオピア領内からボマ平原に移し、エクアトリア州に攻撃をかけ、カポエタ、トリト、マリディ、ムンドリの言わばウガンダ、ザイール国境に近い主要都市から新しい兵力を集めた。戦いは、一一月から四月にかけての乾季、五月から一〇月にかけての雨季に大きく作用され、ＳＰＬＡは雨季に政府軍に攻撃を仕掛けて乾季に撤退をするパターンを繰り返した。逆に、政府軍は乾季に幹線道路を使ってゲリラへの攻撃を行ない、雨季には空中移動と補給で基地を守るパターンを繰り返すのであった。一九八八年の初めまでに、ＳＰＬＡはビホール、ショカウを含むエチオピア国境沿いのほとんどの部分を長い幅で固め、中心部のアコボ、ボル、アヨドの主要都市を急襲占領して、中央部にも堅固な拠点を持ち、北部スーダンのエチオピア国境の近くの都市クルムクを奪取した。

とはいえ、皮肉にも、窮地にあったサディク政権は、クルムク奪回を国民に呼びかけることができ、困難を一時的にしのいだ。しかし、サディク内閣は、一九八八年に入り、かつてヌメイリが行なっていたように、無害にするための政権内の取り入れのやり方で、ＮＩＦを加えた。一方、ＳＰＬＡとアディス・アベバでコカ・ダム宣言と同じ内容で妥協をはかったＤＵＰは内閣を去ることになった。しかし、ＤＵＰはもとより和平支持の軍部の求めで、再びＮＩＦを除く内閣が誕生したが、何一つ解決するものはなかった。

スーダンの内戦をさらに複雑化させる要因に、ミリーシャ（Militia:民兵）の問題があった。ミリーシャは、地方でＳＰＬＡと戦う政府軍を支援するために設立され、武器・弾薬を提供されたが、給料は支給されず、ＳＰＬＡの勢力の拡大とともに、政府側のミリーシャへの依存はより大きくなって行った。しかし、給料が支払われず、武器を手にするとミリーシャは自己の利益を求めて、独自にＳＰＬＡと戦うより、敵対者に対して軍事活動を行なうようになった。ミリーシャは、初め、リボーの周辺のムルレメとテレケラ周辺のムンガリ人に出現し、やがてＳＰＬＡに敗れたアニャニャⅡの残党が参加し、ダルフール州とコルドファン州の南部と北部の境界線上の新しく採用されたアラブ系ミリーシャは、南部のアビュイ、ベンティィウ地区に侵入してディンカ人を急襲して追い出しにかかった。一九八七年三月二六日から二七日にかけて、アラブ人ミリーシャによって、南部ダルフール州のダエインでディンカ人の住民一〇〇〇人以上の虐殺がなされた。

このような虐殺行為は、農村の破壊によって難民を出し、主要都市の回りに集まり、二五〇万人以上を飢餓状態に追い込み、南北問題の歪みをより大きくさせている。これに、ＳＰＬＡ兵士の村々での食糧の徴発、ＳＰＬＡの主力がディンカ人であるため政府軍によるディンカ人の虐殺、さらに武装した盗賊まがいの集団の出没など、難民が増加せざるを得ない悪条件が次次に重なった。

戦況は、ＳＰＬＡの南部での攻勢は続き、一九八八年二月にウガンダとの国境の要所カポエタとトリットを攻撃した。一九八九年に入ると南部においてSPLAに支配されないのは、三州の州都のジュバ、マラカル、ワウのみであり、北部の青ナイル州と南コルドファン州にも侵攻をかけていた。このような戦況の中、サディク政権は、和平路線の方向に転じてDUPとの連立の下、SPLAと和平交渉を始め、即時停戦、イスラム法の凍結、制憲議会の開催の条件で、最終的合意に達する直前に、そしてこのため五月にSPLAが一方的停戦をしていた時に、またしても流れに逆行する事態が生じた。

一九八九年六月三〇日、首都ハルトゥームで軍事クーデターが生じ、オメル・ハッサン・アフメッド・アル・バシール将軍が政権を奪取し、「革命指導評議会」を設け、非常事態を宣言し、全権を掌握した。このクーデターは、明らかに和平交渉に反対するトゥラビーの率いるNIFに近い軍人によって起されていた。軍部は、SPLAへの反撃に移るべく、和平交渉を表明する一方で、ミリーシャの組織の再編強化を行ない、一〇月に内戦は再開された。

一九九〇年に入ると、中央政府は、親NIF政権と、SPLAも参加した反イスラム原理主義の統一戦線「国民民主同盟」派に分れ、この年の三月、四月、九月のクーデター未遂事件が続いた。

一方、SPLAは一九九一年に入り、長びく内戦の中で、権力闘争が生じることになった。一九九一年七月、これまでSPLAを支援していたエチオピアのメンギス政権が崩壊し、反政府ゲリラ「エチオピア人民革命民主戦線（EPRDF）」が首都を制圧し、誕生した新政府は元来スーダンの支援を受けており、SPLAには敵対する立場にあった。したがって、SPLAはエチオピアのガンベラ地区からスーダン領内に撤退を強いられ、エチオピアを経由しての武器・弾薬ルートが閉ざされることになった。第一次内戦の時、イスラエルからの武器がジョセフ・ラグに力を与えたように、武器や資金の流れが止まると、攻勢にあるものの長びく戦闘に疲れ、厭戦気分も手伝って、SPLAに部族問題をからめて、分裂が生じた。

一九九二年八月、総司令官ジョン・ガランに、リエック・アチャル、ラム・アコルなどの司令官達が反旗を翻し、SPLAは二分裂を生じた。ガランを支持する者達は、「主流派」と呼ばれ、今までどおりスーダン全体の解放を目指し、分派は「ナシル派」と呼ばれ、リエック・マチャルを司令官として第一次内戦時と同様に南部の分離独立にその目標を変更した。さらに、この両派は、主流派がディンカ人中心で、ナシル派がヌエル人中心であったため、二派は主導権争いの抗争を続けることにより、SPLAの勢力の減退を導いた。

この間に、政府軍は、イスラム原理主義組織のNIFに近いイランより軍事支援を受けて戦力を建て直し、一九九二年一二月、これまでにない大攻勢を仕掛け、SPLA側はプチャラ、ボル、イロル、主流派の拠点トリットを失なう大敗北を帰した。しかし、政府軍は乾季にしか攻撃をかけられず、勝利への決定的な打撃をSPLAに与えることができず、SPLA側も主流派ガランは六月と七月にジュバの奪取作戦に失敗し、戦況は膠着状態に陥った。

一九九三年五月、SPLAのナシル派は、ガラン派から離脱した者を入れ、「統一派」と改称したが、寄せ集めの集団と化し、主流派からの攻撃に弱体化し、中央政府からの支援を受けているのではないかと疑われるまでに、部族的な部隊になり下っていた。そんな中、中央政府は反政府勢力と和平交渉を開くことに合意し、一九九四年七月に開かれはしたが、相変らずのイスラム法の問題に、ゲリラ側の内部分裂を加え、政治的に結論を見い出せないままであり、南部の戦況は相変らず政府軍は住民の虐殺を行ない、膠着状態のままである。

スーダンの植民地政策の歪みは、これからどれほどの犠牲者を生み出すのかわからないが、分割か統合かと言う、あいまいさの中で独立したことで、歴史的支配者対被支配者の構図を改めることなく受け継ぎ、改めないままに、宗教、部族上の多くの主張は対立でさらに利害関係が多様化し、南北の本流の谷間にさらに支流の谷間が延びて分れ、歪み自体が折れ線グラフのような状態になったことにあった。そうして、一本の線であった歪みの長さが、二倍、三倍と延びてしまったのである。この状態で、和平交渉を妥結させ、安定化を簡単には見い出せない。穏健な立場からすれば南部の分離独立を前提とした強い自治権を持つ連邦化で、南北の境界線の主軸をまずは建て直すしかあるまいが、スーダンと同じようなアラブ系とアフリカ系住民の内戦が隣国のチャドで生じており、その展開が別の立場からの解決策を見つけるかもしれない。

第三章　チャド内戦

一、チャド植民地の起り

スーダンと同じ悩みを持つ国に隣国チャドがある。チャドは、アフリカ最大の面積を持つスーダンには及ばぬが、アフリカ大陸で四番目の広さを誇る一二八万四〇〇〇平方キロメートルの領土を持ち、スーダンとほぼ同緯度にあるため、その気候も、北部のサハラ砂漠を含む砂漠気候、中部のチャド湖を含むステップ気候、そして南部のサバンナ、熱帯雨林気候と降水量の変化が大きく、多様である。また、国内の居住部族も一〇〇以上に及び、大きくは、北部のアラブ系、ベルベル系のトゥアレグ族やトゥブー族などの遊牧民の居住する地域、南部には黒人、バントゥー系のサラ族やブーム族などの農耕民が居住する地域に分れることも、スーダンと類似している。とはいえ、人口は、一九八六年の推定で、スーダンの約四分の一、五一四万人と希薄である。

スーダンは紅海という海への出国を持っていたが、チャドは完全な内陸国で海への直接の出口を持たず、カメルーン又はナイジェリアの最も近い港まででも二、五〇〇キロメートル以上離れているとはいえ、国境を接する国は多い。スーダンは八か国と国境を地上で接する一方、チャドは、東のスーダンはもとより、北はリビア、南は中央アフリカ、西はニジェール、ナイジェリア、カメルーンと、スーダンには及ばぬが、六か国と国境を接している。そして、チャドもまた、同じく国境を接する北アフリカの有力国家のリビアの大きな影響を受けており、歴史的考察をする場合、ヨーロッパ列強の植民地支配の線引きが始まる以前のセントラル・サハラを単位として、地域的に捕える必要がある。

北アフリカに位置し、世界で最も広い、そして最も乾いた砂漠のサハラ砂漠は、現在ではアフリカ大陸の三分の一、約一、〇〇〇万平方キロメートルを占めるが、その広さは二万年から一万二〇〇〇年以前に最大の広がりを持ち、八〇〇〇年前には最高の湿潤期が訪れ、乾燥期と湿潤期を繰り返し、三〇〇〇年前頃から現在の乾燥化が始まったと言われる。チャドは、このグレート・サハラのど真中に位置することを運命づけられたその運命は、今日のリビアと大きく関係づけられることになった。

約三〇〇〇年前頃に生じたサハラの遊牧民は、砂漠化に押され、彼らに必要な緑を追って南下し、オアシスに定位する耕作民を略奪する状況をつくり出し、この状況が多年に渡って続くこととなった。地中海沿岸の北アフリカのトリポリなどの港、そして内陸部のフェザーンのオアシスを経由してチャド高地を結ぶ商人によって運ばれ、ヨーロッパで作られた製品が、黒人アフリカの金、奴隷、見せ物用の野性動物と交易することになった。サハラでは元来、中央部のオアシスのカワール（現在のニジェールの中央部）を境に、先住の白人ベルベル人と黒人トゥブー人が住んでおり、この地域にはアラブ人は存在していなかった。

紀元前三世紀から前二世紀にかけての三度にわたるポエニ戦争によってカルタゴを破り北アフリカの支配を手に入れたローマ人は、自ら砂漠を越えることはなかったが、フェザーンのガラマンテス人

（現在のベルベル系のトゥアレグ族の先祖）を通して、内陸部との交易を行ない、象牙、宝石、そして奴隷の入手をした。

六世紀にわたるローマの北アフリカ支配は、五世紀末にスペインを追われたゲルマン・ヴァンダル人の侵略によって崩壊した。その後、六世紀に東ローマ帝国（ビザンチン帝国）がヴァンダル人を駆逐したが、アラブ人の北アフリカへの侵入が始まり、それはラクダによって決定的となった。ラクダは、すでにペルシア人によって一〇〇〇年前にエジプトにもたらされていたが、この時、長く砂漠の主力であった馬を抜き去り、遊牧民は大きな機動力を持つことで、ベルベル人はサハラの支配者となった。しかし、七世紀中頃より、北アフリカへのイスラム化されたベドウィン・アラブ人が本格的に侵攻を行ない、六四〇年代初めにエジプトとキレナイカ、トリポニアを征服し、大西洋に向って侵攻を続けた。アラブ人はビザンチン帝国の支配を崩壊させたが、先住のベルベル人の激しい抵抗に会い、間接的な植民地支配を行ない、アラブ人の支配者は都市に住んだ。

北からのアラブ人の侵攻に押され、トゥアレグ族、トゥブー族の遊牧民も、現在の南部リビアや北部・中部チャドに居住するようになった。一一世紀半ばには、アラブ人遊牧民が大挙して北アフリカへの移住が行なわれ、ベルベル人との急速な同化が始まり、当然にアラブ化、イスラム化が進むことになった。そうして、ラクダのキャラバン（商隊）を率いたアラブ人商人が、内陸部との交易を始めた。

アラブ人は、イスラム教ばかりでなく、これまでアフリカにはなかったタイプの奴隷制度をもたらした。人格の認められない、黒人アフリカ人の異教徒は、ただの労働奴隷とされ、ハーレム用には宦官《かんがん》のように去勢された男の奴隷が必要とされ、砂漠の交易品の集散地ザウィラを中心に集められた。もちろん、スーダンの所で述べたように、この奴隷制度は、奴隷が交易品の中で、男性ばかりでなく女性も妻、めかけ、家内の労働者と一番価値あるものであったため、現在までアラブ人と黒人の間に大きな歪みを残すことになる。

九世紀には、アラブ人、ベルベル人と混血した黒人遊牧民ザグハワ移民によって、チャド湖の東にカネム帝国が出現し、騎兵を持って現在の南部チャドで奴隷狩りを行ない、安定した奴隷供給源として、アラブ人と交易を行なって栄えた。一一世紀の末には、イスラム世界の貴族的国際性に魅せられたウメ王がイスラム教に改宗し、一三世紀には全盛期を迎えた。また、この頃には、トリポリタニアの山岳地帯、アルジェリア、モロッコ、サハラの南部を除いてベルベル人はアラブ人によって吸収され、ムスリム・アラブの勢いはフェザーンに達し、一五世紀には北部サハラは総てアラブ化されてしまった。しかし、二〇世紀まで、トゥアレグとトゥブーはアラブ化に抵抗し続けた。カネム帝国はアラブ人に追われ、チャド湖の西側でボルヌ帝国として勢力を建て直し、一六世紀に再びカネム＝ボルヌ帝国として蘇《よみが》えった。

砂漠の北と南の安定した状況は、遊牧民が余剰の家畜を売り、オアシスの農耕民がキビ、小麦、ナツメヤシなどを生産して余分を売ることで、遊牧民と農耕民の共存で成り立っていた。もちろん、カネムとムルズクの砂漠横断ルートによって、トランス・サハラの交易は、奴隷の輸出で拡大し、その数は一年間に五〇〇〇人ほどに達していた。その需要は、兵士として貢物として重宝された。

ボルヌ帝国が絶頂期に達する頃には、ポルトガルのシー・パワーと、オスマン・トルコ帝国のランド・パワーの影響力が増し、一五一七年にはエジプトをオスマン・トルコが占領して、勢力を西に拡大し、トリポリ、チュニス、アルジェを支配した。そして、トルコは交易ルートの確保を目指して、内陸部に侵攻し、一五七七年には一時フェザーンを占領した。とはいえ、一九世紀までトルコは、それ以上南には進めず、ボルヌ帝国と通じ、銃器と砂漠に強い馬を贈った。これによって、ボルヌは強化された火力と機動力を持った騎兵を養い、フェザーンから南部カメルーンに至る交易ルートを安定させ、勢力を拡大した。他方、騎兵能力の向上は奴隷狩り能力の向上に通じ、一八世紀の一〇〇年間で一五万人に達すると言われ、交易量の三分の二は奴隷が占めていた。

一八〇七年にイギリスで奴隷貿易禁止令が出され、大西洋での西アフリカからの奴隷貿易が廃止されると、反奴隷キャンペーンの注目はサハラに移った。イギリスの圧力を受けたトルコの北アフリカでの権威はあいまいで、チュニスでは奴隷貿易は禁止されたが、イギリスはムルズクとガダメスに領事館を置いてボルヌとスーダンからの奴隷貿易の実態の把握に努めた。一八五五年には、トリポリ、ベンガジ、デルナの港からの奴隷の輸出が禁止された。これによって、ボルヌ帝国は、資金源の奴隷狩りによる乾期の収入がなくなり、衰退の傾向に入った。とはいえ、長く続いた現在のアラブ系の北部チャド人によるバントゥー系の南部チャド人の奴隷狩りは、後のヨーロッパ人の植民地政策につながる大きな歪みとして残った。

一八四六年には、衰退気味のボルヌ帝国は中部チャドのワダイ王国の攻撃を受け、衰退に拍車をかけた。一九世紀末には、ボルヌはイギリスの保護領に入り、後に独立後のナイジェリア領となった。ボルヌの東方に位置したワダイ王国は、アラブ遊牧民のスルタンの支配するイスラム教国で、エジプトとの同じく奴隷貿易で栄え、南部の非イスラム教徒を攻撃して、貢物を納めさせていたが、一八九〇年にフランスがコンゴとチャド湖からワダイに達し、スーダンの奴隷商人ラービフの興したラービフ帝国の脅威の下、一八九九年にフランスの保護領となった。

同じく、中部スーダンのチャド湖の南東部に一六世紀の初めに出現したバギルミ王国は、近隣諸国の急襲による貢物と奴隷狩りで勢力を持った国であったが、一九世紀の初めにはワダイ王国の報貢国となり、一八九三年にはスーダンのラービフ帝国の攻撃を受け、一八九七年にワダイと同様にフランスの保護領に入った。こうして、チャド湖周辺を境として、アラブ系アフリカと黒人系アフリカの境が生まれた。

フランスは、一八三〇年にアルジェリアを植民地として仏領北アフリカの拡大に向けて南下し、チャド湖からスーダンへの一八九八年のファッショダ事件でイギリスに出くわす道を歩む一方、リビアでは一八三五年にオスマン・トルコが支配を回復し、一八六三年にはトリポリとベンガジが独立二州制となった。そして、サハラで同じ頃に勢力を持ち始めたのは、一八四三年にキレナイカで始まったイスラム教の革新主義の運動「サヌーシー」であった。原始イスラムの回復を解くこの一派は、世俗機能に介入し、民心を集め、宗教施設を建設した。勢力拡大のため、オアシス沿いに南下し、フェザーンのキャラバン・ルートの要所を支配した。一八九六年には、フランスの進出に対抗するため、本部をチャドに近いクフラに移した。リビアでは、トルコとサヌーシーの二重支配構造となった。サヌーシーはチャドにも広がり、エネディ、カネムまで拡大した。一方、サヌーシーは密貿易でヨーロッパより得た武器で、自前の軍隊を持ち、奴隷狩りを行ない資金源としていた。ヨーロッパ諸国の圧力で下火となった奴隷交易も、サヌーシーがキャラバン・ルートを支配することで復活しており、一九世紀中にサハラを越えた奴隷は六五万人と言われた。

一八九〇年代末から、フランスの進出に、サヌーシーは奴隷貿易で手に入れたヨーロッパ製の銃器で抵抗した。

一八九八年のファッショダ事件の後、ヨーロッパの列強はアフリカでの戦争を避けるため、現在のチャドとリビアの国境を決めた。また、この取り決めで、トルコはキレナイカとフェザーンの権利を認められた。フランスは、チャドにおいて一八九七年に鎮定にかかり、次次に遠征軍を派遣した。一九〇〇年四月、コウセリの戦いでバギルミ王国を打倒していたラービフ帝国の軍隊を破り、バギルミを保護領として北部チャドへの道を開いた。トルコとサヌーシーは互いに疑いを持つ関係にあり、フランスは一九〇二年に中部の拠点バール・アラリを奪取し、北部のボルクとエネディを安全にし、サヌーシーの勢力を排除して行った。

一方、リビアでは、イタリアが一九一一年に上陸してトリポリ、ベンガジなどの地中海沿岸の主要都市を占領し、バルカン戦争の勃発でトルコの譲歩を受け、リビア植民地を入手し、第一次世界大戦（一九一四―一九一八年）を迎えることになった。

第一次世界大戦では、イタリアは、一九一五年にロンドンとのリビア国境をめぐる秘密条約の下、三国協商側につき、勝利した。二〇年後の一九三五年一月、イタリア首相ベニート・ムッソリーニは、フランス外相ピエール・ラベルとアオゾウ地域と呼ばれる約一一万平方キロメートルの細長いチャドとリビアの国境地帯をイタリアに与え、南に一〇〇キロメートル国境を下げることに同意した。この地域は、人口が数千人にも達しないと思われるティベスティの山岳地帯であったが、フランスが批准しなかったため、独立後に植民地政策の歪みとして大きく問題を残すことになった。

二、南北の戦い

第一次世界大戦（一九一四―一九一八年）後、列強のアフリカでの植民地政策は強化された。イタリアは、リビアで再征服を行ない、一九三二年には、リビアから宗教的、政治的な存在としての「サヌーシー」の支配は消えた。イタリアのファシストの支配の強化によって、トリポリ、ベンガジなどの地中海沿岸地域は近代工業化、都市化が行なわれたが、かつてのキャラバン・ルートで栄えた砂漠地帯は、もちろん奴隷貿易は禁止され、交易ルートは変化し、弱体化した遊牧民の地として残された。

一九三五年一月に、批准はされなかったが、チャドとの国境の論争地域をフランスより手に入れたイタリアは、一〇月に「エチオピア戦争」を始め、翌一九三六年五月に首都アディス・アベバを陥落させ、イタリア領エチオピア帝国として植民地化した。

一九三九年九月三日、ドイツ軍のポーランド侵攻によって第二次世界大戦（一九三九―一九四五年）が始まった。ドイツ軍の侵攻は早く、一九四〇年五月にマジノ線を突破し、ベルギー、オランダを降伏させ、イギリス軍をダンケルクより撤退させた。六月一四日にはパリが陥落し、二五日にフランスが降伏する動きを確かめるように、直前の六月一〇日にイタリアは同盟軍としてイギリスに宣戦し、北アフリカでエジプトの侵攻を始めた。

シャルル・ド・ゴール将軍は、ウィンストン・チャーチル首相の支援で、ロンドンに亡命政府「自由フランス」を宣言し、アフリカにも支援を求めた。これに答え、フランス領アフリカで最初に支援を宣言したのは、総督フレックス・エボーの下のチャド植民地であった。自由フランス軍は、連合軍側の一翼として、リビア領のフェザーンと南部キレナイカのオアシスのイタリア軍を攻撃する基地としてチャドを用いた。一九四一年三月、レクレーク将軍に率いられたフランス人兵五五人と黒人・サラ族の三〇〇〇人の植民地兵は、北部チャドのファヤからキャラバン・ルートに沿って出撃し、機動力を使って、リビア領のクフラを奪取した。その後は、一九四二年一二月のエル・アラメインの戦いの後に撤退を続けるドイツ・イタリア軍を追って、イギリス軍と連携して攻撃を行ない、フェザーン、ガダメスと進み、一九四三年一一月にトリポリでイギリス軍と連結した。

第二次世界大戦は一九四五年五月七日のドイツの降伏で連合軍側の勝利の内に終ったが、フランスは北アフリカ戦線への貢献として、アルジェリア植民地とチャド植民地を直接的に結ぶ地上のルート、リビアのフェザーンをフランス領に入れることを欲した。キレナイカを確保したいイギリス、フェザーンを確保したいフランスの両戦勝国の対立に、敗戦国でありながらトリポリタニアを確保したいイタリアの主張が加わり、この問題は論争が続いた。三国はリビアの三分割による信託統治案を出したが、一九四九年五月、国連総会はこの提案を否決し、リビアは一国として独立することが決まり、一九五二年一二月二四日にサヌーシー派のイドリース国王の下に独立することになった。フランスは、一九五六年一二月までにフェザーンから撤退し、チャドとリビアの国境が確定されることになった。

フランスの植民地となったチャド湖に流れ入るシャリ川によって大きく、キャトル・チャドと呼ばれる北とコットン・チャドと呼ばれる南に分けられる。さらに、北はリビアより続くサハラ砂漠に続くボルク、エネディ、ティベスティの頭文字を取った言わゆるBET地域、一般に言う北部地方と、乾いたサヘル地域、一般に中部地方と言われる地域に分けられる。

北部地方は、人口はわずか全体の六パーセントにすぎないが、領土の三分の一を持ち、住民はトゥブー族であるが、ティベスティの伝統的なテブと、ボルクとエネディのアラブ系のダザに分かれ、この両グループは将来の内戦に重要な意味を持つことになる。中部地方、、サヘルは、アラブ系の南部にカダイン族や、西部にカネム族、バグルミ族などが住む。南部地方は、チャドで最大の人口、全人口の三〇パーセントを持つサラ族が完全に支配している。南北の分裂の根拠には、北のイスラム教徒に対して南のキリスト教徒とアニミズムの問題ばかりでなく、サハラ地域とサヘル地域の伝統的対立の存在があった。チャドでは、アラブ人とアフリカ人の混血が進み、スーダンと異なり明るい皮膚のチャド人はまれであるとはいえ、北部にはアラブ化、イスラム化された住民が住み、南部に黒人アフリカ人が住んだ。しかし、フランス植民地のチャドは、イギリス植民地のスーダンと、その植民地支配の方法は全く異なっていた。

フランス植民地政府は、肥えた南部の土地に、外貨を得るため一九三〇年代に綿花の栽培を導入し、チャドの総ての投資を集中した。また、サラ族が従順かつ親フランスで非イスラム教徒であったことは、キリスト教のミッションの布教、西側の教育を容易にした。フランスはサラ族を教育して下級官使、植民地軍兵士に育て上げたため、植民地支配以前の経済的地位が逆転し、奴隷制の廃止で衰退した北部に対して南部が断然優位に立つことになった。一方、フランスは北部の鎮定には暴力的で、抵抗を続ける者には苛酷に対処した。フランスは、前述したようにイギリスが植民地政策では南部スーダンを閉鎖して北部アラブ人の影響力を排除したが逆に遅れたままに南部黒人社会を残したのと比較すれば、対照的であろう。とはいえ、いずれにしても、イギリスの閉鎖政策にしてもフランスの同化政策にしても、この南部を分離しての植民地政策は大きな歪みを残したことにかわりなかった。

こうして、かつての奴隷とされた南部黒人が、独立後のチャドを支配する能力を持つようになった一方、逆転のうき目にあっていた北部人が独立に続くフランス軍の撤退後に、権力の再度の逆転による支配権の奪回を狙うことになるのは当然の成行きであった。したがって、第二次世界大戦後も、北と南の対立の構図に変りはなかった。

フランスの海外領土となった一九四六年に、南部のサラ族の教師や文民官使によって、ナショナリストの反植民地政党「チャド進歩党（ＰＴＴ）」が、ガブリエル・リエッテとフランソワ・トンバルバイエの指導によって設立された。一方、権力の南部の独占を恐れる北部イスラム教徒保守派は、アーメド・クラマーの指導で「チャド独立社会主義党（ＰＳＫ）」を設立した。一九五八年、チャドはフランス第五共和制の自治共和国となり、ＰＴＴがフランスの「傀儡」と呼ばれた北部の商業的利益追求党の「チャド民主連合（ＵＤＴ）」と連立して政権を握り、南部支配の時代が訪れた。

一九六〇年八月一一日の独立とともに、チャドの初代大統領にトンバルバイエが就任し、北部と対立するように運命づけられた政権が誕生した。サラ族の出身でキリスト教徒で権威主義者のトンバルバイエは、一九六二年三月にPTT以外の総ての政党を禁止し、チャドを一党独裁国家にして権力の集中をはかるとともに、一九六三年三月には国民議会を解散させて議長をはじめ有力政治家を逮捕し、内閣からはイスラム教徒を減少させる抑圧の政治システムをもたらした。その被害には、非イスラム教徒の政治家も含まれた。

また、トンバルバイエ政権は経済政策でも強引さを見せ、一九六四年には開発ローンのための重税が課せられ、北部を狙った牛への税金もあり、民衆の反発を招き、一九六五年一一月に中部チャドのグエラのマンゴルメの小百姓の間に反乱が始まり、野蛮な政府の鎮圧を受け、バザ、ワダイと小百姓を中心に一層反乱は急速に広がった。一九六五年まで、北部ではフランス軍がセキュリティ・サービスを行なっていたため、鎮圧活動に出動し、イスラム教徒にとっては植民地支配のままと感じられた。

反乱の大気の中で、一九六六年六月二二日に、「チャド民族解放戦線（FROLINAT）」がスーダン領内のヌヤラで設立された。FROLINATは、アラブ社会主義、ナセル・ドクトリンにイデオロギー的に刺激されたトゥブー族の都市の教育された若者によって設立され、現政府は南部の中産階級とフランス資本主義が保安部隊とフランス軍によって支配する新植民地政府であると見なしたが、決して北部の分離・独立、アラブ・イスラム主義の全国支配を求めていなかったとはいえ、要求実現のためゲリラ戦による武力闘争に入り、ここに南対北の戦い、第一次内戦が始まった。イブラヒム・アバチャに率いられたFROLINATは、リビアによって支援され、兵力は一〇〇〇人程度と言われたが、組織自体が仲たがいによって政治的にも、軍事的にも不統一な面を持った。

一方、チャド政府軍は、フランス軍撤退の後、北部での挑発的な野蛮な行動を取り続け、一九六八年三月八日にはアオゾウの南部人兵士が虐殺され、駐屯地がFROLINATによって奪取されたため、奪回にフランス軍の介入が初めて行なわれることになった。チャドは、全面的な反乱状態に陥った。

北部では、トゥブー族のテダの伝統的指導者（Derde）キチディミ・ウエッディの息子のグクーニ・ウエッディと、ダザの指導者ヒセーヌ・ハブレの指揮の下で、それぞれゲリラ戦が行なわれていた。すでに一九六六年一二月には、抑圧政治の下で、息子を行政ポストにつけることを拒否されたキチディミは、数千人の従者を連れてリビアに亡命していた。

一九六八年のFROLINATの議長アバチャの戦死にもかかわらず、元教育相アバ・シディクが後継して、反乱は益益拡大し、重大な状況をトンバルバイエは迎えた。大統領は、パリを訪問し、二〇〇〇人から四〇〇〇人の反乱軍に対抗するため、軍事支援を求めた。一九六五年の撤退で、フランス軍は確かに規模を縮小していたが、今だチャドには約三〇〇人の軍事顧問と一五〇〇人の兵士がいた。

一九六九年四月中旬、大統領職にあったド・ゴール将軍は、辞する寸前に、チャドへの軍事介入を彼の最後の決定として行なった。ド・ゴールは、フランスが育て上げた、かつての仏領西アフリカ、仏領赤道アフリカ、仏領北アフリカの交差点のチャドで南部出身の政権が崩壊することが、元宗主国としてのフランスのアフリカでの立場を弱めることを恐れ、アイボリー・コースト（現在のコートジボアール）の大統領で、親西欧路線のモンロビア・グループのリーダでもあったウフエ・ボアニーの説得が大きかったとも言われた。四月末に大統領に就任した後継者のポンピドーは、第二のベトナム化の懸念を持ったが、ドミノ理論から早期の任務の遂行の考えを持って軍事介入を認めた。

フランス政府は、九〇〇人を派遣し、チャド軍の通信と空中輸送の機能を提供した。また、首都フォート・ラミー（一九七三年以後はヌジャメナに改称）の空軍基地からフランス空軍機は対ゲリラ戦の支援を行ない、地上では外人部隊の四個中隊がモンゴとアム・ティムのブッシュで掃討作戦を行ない、一九七一年の初めまでに中部地方の鎮圧は成功していた。

北部を反乱に駆り立てた理由には、フランスの行政官の後を埋めた南部人行政官の横暴と無能、公式言語としてのフランス語の使用と一九七一年の初めの旱魃もあったが、隣国リビアでは将来のチャドに重大な影響を与える事件が生じていた。リビアの国王イドリースは、彼の警護隊のロイヤル・ガードをチャドの元サヌーシーのテダ族から集められたこともあり、伝統的指導者キチディミ・ウエッディの亡命を受け入れていたように、リビアはゲリラを支援していた裏側で、国王イドリースは一九五四年にアオゾウ地域に軍隊を入れたことがあるように、チャドを狙っていた。とはいえ、FROLINATとの関係は決して良好ではなく、国王はチャドのトンバルバイエ政府との一定の安定した関係を一方で維持していた。

しかし、一九六九年九月一日、軍の将校グループがリビアで無血クーデターを起し、革命評議会の議長となったムアマール・カダフィ大佐は、本来ならばロイヤリストのサヌーシーを嫌悪するはずであり、リビアとチャドの関係は改善を見せた。とはいえ、イドリース同様にカダフィもアオゾウ地域には関心があり、チャドのイスラムの反乱を支援し、リビア領内でリビア人、パレスチナ人、北朝鮮人によってのFROLINATの訓練基地を設け、すぐにイスラムとアラブ・ナショナリズムの関係から反トンバルバイエの立場に変った。

一九七〇年代に入ると、トンバルバイエ大統領はイスラムの反乱者との和解を推し進めることで、リビア支援のクーデターを阻止する行動に出た。一九七一年春に政治犯の釈放を行なうとともに、イスラム閣僚の採用を行なう一方、リビアに対しては八月に外交関係を破棄し、歴史的権利としてリビア領内のフェザーンを要求して対立を強めた。これに対しリビアは、九月に入ると「大リビア主義」の立場からであったが、FROLINATをチャドの唯一の合法的代表として正式に承認した。とはいえ、巧妙なカダフィは、FROLINATに決して充分な支援を与えることはしなかった。

一九七二年に入ると、ニジェールの親仏派の大統領ハマニ・ディオリの積極的な貢献によって、四月にチャドとリビアの間に和解が生じ、一九七一年八月のクフラでの会議で分裂した後もカダフィの支援を受けたFROLINATの主流派アバ・シディクは拠点をトリポリからアルジェに移した。一方で、フランスは、石油資金の豊かなリビアに武器の輸出を狙っており、カダフィも現状ではトンバルバイエ政権を失脚させるより、ミラージュ戦闘機の入手を優先させ、現実的に動いた。

フランス軍の戦闘部隊は一九七二年の夏に撤退し、一一月二八日に以前からカダフィが脅威と非難していたイスラエルとの外交関係を破棄したことで、リビアはトンバルバイエに九三〇〇万ドルの支援とFROLINATへの支援の大幅縮小を約束した。

このイスラムに向けての同情的態度は、「パレスチナ解放機構（PLO）」の承認とフォート・ラミーに連絡事務所を開くのを許し、一九七二年一二月にリビアとまるでイスラム化されたようなふるまいをするチャド政府は友好条約を結ぶことになった。

こうして、第一次内戦は終りを迎えたが、ＦＲＯＬＩＮＡＴの依然としての政府への全面対決の姿勢変化はなく、アオゾウ地域の問題を含めて、すぐにトンバルバイエはカダフィの狡猾さに出会うことになった。それは、内戦の鎮静化にすぎなかった。植民地支配のつけとして残った歪みが改善されたわけでなく、今だ残る元宗主国のフランスの力とリビアの革命の力の均衡からの逆転のための時間稼ぎにすぎなかった。

三、南部勢力の衰退

リビアとの友好条件の締結で、第一次内戦は一応の終息に向うわけであるが、この裏にはチャド大統領フランソワ・トンバルバイエとリビアの国家元首ムアマール・カダフィとの間に秘密の合意があった。トンバルバイエは、「チャド民族解放戦線（ＦＲＯＬＩＮＡＴ）」への支援の削減と九、三〇〇万ドルの財政支援の代りに、論争の「アオゾウ地域」をリビアに譲り渡していた。これは、フランス側が批准しなかったため効力を持たなかった一九三五年のイタリアのベニート・ムッソリーニとフランス外相ピエール・ラベルの間の協定が、結果として復活をもたらした。

リビアは、一九七三年四月にアオゾウ地域に軍隊を入れ、アオゾウ近くに空軍基地を建設して、住民にリビアの市民権を与えて、リビア化して行った。

一方、内戦の鎮静化とフランスからの行政改善要請の圧力の下、トンバルバイエは彼自身の考えで、内政の建て直しにかかった。コンゴの国名をザイールに、首都レオポルドビルをキンシャサに改めるとともに、大統領が自らの名前をジョセフ・モブツからモブツ・セセ・セコに改めることによって始まる一九七二年からのコンゴ民主共和国の文化革命、「真正」化、ザイール化政策に範を取って、チャドでも首都フォート・ラミーをヌジャメナに変えるとともに、フランソワ・トンバルバイエをヌガルタ・トンバルバイエとモブツ同様に自らの名前を変えて、真正化政策を始めた。一九七三年八月三〇日に「チャド進歩党（ＰＴＴ）」を解散し、「文化社会刷新国民運動（ＭＮＲＣＳ）」を設立して、一党支配をさらに強化するため、サラ族の若者への伝統的儀式を復活させ、強力な支持者を育て上げようとしたが、成果を急ぎすぎ、南部人にさえも不満を生じさせ、失敗に終った。また、トンバルバイエにとって綿花の栽培拡大計画も、その性急さゆえに失敗した。さらに、政治腐敗の混乱状態に、中部地方の旱魃による被害が、一層国政を混乱させて行った。

アオゾウの町では、リビアによる宗教、教育、文化、衛生施設の建設が進み、この地域に埋蔵すると言われるウラン鉱山の開発準備を始めた。トンバルバイエ政府は、アオゾウのリビアの占領に対して非難することもなく、北部の土地が少し減ろうと問題にしていなかった。また、この時、フランスは明らかにトンバルバイエを見離していた。そして、アフリカの国で行き詰まりを打開するために、生じるべきものが生じた。

一九七五年四月一三日、サラ族の兵士とエスタブリッシュメントによるクーデターが起された。トンバルバイエは、以前よりクーデターを警戒して、大統領警護隊を新設し、軍の人気のある強力な人物を解任したり、逮捕拘禁したりしていたが、これを屈辱と受けとった軍のボコロの兵舎の無名の一中尉によって始められた反乱によって答えられ、殺害された。拘禁状態から救い出された元参謀長フェリックス・マルーム将軍を議長として、サラ族出身の高級将校を中心に「高等軍事評議会（CSM）」が設立された。一五年間に渡るトンバルバイエの独裁政権は、フランスによって植え込まれた南部偏重の植民地政策をそのまま受け継ぎ、文化革命でサラ化を推し進めて歪みを増大させて失敗した。

新アルーム政権は、サラ族政府の限界はあったが、中部と北部の反乱に対して説得を試みた。しかし、FROLINATは、しょせん「トンバルバイエなきトンバルバイエ主義」だと主張して政府の申し出を拒絶し、植民地の歪みを是正する前に、南北の武力解決がなされなければならないようにチャドは位置づけられた。

リビアはアオゾウ地域の占領を認めさせようと、カダフィは戦術的にまずはチャドの新政府を承認したが、マムール政権はアオゾウ地域の売り渡しは裏切りであるとリビアに対して強硬姿勢を取った。また、リビアからの約束された財政支援は実行されず、リビア領内のFROLINATのゲリラ基地も短期間閉鎖されたにすぎず、支援はカダフィによって続けられていた。トリポリは、ヌジャメナの和解政策を失敗させ、アオゾウ地域の占領を「ホー・チ・ミン＝ルート」のようにゲリラへの補給路として固定化させるため、FROLINATに支援を続けた。とはいえ、この間に、FROLINATの間で派閥抗争が激しくなり、分裂状況が拡大していた。

一九七一年の初めから、FROLINATの議長アバ・シディクの主流派の「第一軍」へのカダフィからの武器の補給を、「第二軍（「北部軍（FAN）」）」が妨害して、両派の間にすでに緊張が走っていた。この第二軍の指導者が、ファダ近くの出身の極端論者でフランスで大学教育を受けた野心家のオポチュニスト、アラブ系のダザ族のヒセーヌ・ハブレであり、その次級者がテブ族の伝統的指導者キチディミ・ウエッディの息子グクーニ・ウェッディであった。

カダフィは、アバ・シディクの去った後、マルーム政権の説得に応じてリビアの亡命から戻った伝統的指導者キチディミと袂を分った息子のグクーニを支援し、彼の下にＦＲＯＬＩＮＡＴを統一しようとした。このためＦＲＯＬＩＮＡＴは、リビアの支援するアバ・シディクの部隊を吸収したグクーニ派の「人民軍（ＦＡＰ）」と、ビルティンとアベシェを拠点とするハブレ派の「北部軍（ＦＡＮ）」に大きく分れ、対立が激化し、チャドの情勢はさらに複雑化した。

マルーム政府は、反乱軍との大きな戦闘に入ることをちゅうちょする一方、アオゾウ地域の問題を、現在の国境線を尊重する「アフリカ統一機構（ＯＡＵ）」の介入を求め、一九七七年七月にリーブルビル、一九七八年七月にハルツームのサミット会議で取り扱われたが、進展はなかった。

グクーニは、リビアの支援でアバ・シディクの部隊を吸収しつづけて勢力を拡大し、一九七七年七月には北部の拠点バルダイ、ズアル、オウリの政府軍を降伏させていた。また、ハブレ派は、東部チャドのビルティン、アベシェを拠点として、スーダン、エジプトの支援を受け、勢力を強化した。さらに、何にもまして、ハブレはアオゾウ地域のリビア占領に対して敵対的であったことは、自然にマルーム政府と彼を結びつけることになった。

一九七七年六月から一九七八年二月にかけて、反政府軍は北部チャド、ＢＥＴ地域の大部分を制圧し、政府側のもたつく内に、リビア・ＦＲＯＬＩＮＡＴの連合軍は、一九七八年二月一九日に北部最大の要所ファヤ・ラルジョを陥落させた。政府軍の半分を失なったマルームは、一九七八年三月に、政治犯の釈放、全フランス軍の撤退、FROLINATの正式承認を含めて、屈辱的な合意を受け入れざるを得なかった。この協定は、ハブレを参加させることなく、さらにフランス軍の勢力を排除するという、全く巧妙なものであったが、カダフィはすぐに自らこの協定を崩壊させた。

合意わずか一か月後の一九七八年四月一〇日、リビアに支援を受けたグクーニは、フランス軍の撤退がないことを理由として南下を始め、すぐに首都ヌジャメナの一〇〇マイル以内に達した。今回、リビアはファヤ・ラルジョにソ連製のSAM-9対空ミサイル・ガスキン（肩射式対空ミサイルSAM-7・グレイルの箱型ランチャー・タイプ）を持ち込み、フランス軍の航空攻撃に備えた。

この時期、アフリカ大陸は、全体としても重要な時期であった。南部アフリカのアンゴラが一九七六年に、米ソ両超大国の代理戦争の構図の中で、独立内戦をキューバ兵の支援を受けた勢力によって失なわれ、西側のアフリカでの信頼が大きく揺らいでいた。フランスがチャド政府を支援しなければ、親仏派のアフリカ諸国を同じ状況に落し入れる危険があった。ディスカール・デスタン・フランス大統領は、一時はフランス軍の撤退を求めたこともあるマルーム大統領の要請で、四月中旬に、ジャガー戦闘爆撃機八機をヌジャメナに派遣するとともに、給油機、輸送機、電子偵察機の派遣で航空力を充実させ、続いて地上兵力をガボンより投入した。

一九七八年五月一八日と一九日のアティとデジェダウの戦闘で、フランス軍の航空攻撃によってグクーニの部隊は前進を阻止され、アティではフランス外人部隊二個中隊が治安活動に着いた。リビアは、七月に首相アブデル・サラム・ジャルドをパリに派遣し、北緯一四度線を境にして、チャドをリビアとフランスの勢力圏に二分することで合意することになった。この間に、反乱軍内ではカネム地域で活動しているアボウバカール・アブデルラーマンが「第三軍」を設立し、反乱軍はグクーニのFAP、ハブレのFAN、東部ワダイ地域のエル・バガラニの「チャド解放戦線（FLT）」の残党と乱立状態にあった。

一方、反カダフィの立場で一致したマルームとハブレは、一九七八年一月に「ハルトゥーム協定」を結び、停戦と統一政府の設立で合意し、八月に連立政府ができた。CSMは「国防安全保障評議会（CDS）」となり、大統領にマルーム、首相にハブレが就任した。この勢いを無駄にせず、全チャド統一を望むマルームは、グクーニとの交渉を続けたが、カダフィはサヘルのアラブ系の黒人アシル・アーマットの反政府勢力を支援し、グクーニをアバ・シディクを支持した時のように再度自宅拘禁して、マムールと同盟することに揺さぶりをかけた。

再び、FROLINATに分裂状況が見られ、チャド政府にとっては、連立の足固めをして、植民地の歪みを少しでも改めるチャンスであったが、サラ族はマルームが多くの譲歩をしすぎると考え、一方、今ではチャド政府軍の一員とは言え、その軍事力に優越を持つハブレはしばしば非妥協的な態度をとった。この時、フランスは、ハブレを支持することで、カダフィの支援する急進派からチャドを救うことができるとの確信に達し、ハブレのマルームに対しての行動に関与しないことに決めた。そして、ここに、チャドの内戦の「南北の戦い」から「北北の戦い」の変化が始まった。

一九七九年二月一二日、首都ヌジャメナで、ハブレのFANと南部人兵士が衝突を起した。政権奪取を考えていたハブレは、すぐにラジオ・ステーションなどの戦略的拠点を制圧し、ヌジャメナはサヘルにあったためイスラム教徒の支持を持ってFANはサラ族の虐殺を始めた。数千人が殺され、数万人のサラ族の者が、南部のムンドウやサルに逃がれ、南部人部隊も首都から追い出された。マルームは、フランス軍基地に避難し、七か月に渡った連立政権は終った。

二月一九日に停戦が成立し、ハブレはヌジャメナの支配者となったが、これはかつての奴隷狩りを南部人に思い出させる結果となり、南部では報復として五〇〇〇人から一万人のイスラム教徒が殺害された。こうして、統一への唯一の機能を果たす可能性があったチャド中央政府が崩れることで、南部が政権からすべり落ち、ハブレは全体を統一する力はなく、状況は北と北の戦いに完全に移った。

さらに、ハブレがヌジョメナに掛り切りになっている間に、グクーニはFAPを率いてBETからサヘルのカネムに軍を入れ、ハブレと二月二二日に協定を結び、一か月後には軍の一部を首都に入れた。

マルームは国を去り、憲兵隊司令官であったカムーゲ大佐が元政府軍の「チャド軍団（FAT）」を率いたが、フランスの支援が離れた今、首都を奪回する力はなかった。北部勢力は、マイナーな勢力も幾つか他に存在したとはいえ、BETとサヘルの中部・西部も支配するグクーニのFAPと、首都とサヘルの東部・北東部を支配するハブレのFANの対立、さらにそれぞれを支援するリビアとフランスの対立の構図を描いた。

植民地支配の南北の歪みは、南北の逆転による北の圧倒で解決されたわけではなく、元宗主国としてフランスが地域の安全と自己の利益の確保を優先したため、中央政府という統一体を破壊することを気にかけなかった。総ての関係者にとって、植民地の歪みを残すことを気にかける段階ではなかった。

四、北北の戦い

第二次内戦

南部のサラ族が中央政府から追い出された後、南部は自己の守りを固める一方、以後チャドの問題の焦点となる残りの部分の勢力分布は、親リビアと反リビア勢力の対立となっていた。この機に乗じて、チャドの乗っ取りを計るリビアのムアマール・カダフィ大佐の陰謀を阻止するため、フランスとナイジェリアは動いた。

ナイジェリアは、カノに、南部マルーム派、北部のハブレ派とグクーニ派、そしてモハメド・シャワの率いる「第三軍」の「チャド解放人民運動（ＭＰＬＴ）」を招いて、一九七九年三月一一日に第一回の和平会議を開いた。この会議には、フランスは参加しなかったが、リビアを含めスーダン、カメルーン、ニジェールの近隣諸国も参加していた。出された「カノ協定（通称カノⅠ）」では、「暫定国民連合政府（ＧＵＮＴ）」の樹立が決まり、大統領にシャワ、副大統領に南部のネグエ・ドジョゴが就任したが、現実の力は内相となったグクーニ・ウエッディと国防大臣となったヒセーヌ・ハブレの手にあった。

ＧＵＮＴ政府には、黒人系アラブ人をまとめ上げていた東部サヘルのアシル・アーマットや分離の考えを持つ実質的南部の支配者W・A・カムーゲ大佐によって敵対された。リビアは、基本的にGUNTに自己の支持派を持たなかったため、アシルとカムーゲを支持し、第二回カノ会議で政府に彼らを参加させなければ、GUNTを打倒すると威したが、物別れに終った。するとカダフィは、キリスト教徒の南部人を支援することをいとわないばかりか、力づくで打って出て、ティベスティにリビア軍を入れ、グクーニの部隊と激しく戦った。そして、八月までに、フランス空軍機の支援を受けたグクーニ派の「人民軍（FAP）」とハブレ派の「北部軍（FAN）」によって撃退された。

とはいえ、次にカダフィは、チャドの総ての代表を含まないのはカノ協定に反すると国際社会に圧力を掛け、近隣諸国のナイジェリア、ニジェール、スーダン、中央アフリカ、カメルーンを巻き込み、GUNTを八月一四日からのラゴスでの会議に引き込み、目的を遂げた。これによって、GUNTの新内閣が誕生し、大統領にグクーニ、副大統領カムーゲ、国防大臣は継続してハブレ、外相にアシルが就任することになった。これによって、カダフィは、アシル派から五人の大臣職を勝ち得ただけではなかった。

一九八〇年に入ると、アシル派は過去の行きさつからリビアに近いグクーニ派と同盟して、ハブレ派を孤立させる行動に出た。リビアは、FAPに武器と補給品を輸送するとともに、グクーニ大統領にフランス軍を撤退させるように圧力を掛け、FANの将校への買収を行ない、ハブレ派の追放に本格的にかかった。

一九八〇年三月、ボコロとモンゴでFANとFAPの間に大きな戦闘が生じ、カメルーンとナイジェリアに難民が流れ、チャドの第二次内戦が勃発した。内戦は、三月二〇日にはヌジャメナに移り、両陣営に数千人の被害を出し、首都は壊滅的に破壊されることになった。四月に、トーゴのグナシングベ・エヤデマ大統領と「アフリカ統一機構（ＯＡＵ）」の議長エデム・コジョによって調整された休戦協定がすぐに破棄され、五月四日にはフランスの無関心をしめすようにフランス軍の残りの一、一〇〇人が撤退することになり、ハブレ派は不利な状況と見うけられたが、支配する東部と中部チャドにエジプトとスーダンの支援を受け持ちこたえた。

ＧＵＮＴはカダフィに支援を求め、六月に友好条約をリビアを締結した。リビア軍は再びＢＥＴを自国領土化し、空軍基地を建設し、住民にリビアの身分証明書と通貨を導入した。リビア軍の支援は北部だけでなく、一〇月には、内戦参加の機を逸していたＦＡＴの兵士三、〇〇〇人を首都に空輸した。リビアはフェザーンのセブハを補給基地に、首都から一〇マイル北のドウギアなどの元フランス軍の主要基地にリビア軍部隊一万一、〇〇〇人と、「イスラム連隊」と呼ばれた言わばリビアによって集められたイスラム教徒の傭兵七〇〇〇人を入れ、首都への総攻撃の準備を行なった。

一〇月より首都のＦＡＮの空爆を開始し、一二月一五日に総攻撃がリビア軍の二〇〇輛のＴ-54、Ｔ-55戦車を動員して始まり、ＦＡＮはカメルーンに撤退し、ヌジャメナのコントロールを収めた。

一九八一年一月六日、トリポリ訪問中のグクーニは、リビアと合邦して、単一のイスラム共同体国家「ジャマヒーリーヤ」の結成を発表した。数日内に、カダフィは「人民の統一」、「全面的統一」ではなく、単なる「ヨーロッパ経済委員会」のようなものと、あいまいにジャマヒーリーヤを撤回したが、軍事介入はそのままであり、ＯＡＵのチャド問題委員会は一月一四日にリビアに即時撤退を求めた。中央アフリカとニジェールにはフランス軍が派遣され、スーダンはチャド国境に部隊を集め、ナイジェリアも北部に軍を集結させて、リビアの拡大主義の次の目標にならないように警戒を強めた。

ナイジェリアの音頭で、フランス、国連の圧力の増大で、OAUはリビア軍の即時撤退とアフリカの平和維持軍の派遣の線で調整を進めた。一方、グクーニも「併合」ではなく「同盟」と表現して、GUNT間の反リビアの動きに力を得て、三月にはリビア軍の撤退をうながすようになった。グクーニは、ヌジャメナを制圧したものの、気まぐれなカダフィによって、最も親リビアのアシルがクーデターを起すかもしれず、自己の軍の増強に努めた。

大統領選挙中で、チャドに効果的な態度をとることのできなかったディカールデスタンを敗ってフランスの新大統領となった社会党のフランソワ・ミッテランが一九八一年五月に就任して、新しいチャドの政策を始めた。ミッテランは、政府軍と経済の再建のため、グクーニに無制限の支援を与え、彼のリビアへの依存を少なくすることによって、彼を力づけ安心させた。一〇月には、フランスと友好関係を樹立し、親フランスの立場に戻ることを報じた。一〇月三〇日、グクーニは年末までにリビア軍の撤退を要求した。

この間、南部のカムーゲも同様にリビアとの関係を断ち、南部民虐殺の敵ハブレのFANはゲリラ戦でリビア軍と戦い続け、その他のマイナーな組織も反リビアの姿勢に変っていた。北部では、全体的にリビアは不人気であった。

チャド政府の圧力とともに、リビアへの国際的圧力はナイジェリアの音頭とりで、フランス、国連の圧力の増大で高まり、OAUは平和維持部隊（ナイジェリア兵一五〇〇人、セネガル兵六〇〇人、ザイール兵九〇〇人）の派遣を決めた。

巧妙なカダフィは、一一月に突如撤退を命じた。一万人と言われたリビア軍は、輸送機とトラックで、地上と空中で、墜落した戦闘機の残骸までも積み込んで、急いで国境に向け一、八〇〇マイルを撤退し始めた。カダフィは、平和維持軍の配備と時期を調整することなく、さっさと軍事的撤退を行ない、またヌジャメナの銀行を閉じ、チャドの支援を一切止め、チャド経済からの撤退を早急に行ない、軍事、経済両面で戦略的撤退を行なって、空白状態を作った。

この時点で、空白をうまく埋めれば、植民地の歪みが正されるチャンスであったが、カダフィの巧みな撤退によってかなわなかった。

カダフィは、翌年ＯＡＵの議長に就任することが予定されており、リビアのチャドへの軍事介入が続く限り、トリポリで開催されるサミットをボイコットすると脅され、アフリカの重鎮としての地位を逃がしたくはなかった。

ＯＡＵからの平和維持軍の派遣は遅れ、一二月一七日までに求めた五〇〇〇人規模の兵力の内、到着したのはフランスで訓練を受けたザイール軍空挺隊七五〇人とセネガルからの歩兵一五〇人のみで、派兵に必要な六〇〇万ドルの醵《きょしゅつ》出先が決まらず、資金欠如のためそれ以上の派兵は行なわれなかった。

リビア軍が去った後、破壊された国土の経済的空白は埋まらなかったが、軍事的空白はハブレによってすぐに埋められた。スーダン国境沿いに展開し続けた兵力四〇〇〇人を有するＦＡＮは、一九八一年一一月一九日にオウアダイ県の県都アベシェを奪回し、勢いづいた。一方、ＯＡＵの平和維持部隊は要所に展開したが、グクーニは六〇〇〇人の平和維持軍に、リビア軍の撤退した後の北部の町ファヤ・ラルジョの占領を提案したが拒否された。グクーニは反乱軍の鎮圧を期待したが、一九六〇年のコンゴ動乱の時の国連軍のように、ＯＡＵの平和維持軍は内戦不介入、治安維持の立場を堅持し、駐屯した基地より離れて出撃しようとはしなかった。

一九八二年一月に、ＦＡＮはファヤ・ラルジョを占領した。ＯＡＵの平和維持部隊は、実質的にハブレの反攻によって無力化され、二月にＯＡＵはチャド決議をして、停戦、総選挙、平和維持軍の六月三〇日までの引き上げの「国民和解プラン」を出したが、ＧＵＮＴの存在を否定するこの案にグクーニは拒否の態度をしめした。ＯＡＵの決議は、事態の推移にマッチしていなかった。スーダン国境付近から七か月かけての反撃で、チャド内のマイナーな勢力を味方に入れ、ＦＡＮは一九八二年五月にアベシェから出撃して、首都ヌジャメナの奪回にかかった。

フランスのミッテラン政権はグクーニを支持したが、南部のカムーゲ大佐のＦＡＴ、親リビアのアシル派も、グクーニ派から距離を置くようになり、統一指揮の欠如から失敗した。グクーニは逃走し、首都では二〇万人の人口の半分が攻撃の前に避難して去り、六月七日のハブレの荒廃したヌジャメナの入場は、抵抗なく行なわれた。ＦＡＰは、北部のティベスティに撤退した。

首都を奪回したハブレは、平和維持軍が予定通り六月三〇日に撤退を完了し、南部を制圧して全土を統一する決意を持って、八月に中央アフリカ国境に近いモエンチャリ県のサルを奪取し、最後の拠点ロゴネ・オリエンタル県のムンドゥのＦＡＴの司令部に奇襲攻撃を行ない、カムーゲを負傷させ逃走させた。こうして、ＦＡＴは崩壊状態となり、第二次内戦はハブレの勝利の内に終り、新政府が組織され、緊急憲法が制定された。各派から閣僚を入れて、一〇月二一日にハブレ自身が大統領に就任したが、安定の下、植民地の歪みが今度こそ正され、国家の復興に向うと期待するものは、ほとんどいなかった。チャド国民が期待したような強力なリーダーは、今だ現われる様子はなかった。六月にヌジャメナを追われたグクーニは、一〇月にＦＡＰの司令部のあった北部の要所バルダイに、ＦＡＴやアシル派など八党を集め、反政府組織「民族救済政府」を設立していた。一一月のトリポリでのＯＡＵサミットでは、リビアはグクーニをチャドの正式代表としての売り込みに失敗していた。フランス・アフリカ・サミットでは、ハブレが正式代表とされ、西側の支援も受けていた。一九八三年一月、ＦＡＰを中心に親ハブレ派の兵士を集め、「チャド国民軍（ＦＡＮＴ）」が設立された。

南部はハブレ派の虐殺を忘れることなく、政府軍の行動は南部人の反発を買ったが、全体としては、一九八三年は静かに始まった。とはいえ、北部では、グクーニが、今だアオゾウを占領したままのリビアの支援を受け軍を集め始めて、二月にはゴウロのオアシスを政府軍は奪われた。ハブレの政治力は、旱魃による飢餓問題によっても害されていた。三月のハブレ政府とリビア政府の間のアオゾウ地域に関しての交渉も、チャド支配を狙っているカダフィ相手では実るはずもなかった。

第三次内戦

一九八三年六月に入ると、リビアによって非常によく装備されたグクーニの部隊は南下を開始し、六月二四日に北部のファヤ・ラルジョを奪取し、七月八日にはサヘルのアベシェを奪取して、北部と中部チャドの大部分を占領することで、チャドの第三次内戦が始まった。

重大な危機状態に陥れられたハブレ政府は、友好国に支援を求め、フランスのミッテラン政権とアメリカのレーガン政権は大量の武器を空輸し、またフランスは気落ちしたＦＡＮＴを建て直すため軍事顧問を派遣した。エジプトとスーダンもハブレ政権の支援を続け、ザイールは首都の治安維持と主要施設保護のため空挺隊員を派遣した。七月に、政府軍は補給路の延びたグクーニ軍を叩き、アベシェを奪回した。続いて政府軍は、さらに反撃に出て七月末に、ファヤ・ラルジョの奪回を行なったが、同じく補給線が延び、リビア空軍の攻撃を受けた。この新しいリビアの軍事介入は、フランスとアフリカを警戒させた。

リビアを嫌うドナルド・レーガン大統領は、軍事支援に一五〇〇万ドルを追加し、スーダンを基地とする早期警戒機（ＡＷＡＣＳ）二機を派遣し、八月六日には元宗主国フランスに特別使節ウォルター将軍を派遣して軍事介入を求めた。親フランスのアフリカ諸国からの介入要請もあり、ミッテラン政権は、八月一〇日の政府軍のファヤ・ラルジョの撤退には間に会わなかったが、前日の九日にチャド派兵「オペレーション・マンタ（赤エイ作戦）」を命じた。

政府軍は、フランス軍三〇〇〇人とジャギュアー戦闘機の支援を受け、東から西にアベシェ、ムソロ、サラルの北緯一五度線で、グクーニのＦＡＰと対峙《たいじ》した。一九八四年一月初め、ＯＡＵがアディス・アベバで民族和解会議を開いたが、ハブレ大統領は参加せず失敗に終った。

一月二四日、グクーニ派は、リビアの支援を受け、状況打開のため再び攻撃を仕掛け、一五度線上のカネムのジグエイを攻撃したが、阻止され、撤退中フランス軍機に攻撃された。政府軍は、北緯一六度線上のコロ・トロ、ウム・シャルバのラインまで北上した。この時、フランス軍機がＦＡＰのミサイルによって撃墜された。

両軍の対峙で再び北部戦線が行き詰まった時、ハブレは、南部で一時アルジェリアに逃がれていたカムーゲの勢力の盛り返し、政府の重税策への反発もあって、ハブレの言わば軍政的支配に暴動が起る状況になっていたが、六月に「独立革命民族運動（ＵＮＩＲ）」を設立して、実質的に南部での北部の支配を強化した。

北部戦線の行き詰まりは、これまでと同様に、リビアとフランスの両国とも直接の対決を避け、経済的利益を求めた。オーストリアとギリシアの仲介もあって、直接交渉の後、一九八四年九月一七日にフランスとリビアは駐留軍の同時撤退に合意した。一一月一〇日までに、ハブレの積極的な北侵政策に巻き込まれることなく、オペレーション・マンタを終了させ引き上げたが、リビアはＢＥＴにリビア軍を残したままであり、ミッテランはフランスの一方的撤退は誤りであることを認めなければならなかった。一方、フランスは、北部チャドからリビア兵を追い出す準備はないが、北緯一六度線を南下すれば介入すると厳命していた。

カダフィは、常にハブレ攻撃の機会を狙っていた。また、一九八五年三月に、南部人の「チャド民主戦線（ＦＤＴ）」が結成され、ハブレ政府とグクーニの両方に反対する「第三勢力」として出現した。カダフィは、一九八一年のフランス大統領選挙で、時の大統領ディスカールデスタンが動けぬスキを利用しての攻撃の先例を思い出し、一九八六年の選挙戦のさなかに再び同じ手段を用いることにした。

一九八六年二月、リビア軍に支援されたグクーニの率いるＧＵＮＴ部隊は、ウム・シャルバ、ジグエイ、コウバ・オランガの町に向けて、一六度線を越して攻撃を仕掛けて来たが、ハブレ軍は敵を撃退した。リビア空軍は首都ヌジャメナの空港をトゥポレフ爆撃機を使って攻撃したが、フランスはこれに対し、爆撃機の出撃基地になっていたファヤ・ラルジョ近くのクアディ・ドゥムの滑走路を叩くため、ジャギュアー戦闘機を派遣するとともに、断固とした態度を示すため、「オペレーション・エペルビエ（はいたか作戦）」を行なうため兵一二〇〇人を派遣した。戦闘的には見るべきものはなかったが、この作戦はハブレを大きく力づけることになった。ハブレは帰順する者を取り入れ足場を固める一方、コンゴ大統領デニス・サスーヌゲンの努力でコンゴで和平会議が予定されたが、グクーニは出席せず、GUNTの不統一に気づくハブレには価値がなかった。

GUNTは、一九八六年八月にアシェイク・イブン・オマルの「民主革命評議会（CDR）」の部隊がグクーニと小ぜり合いを起し、分裂状態に陥った。一〇月には、カダフィは、いつものやり方で、グクーニを自宅拘禁しアシェイクの支援を始めた。一二月には、ティベスティの要所バルダイを守るFAPの支援のため、ハブレの部隊を北進させた。一九八七年一月には、エネディのファダを奪取するため部隊を送り、北部の中心地ファヤ・ラルジョも奪取し、フランス軍の増派を受けて北部の敵の補給線を切断して北上し、ズアルを攻撃し、リビア軍とGUNTの残党をアオゾウ地域に五月には押し戻した。この間に、またしても不思議に、カダフィは一月にグクーニを釈放し、仲直りしていた。

攻撃の余勢を買って、政府軍は、リビアが一九七三年以来不法占領を続けるアオゾウを八月八日に一度奪回したが、リビア軍の反撃を受け、九月二三日に再占領された。アオゾウ問題で再び行き詰まったリビアとチャドは、OAUにこの地域の所属問題を一任することで暫定合意し、停戦に入った。

一九八八年五月、リビアはハブレ政府を承認し、一〇月にはチャドと一五年ぶりに国交を回復した。ハブレは、一一月に、CDRとも停戦に合意し、幹部がハブレ内閣に入閣した。和解は順調に進んだ。

一九八九年四月に、陸軍司令官ハッサン・ジャマス将軍と内相イブラヒム・イトノによるクーデターが生じたが、鎮圧され未遂に終った。八月三一日、アオゾウ地域の問題は、オランダのハーグの国際司法裁判所の裁定にゆだねられることとなり、同地域から撤退を決めた和平協定が調印された。一二月の国民投票で、新憲法の採択とハブレ大統領の再選が決まったが、一党制の原則であり根本的に植民地政策の歪みが民主的に正される状態にはなく、経済的には長期の内戦と天候被害のため破綻状態にかわりなかった。

一九八九年四月のクーデターの失敗により亡命していたハブレ大統領の元側近、軍事顧問のイドリス・デビは、スーダンにてリビアの支援を受けて「愛国救済運動（ＰＳＭ）」を結成してゲリラ戦を展開するとともに、一九九〇年一一月に首都ヌジャメナを目指して攻勢を掛け、ほとんど抵抗なく一二月二日に首都を占領し、亡命したハブレに代って大統領に就任した。これまで、リビアに対しハブレを支援して来たフランスは、今回は内政問題として介入を避けた。

一九九一年一月、デビ大統領は軍事組織を「チャド国軍（ＡＮＴ）」に改編し、三月には憲法を停止して国民憲章を出し、新内閣を組織して政権を強化するなど、ハブレと同じようなことをした。

一度は逃亡したハブレであったが、勢力を建て直し、一九九二年一月に首都に向けて反撃を始めた。デビ政府は、フランス軍の航空攻撃で持ちこたえたが、政府の弱体化のあらわれから、治安の悪化をもたらした。一九九三年四月に南部で政府軍によるキリスト教徒の一般市民の虐殺事件。北部では八月に正体不明の武装集団による一般市民の虐殺事件が生じた。

チャド国内では反政府ゲリラの活動は続いたが、国際的にアオゾウ地域の問題が解決されることになった。一九九四年二月二日、ハーグの国際司法裁判所の判決は、チャドの領有権を認める決定を下した。リビアは約束どおりこれを受け入れ、五月三一日に軍の撤退を完了させた。六月には、デビ大統領はトリポリを訪問、カダフィと友好条約に調印した。二一年間に渡るリビアとチャドの領土問題に一応の決着が見られた。また、経済状況も一九九〇年代に入り改善のきざしが見られるようになった。

こうして、リビアがチャドの反政府組織の支援を止めて、第三次内戦にも一応の決着がつけられることになったが、植民地政策の歪みの上にただの勢力争いの様子を見せ、歪みを複雑化させたまま残した。宗主国のフランスも、新勢力のリビアも自己勢力維持そして拡大のために動き、独立後の支援活動は北部人、南部人にかかわりなく行なうことができた。その意味では、皮肉にも植民地の歪みは越えられていた。そして、この傾向は、チャド内戦の四半世紀の期間中に、やっと独立を迎えた同じアフリカ大陸の最後の白人帝国の国々にも生まれた。

第三部　最後の白人帝国の独立闘争と内戦

第一章　ポルトガル植民地

一、ポルトガルの植民地政策

一九七〇年代半ばに入り、戦後三〇年余りの時が過ぎても、今だ植民地からの独立を迎えることができない、アフリカ最後の白人帝国と呼べる国々があった。それは、旧イギリス植民地から一方的に独立していたローデシア（現在のジンバブエ）と南アフリカであり、そしてこの時、最も激しく現地アフリカ人が独立を求めて武力闘争に訴えていたのがポルトガル植民地のギニア・ビサウ、アンゴラ、モザンビークであった。中でも、ギニア・ビサウは一番の小国であったが、解放組織に領土の大半の支配を奪われ、その闘争が最も激しかった。

ポルトガルは、一三九四年にエンリケ航海王子の時代（一四六〇年まで）を迎え、一説には伝説のキリスト教国「プレステ・ジュアン」を求めて、西アフリカの海岸づたいに探検を行ない、一四四六年にはヌノ・トリスタンが現在のギニア・ビサウの地域に達した。一六八七年には現在の首都でもあるビサウに貿易基地が設立され、奴隷貿易の中心地として発展して行った。

一八九七年にポルトガル植民地となったギニア・ビサウは、大陸本土の部分とビジャゴス諸島を含めて面積は三万六一二五平方キロメートルとほぼ九州と同じ広さであったが、人口は一九七四年の独立当時で約五三万人と少なく、アフリカの西端部に位置して、北はセネガル、東と南はギニアと国境を接した。国土の大半は低地であり、多くの川が大西洋に流れ込み、河口にはデルタ、沿岸部には複雑に入り組んだ入り江が存在し、熱帯気候に属して、雨季（六月から一一月）と乾季（一二月から五月）を持ち、支配者鳴かせの地形であった。

アフリカ人住民の構成は、東部の封建的なイスラム教徒のフラニ族（全人口の約二〇パーセント）、西部の末階層的でアニミズムのバランテ族（同約三〇パーセント）、マンジャコ族（同約一五パーセント）などを中心に多部族であり、またポルトガル人との混血ムラートもいた。

一九三二年、その後四二年間もの長期政府が続くとは誰も想像だにしなかったアントニオ・デ・オリベイラ・サラザールが首相に就任することになるポルトガル本土では、一九一〇年一〇月にリスボンで軍が反乱を起し、「共和革命」が生じ、国王マヌエル二世は亡命し、テオフィロ・ブラーが臨時大統領に就任したが、財政難の問題は残ったままであり、アフォンソ・コスタ首相は強引な財政均衡政策をとり、後のサラザールの手本となる独裁的な傾向を見せた。

第一次世界大戦（一九一四―一九一八年）が始まると、一時は売却を考えたアフリカ植民地が重要な意味を持ち始めた。ポルトガル植民地は、アジアには中国のマカオとインドのゴアが残が残るのみで、後はアフリカに広大なアンゴラとモザンビーク、そしてはるかに小さなギニア・ビサウがあったが、いずれも禄《ろく》な投資はされず、単に過去の歴史的恩恵で保持しているだけであった。したがって、大西洋岸のアンゴラとインド洋岸のモザンビークを結ぶ「赤色地図運動」など空想にすぎなかったが、この植民地がドイツに渡るのを恐れるイギリスの介入があり、ポルトガルは植民地の確保に乗り出し、塹壕戦で長期化している第一次世界大戦に一九一六年三月に三国協商側で参戦することになった。

ポルトガルは一応戦勝国であったが、戦後の和平を決める一九二〇年の「ベルサイユ会議」では、まともな戦勝国の取り扱いを受けず、二八〇〇万ポンドの費用と多くの死傷者を出しただけで、取るところなく、国内では相変らずクーデター、ゼネストが続き、財政難を高めただけであった。

一九二六年には財政が破綻状況の中、五月二八日に軍事クーデターが生じ、ゴメス・ダ・コスタ将軍の下に軍事独裁政府が誕生し、富裕でない大地主の土地管理人の息子で、コインブラ大学で経済を教え、一九二一年には国会議員となっていたアントニオ・デ・オリベイラ・サラザールが大蔵大臣に迎えられた。サラザールは五日後にこの職を辞任し、七月にはコスタ将軍が追放され、アントニオ・オスカール・デ・カルモナ将軍が権力を握り、再び蔵相としてサラザールは財政上の全権を委任されることを条件に一九二八年四月に迎えられた。「アクション・フランセーズ」、王党的反革命派の影響を受ける保守的なサラザールが大蔵大臣に就任すると、直ちに国際連盟からの条件付き借款交渉を打ち切り、ポルトガルの財政を建て直しを始め、増税はもとより、支出の削減のため、特にそれでなくても少ない海外植民地の費用を打ち切った。

このような強引とも言える政策によって、金の依存と黒字収支で通貨の安定をはかり、一九三二年七月にはサラザールは大蔵大臣のまま首相に就任して、経済回復の自信を持って、規律と服従を持ってするファシスト国家的傾向を持つ独裁政治を始めた。地主、教会、軍隊を基盤とするサラザール体制、組合国家の「新国家」理論では、植民地はキリスト教と西洋文明の教化と擁護を行なう多民族社会の実践を強調したが、現実は植民地の原住民を労働者として強制的に再編しただけであった。

一九三六年二月に隣国スペインでは人民戦線内閣が発足し、六月に「スペイン内戦」が勃発した時、サラザールが人民政府を支援するソ連の脅威を恐れて、フランコ将軍の率いる反政府軍側を支援したのは、しごく当然であった。

第二次世界大戦（一九三九―一九四五年）が勃発すると、サラザールは連合国と三国同盟の両陣営から参戦の誘いを受けたが、第一次世界大戦の参加によって得たのは損失のみであった経験より中立政策を守った。第二次世界大戦が連合国の勝利で終った後も、カルモナ大統領とサラザール首相の体制は続いた。一九四九年四月には「北大西洋条約機構（NATO）」に参加し、一九五五年一月には「国際連合（UN）」に加盟したが、すでに二〇年を越える長期政権にポルトガルは老朽化を隠せなくなり、サラザールを支える一角、軍隊での反乱が続くことになり、政府は「政治秘密警察（PIDE）」を使って弾圧政策で対応した。

一九五八年の大統領選挙に立候補した反サラザール派のウンベルト・デルガド将軍は、サラザール派のアメリオ・トマス提督に敗れはしたが、その支持者のエンリケ・ガルバン大尉が一九六一年一月二二日に大西洋航路の豪華客船「サンタ・マリア号」をシー・ジャックしてブラジルに亡命する事件を起し、ポルトガルのアフリカ植民地の過酷な強制労働の実態をあばいた。

一九五一年に、アフリカ植民地はポルトガルの憲法改正にて「海外州」となったが、その現実に変りはなかった。一九六〇年に「アフリカの年」を迎え、反共的政策で植民地の独立を押えつける時代は去っていたが、サラザール政策は末期的な状況に陥っていた。

アフリカにおけるポルトガル植民地の内、アンゴラとモザンビークは、一九六一年五月に共和国に移行した南アフリカと、一九六五年一一月に一方的独立宣言を行なったローデシアとの人種差別政策を採用する両国に多くの労働者の提供を行い密接な関係を持った。また、アフリカのポルトガル植民地における独立運動には、経済的支援、投資を持って穏健な中産階級を育てるのではなく、治安維持のため軍隊を増派することによって弾圧的に答えた。政府には、本国の二三倍の領域を持つとはいえ、海外領土で植民地ではないとの考えから、あくまで内政問題で、独立国ポルトガルの問題にすぎなかった。アフリカ植民地は、本国の製品を売りつけ、利益を本国のため吸い上げるだけの存在にすぎなくなってしまっており、一九六〇年代も半ばに入ると、現地アフリカ人は、周辺諸国の独立の余波を受けて、独立を求めて激しく戦うようになって来た。

ポルトガル植民地の悲劇は、イギリスのような伝統的社会を利用しての間接的支配でなく、フランスのような伝統的社会を極力縮小しての直接的支配でもなく、ベルギーのような温情的な思考の父権主義でもなく、言わば一種ラテン的な同化政策によってポルトガル文化に育て上げた「アシミラード」と呼ばれる一部の者達を利用しての抑圧的支配であった。したがって、一部の市民権を得るアシミラードと他の市民権を持たない者の格差が同じアフリカ人の間で拡大し、ビジョンなくただ支配を強行するだけのポルトガル政府は、単に増派するしか手段のないポルトガル植民地軍の困難を大きくし、植民地の悲劇を大きくした。

ポルトガル植民地の中でも、ギニア・ビサウの解放運動は最も激しく、双方に二人の英雄を生むことになった。

二、ギニア・ビサウの解放闘争

一九六八年九月、三六年間の長期に渡って独裁を行なって来たアントニオ・デ・オリベイラ・サラザール首相が病に倒れ、サラザールの下で若手のテクノクラートとして名を上げていたマルセロ・カエターノが首相代理となった。しかし、サラザール主義に大統領アメリコ・トマスをはじめ大地主、教会、軍がどっぷりつかった状況の中で、リベラルであったカエターノも年齢も六〇を過ぎ、新政策を打ち出す力を持たず、アフリカ政策も何らの変化なく、植民地の独立運動は激しくなる一方であった。アフリカに増派され、被害の増大するポルトガル軍は、一九六一年一二月に失なったインドのポルトガル領ゴアでの守備隊の降伏という同じ運命がアフリカでも待っているのではないかとの苦悩の中にあった。

ポルトガル植民地において、最も最初の解放運動は、小国のギニア・ビサウにて強力な個性を持つアミルカル・ロペス・カブラルによって生まれた。一九二四年にカーボ・ベルデに生まれたカブラルは、ムラート（白人と黒人の混血）で、植民地の同化政策の賜物、ポルトガルの市民権を持ったアシミラード（Assimilado）の一人であり、リスボンに留学して大学で農業経済学を修めるとともに、やがてアンゴラの解放闘争の主役の一人となるアゴスチニョ・ネトらと親交を深め、ヨーロッパの社会主義に触れて帰国した。一九五二年にギニア・ビサウに戻った後は、政府の農業事務所に務めて農業改革を重視する一方、「アフリカ独立党（ＰＡＩ）」を設立して、農業国としてギニアとカーボ・ベルデ諸島を一つの独立国とする目標を持った。しかし、一九五四年には政府に睨《にら》まれ、一度リスボンに戻り、アンゴラに赴任したが、一九五六年にはネトの「アンゴラ解放人民運動（ＭＰＬＡ）」の創設に参加するとともに、自らも「ギニア・カーボ＝ベルデ独立アフリカ党（ＰＡＩＧＣ）」をビサウで設立し、書記長に就任した。とはいえ、当初、ＰＡＩＧＣはイスラム教徒のフラニ族にはほとんど浸透せず、カブラルの出身地のカーボ・ベルデが活動の中心で、ゲリラ活動はなかった。したがって、この段階では、ギニア・ビサウのポルトガル軍は一個歩兵大隊と一個砲兵中隊にすぎなかった。

カブラルは三年間を費やして都市労働者を中心に政治組織を確立し、平和的方法に訴えるデモとストライキを手段としたが、一九五九年八月三日の首都ビサウの造船所のストライキで、ポルトガル軍が介入する言わゆる「ピジギチの虐殺事件」が生じた。この労働者に五〇人の死者を出した事件の一か月後、カブラルは武装闘争の必要を悟り、ポルトガル政府に対して全面戦争を宣言し、ゲリラ組織を準備するために国を去った。

カブラルは、一九五八年に独立した隣国ギニアのセクー・トウレ大統領と、一九六〇年に独立した同じく隣国セネガルのレオポルド・サンゴール大統領の支援を受けた。特に、ギニアには、カブラルはじめＰＡＩＧＣの幹部が命令を出す司令部が首都コナクリに置かれ、ギニア軍のキャンプでは装備を受けてゲリラ兵の訓練が行なわれた。ＰＡＩＧＣ側は一九六一年より破壊活動に着手したが、ポルトガル側は軍を増加させ強力な鎮圧作戦を展開し、一九六二年三月にはＰＡＩＧＣの中央委員会議長ラファエル・バルボサをビサウで逮捕したのをはじめ、多くの中央委員会の幹部や地域リーダーを逮捕した。これらの後退にもかかわらず、一九六三年一月にはＰＡＩＧＣは南部の中心地ティテ、ブバ、フラクンダなどに集中攻撃を行ない、ゲリラ戦に突入した。一九六四年にはPAIGCの軍事部門「人民革命軍（FARP）」が設立され、FARPは国民正規軍、地域ゲリラ部隊、地方防衛隊に分けられた。推定五〇〇〇人とされる正規軍部隊の主力は、「Bi-Group」と呼ばれる三八人程で編制する戦闘部隊で、AK-47、RPGロケット砲を装備し、ソ連軍のように政治将校がつけられ、ヒット・アンド・ラン戦法を繰り返して、主要部族のバランテ族、マンディンゴ族を主力に、ポルトガル人セトラーの少ないギニア・ビサウの農業地帯にその勢力を拡大して行き、一九六八年までに領土の三分の二を支配し、住民の二分の一の支持を得ていると公言するまでになっていた。

また、ギニア・ビサウの他の解放組織としては、PAIGCより幾分穏健とされ、セネガルの首都ダカールに拠点を置く、マリオ・ジョーンズ・フェルナンデスの「ポルトガル領ギニア解放戦線（FLING）」があり、PAIGCの吸収できなかったフラニ族やマンジャコ族、マンディンゴ族から支持を得て、ゲリラ活動を行なっていた。

一方、あえて、この気候、風土病、地形のためポルトガル人セトラーの入植が少なく、鉱物資源もなく経済性に乏しく、戦略的にも重要とは思われないギニア・ビサウにポルトガルがこだわるのは、小さな植民地の一部でも失なえば、同様に反植民地武力闘争の始まっているアンゴラ、モザンビークに及ぼす結果を考えてのことであった。

そうして、この現状を打開するため、ギニア・ビサウの解放組織の英雄アミルカル・カブラルに対抗する、ポルトガルの英雄スピノラ将軍が総督として赴任することとなった。

アントニオ・セバスティアン・リベイロ・スピノラ（一九一〇—一九九六年）は、もちろんポルトガルの将校団を形成する上流階級の出身であり、一九三三年に陸軍士官学校に入り、スペイン内戦にはフランコ軍に参加し、第二次世界大戦中には、ナチス・ドイツ軍に観測者として参加したベテランでもあった。戦後、スピノラは、一九六一年から一九六四年にはアンゴラ植民地の内戦に大佐として赴任して、アフリカのゲリラ戦を経験して帰国し、大将に昇格していた。こうして、一九六八年五月に、スピノラは解放地区の拡大に苦悩するギニア・ビサウの総督にして軍政両面の最高司令官として、再びアフリカに赴任することになった。

スピノラ将軍の前任者アルナルド・シュルツ将軍は一九六五年にギニア・ビサウに着任し、「戦争は六か月で完了する」と大見栄を切り、「戦略村」構想を揚げたが、逆に解放区にキューバ兵の支援で学校、医療施設、農業開発を行なうゲリラ側の言わば戦略村の成功に反して失敗し、事態を逆に悪くしていた。ちなみに、マラヤの戦略村「ニュー・ビレッジ」の成功は異民族間の隔離・防衛のためイギリス軍は成功し、ベトナムの「ストラテジック・ビレッジ」では同民族間の隔離防衛のためアメリカ軍は失敗していた。

スピノラ将軍は、イスラエルのように、「戦争に勝利するのではなく、戦争を阻止する」ことを目的として、軍事、経済、社会問題を一体化した再建政策を手にアフリカに戻って来ていた。スピノラは、植民地の平和的安定の条件が整えば、民族の自治を認め、ポルトガル連邦制の樹立を基本路線に置いた。そのため、拠点都市からの舗装道路を建設し、五〇キロメートル半径の安全を確約し、都市を結ぶコンボイの流れを安全にするとともに、パトロールを強化してゲリラの武器の流れを阻止し、隣国のギニアとセネガルに難民となっている約七万人に帰国を促すために、シビル・サービスの強化を実行した。りっぱな政策であったとはいえ、実現には、反カブラル部族の利用など従来の植民地政策のやり方を継承しており、植民地支配の歪みの継承は避けられなかった。

よく訓練され、第一級の兵器を持つＰＡＩＧＣゲリラ約五〇〇〇人ないし七〇〇〇人から、わずか七〇〇〇人の白人、および支配下の混血ムラートとアフリカ人を守るため、ポルトガル軍約三万人が駐屯していた。また、陸軍には、約四〇〇〇人の全員志願のアフリカ人兵がおり、その多くはイスラム教徒のフラニ族であった。中でも、一九七一年四月にパトロール中戦死した有名な黒人大尉ジョー・バヤールはその勇敢さゆえにビサウのビサランス空軍基地で大きな葬儀が出された。海軍からは、入江、川線を哨戒するために、海兵隊を載せたゾディアックボートが活動した。ゲリラ戦で絶対的優位を占めた対ゲリラ戦の主力は空軍であり、Ｆｉａｔ-Ｇ91ジェット戦闘機やハーバードが近接支援を行ない、急襲、救難にはアルエート・ヘリコプターが活動した。また、ドルニエやノラトラスが物資・兵員の輸送を行なった。ポルトガル軍は、ギニア・ビサウで一九七一年末までの一〇年間に、戦死者約一五〇〇人を出し、事故又は熱帯性の病死者を約二〇〇〇人出していると言われた。負傷者を含むと、その被害は約一万三〇〇〇人に達し、その七〇パーセントはゲリラの敷設した地雷によると推定されたが、スピノラの舗装道路の建設はゲリラの地雷の敷設を難しくして被害は減少にあり、代ってこの頃には、ゲリラ側のソ連製の一二二ミリ・長距離砲の国境越えの基地攻撃の被害がふえていた。ゲリラ側の兵器はソ連、東ドイツ、ポーランド、チェコスロバキアから支援され、ポルトガル軍は年間四〇トン余りを捕獲し、その出所の九〇パーセントはソ連であり、ギニアの訓練キャンプでソ連軍の教官によりその使用を学んでいたが、同じ時期にゲリラの死者は一万二〇〇〇人から一万五〇〇〇人に達していると推定された。

ＰＡＩＧＣ同様、ＦＬＩＮＧゲリラは、待ち伏せ攻撃を仕掛けて激しく戦ったが、一つの都市も制圧せず、前進拠点を持たず、作戦のたびに国境を越えて聖域に戻らなければならないと言う欠点を持ち、これにはスピノラの道路建設の手段は有効であった。また、ＰＡＩＧＣゲリラと対立したことは、アンゴラでのゲリラ組織同士の対立のように植民地軍を利し、これも一つの植民地の歪みの現われであった。

ギニア・ビサウ人参加の市民議会を設けてのスピノラの政策は、一面、成功を修め、将軍はアフリカの英雄として一九七三年六月に次期大統領との呼び声高く帰国したが、所詮植民地を手放さない限界があり、ゲリラの活動を止めることはできなかった。

ポルトガル軍のゲリラ制圧の苦悩を描き出す事件が、一九七〇年一一月二一日に生じていた。この夜、ギニアの首都コナクリ沖合に現われたＬＳＴ一隻、五〇〇〇トン級の貨物船を含む四隻の国籍不明の船から、階級章のないギニア陸軍のユニフォームを着た約三五〇人が小型ボートで上陸し、首都を急襲した。急襲部隊は、コナクリのＰＡＩＧＣの司令部、大統領官邸、電力施設は破壊し、今回の急襲はギニア軍が奥地で演習中の機会を狙った懸命なものであったが、トウレ大統領とカブラルの殺害には失敗し、ラジオ・ステーションの攻撃を怠ったため、トウレ大統領は国民に反抗の支援を呼びかけ、急襲は捕えられているポルトガル人を救出するどころか約一〇〇人の捕虜を出して失敗した。

この急襲にポルトガルは無関係を主張したが、急襲部隊はポルトガル人士官とヨーロッパ人傭兵に指揮されたポルトガル軍のアフリカ人兵士とギニア人の反セクー・トウレの不平分子によって組織され、武器、装備はポルトガルからの支援であった。カブラルは、この時、ヨーロッパにいて不在で、難をまぬがれていた。この事件には、ポルトガル以外にもヨーロッパやアフリカの国々が関係しているとも言われるが、ポルトガルとしてはＰＡＩＧＣのゲリラ活動を押えるため、カブラルとトウレを始末したかったにちがいなかった。

歪みを生みだす植民地支配を止めるには、ポルトガル自体の革命的転換が必要とされ、次なる事態にギニア・ビサウの二人の英雄カブラルとスピノラにもいい運命は待っていなかった。

三、ポルトガル革命

アントニオ・セバスティアン・リベイロ・スピノラ将軍がギニア・ビサウの暑さと湿気の中でエアコンもかけずに執務に励んでいた一九七〇年七月二七日に、アントニオ・デ・オリベイラ・サラザール首相は亡くなったが、サラザール主義はアメリコ・トマス大統領によってリベラルなマルセロ・カエターノ新首相を押え込む力を宗主国ポルトガルで持ったため、アフリカ植民地は変りようがなかった。また、本国ポルトガルが変るには、それを支える大地主、教会ではなく、これまで幾度となく反乱を起して来ていた軍に頼るしかなく、その変化が徐々にではあるが生じて来ていた。

トマスに一九五八年の大統領選挙に敗れた反サラザール派のウンベルト・デカルド将軍の支持者エンリケ・ガルバン大尉が一九六一年一一月二三日の「サンタ・マリア号」シー・ジャック事件を起し

植民地支配の歪みを公にし、四月一三日にはリスボンで反サラザール・クーデター計画が失敗に終わり、一二月一八日にはその後の国軍に大きく影響を与え、著しく権威を低下させる事件が生じた。インドのアラビア海に面した都市、ポルトガル領ゴアがネールの軍隊によって奪還され、インド航路の発見者の名をいただいた「バスコ・ダ・ガマ要塞」の守備隊が降伏してしまった。このゴアの事件は、サラザールが国軍を見捨てた恰好《かっこう》となり、翌一九六二年一月一日にベジャでポルトガル軍将校の反乱が生じた。反乱は失敗に終わり、サラザールの政治秘密警察（ＰＩＤＥ）の力は今だ国内で顕在であったが、国軍の失意とともに、アフリカ植民地は前述したギニア・ビサウばかりでなくアンゴラ、モザンビークでも怪しくなり始めた。

アフリカで第六番目に広域な領土を占め、ポルトガル最大のアフリカ植民地のアンゴラでは、最初の解放組織「アンゴラ北部人民同盟（ＵＰＮＡ）」が、一九五六年七月にマヌエル・バロス・ネカカを議長として設立されていた。この組織は、ベルギー領コンゴ（現在のザイール→コンゴ）とフランス領コンゴ（現在のコンゴ）と根を一つとするバコンゴ族を中心に組織され、バロス・ネカカはバコンゴ族の部族長でバプティスト教会の通訳をしていた解放運動の父、ミゲル・ネカカの息子であった。一九五八年にＵＰＮＡは「アンゴラ人民同盟（ＵＰＡ）」と改称し、レオポルドビル（現在のキンシャサ）で教育を受けたバロス・ネカカの甥《おい》のホールデン・ロベルトが議長となった。一九六〇年六月三〇日のベルギー領コンゴの独立で活動の聖域を得たロベルトは、ポルトガル植民地政府に対する武力闘争の準備を始めた。

部族主義的と言われるＵＰＡに対して、民族主義的と言われる解放組織「アンゴラ解放人民運動

（ＭＰＬＡ）」が、数か月遅れて一九五六年一二月に、先述したようにギニア・ビサウのアミルカル・カブラルも参加して、アゴスチニョ・ネト、マリオ・デ・アンドラーデ、ビリアト・ダ・クルツらメソジストの都市インテリを中心に設立された。ネトは、リスボンのコインブラ大学の医学部に留学し、ポルトガル本土で反植民地運動を行なっていたため、刑務所に入れられた。一九五八年に医師の資格を取り帰国した後も、一九六〇年六月に再び反植民地活動で捕えられるなかで、ネトはＭＰＬＡの指導者の地位を確立して来て、ＵＰＡと同じく武力闘争の準備をしていた。

まず蜂起したのは、ＭＰＬＡであった。ルアンダに向っていると考えた先述のサンタ・マリア号事件に力を得たＭＰＬＡは、首都ルアンダのサンパウロ刑務所と警察所を急襲する計画をたてた。一九六一年二月四日、政治犯の解放のためＭＰＬＡは刑務所と警察所を急襲したが撃退され、七月一一日にも二回目の急襲を行なったが再度失敗し、コンゴのレオポルドビルに逃がれ、組織の再建をはからなければならなくなった。

ＭＰＬＡの蜂起の一か月余り後、ＵＰＡが蜂起した、三月一五日、ＵＰＡは、マケラを中心とする北部アンゴラで、ポルトガル人農民を追い出し、政府の拠点を破壊するため襲撃を行ない、女、子供を含めて数日の内にポルトガル人市民二五〇人から四〇〇人の無差別な虐殺を行なった。ポルトガル政府は、直ちに爆撃機と海兵隊、特殊部隊を含む一万七〇〇〇人の兵員を増派し、北部アンゴラで復讐戦を始めた。今度は、政府側の無差別攻撃で、一〇月までに約五〇万人のアフリカ人住民の内、四万人の死傷者を出し、一五万人の者が川を渡ってコンゴに難民として逃がれることになった。この手痛い反撃によって、ＵＰＡもコンゴで再建を行なわなければならなくなった。ポルトガル軍の鎮圧活動は一〇月までに終り、アフリカ人の強制労働は廃止されたが、もはやいくら弾圧しようとも解放闘争を止めることはできなかった。

ホールデン・ロベルトは、レオポルドビルで一九六二年三月二八日に「アンゴラ民族解放戦線（FNLA）」を設立して議長に就任し、四月五日には亡命アンゴラ革命政府（GRAE）樹立して大統領となり、外相には後に分離して「アンゴラ全面独立民族同盟（UNITA）」の設立を行なうジョナス・サビンビを就任させ、アンゴラでの基盤を強化した。

同じくコンゴで再建中のMPLAは、リスボンの刑務所から脱走して議長に就任していたアゴスチニョ・ネトの下でFNLAに統一を呼びかけたが、カブラルも支持していたギニアのセクー・トウレ大統領とポルトガル共産党の支援を持ち、強力なゲリラ部隊を持つMPLAの影響力を恐れ、アメリカの支援を持つことになったロベルトは、コンゴのジョセフ・モブツの支持もあって拒否した。両者の対立は、その後激しくなり、MPLAはアルフォンス・マセンバ＝デバの社会主義政権が誕生した元フランス領コンゴのブラザビルにその拠点を移した。その後、一九六四年一〇月にザンビアがケネス・カウンダ大統領の下に独立すると、MPLAは西部ザンビアから東部アンゴラに侵入してゲリラ戦を行ない、一九六九年までにモシコ州、クアンド・クバンゴ州、ルンダ州とビエ州を解放していた。

一方、FNLAに外相として参加していたジョナス・サビンビは、ロベルトの部族主義に反対し、全人口の四〇パーセントを占めるオビブンドウ族を率いて、一九六六年三月「アンゴラ全面独立民族同盟（UNITA）」を結成し、ザンビアを拠点にゲリラ活動を行なっていたが、一九六七年にザンビアのドル箱「ベンゲラ鉄道」を攻撃して追放された後も、中国と北朝鮮からの支援を受け、アンゴラ西・南部で武力闘争を続けた。

他方、アフリカ大陸の反対側、インド洋側のポルトガル植民地モザンビークでもゲリラ戦は激しくなっていた。

一九六一年に西ヨーロッパの留学を終えて帰国したエドゥアルド・モンドラーネは、それまでに存在した三つの民族主義運動を統一し、「モザンビーク解放戦線（ＦＲＥＬＩＭＯ《フレリモ》）」を結成し、議長に就任した。設立当時、ＦＲＥＬＩＭＯは、その目的をポルトガルの植民地支配からのモザンビーク人の解放を唯一の目的とし、マルクス・レーニン主義のイデオロギー的傾向は支配的なものではなかったが、一九六四年八月からは一九六一年に独立した隣国タンザニアに基地を置き聖域を確保して、ジュリス・ニエレレ大統領の支援を受け、北部モザンビークのニアサ州でゲリラ戦を始めた。

また、この年の一〇月二四日には、同じく隣国のザンビアが独立し、ケネス・カウンダ大統領の支援を受けて、第二の聖域を確保して、一九六八年までにＦＲＥＬＩＭＯはテテ州にその戦線を拡大することができた。ポルトガル軍は六万人を配置して、ギニア・ビサウ同様に「戦略村」を建設して、八〇〇〇人のゲリラに対処したが、ＦＲＥＬＩＭＯは一九六九年二月三日にダルエスサラームでの小包爆弾によるモンドラーネ議長の死にもかかわらず、五月には新議長にサモラ・マシェルが就任し、優勢を維持して、テテ州のザンベジ川に建設中のカボラ＝バッサ・ダムの攻撃を行なった。

一九七〇年五月、ポルトガル軍は四万人から五万人を動員してゲリラ一掃作戦「オペレーション・クアルザ＝デ＝アリアガ（ゴルディオスの結び目・作戦）」を行なったが、ゲリラ側はそれに耐え、一九七三年にはソファラ州とマニカ州を解放した。モザンビーク版「ソンミ村」事件とでも言うべきポルトガル軍の対ゲリラ戦の苦悩をしめすような事件が、一九七二年一二月一六日にテテの南東二五キロメートルのウィリアム村で生じた。ポルトガル軍は、ゲリラの攻撃の報復にこの村の住民を四〇〇人以上虐殺していた。

まさに、ギニア・ビサウも、アンゴラも、モザンビークでも、ポルトガルは武力では収拾できない状況に来ていた。

ポルトガルは、今ではアフリカ植民地に広域な戦線をかかえ、全兵力二一万八〇〇〇人の内、ギニア・ビサウに二万七〇〇〇人、アンゴラに五万八〇〇〇人、そしてモザンビークに六万人を派兵することによって、一九七二年で防衛予算は四億六〇〇〇万ドル、一人当り四一ドルとイスラエルに比べて一〇分の一とはるかに低かったが、毎年六億ドル近くの多額の貿易赤字をかかえ、国防予算は総国家予算の四〇パーセント余りに上昇しており、もはや経済的にポルトガルは耐えられる状況になかった。ポルトガル軍の兵士は、忍耐強い農民の出身者が多くいたが、ポルトガルの農業を衰退させ、工場労働者を不足させた。

また、国内の反体制派は、一九七〇年代に入るとしだいに過激な行動をとり始め、軍事関係の施設を狙い始めた。一九七〇年一〇月にはアフリカ植民地に兵員・物資を運んでいた商船「クネネ号」を、一一月には同様な商船「ニアサ号」が破壊活動を受けた。また、一九七一年の初め、毛沢東主義を主張する都市ゲリラ「武装革命行動（ARA）」が、タンコス空軍基地に夜間攻撃を仕掛け、アルエートIII、ピューマSA330を含む新品のヘリコプター一二機が破壊され、植民地の対ゲリラ戦に有効な兵器のヘリコプターを失ない、ポルトガル軍は大損害を受けた。さらに、ポルトガルにあったNATO

の施設も、NATOの国々がポルトガルの植民地政策を支持しているわけではなかったが、左派過激派から関係施設の破壊工作を受けた。

一九七三年三月には「国民解放愛国戦線（FPLN）」が、参謀本部からアフリカ植民地の報告書を盗み出し、政府に大恥をかかせた時、明らかにサラザール体制は崩壊に向って動いていた。こんな最中の六月にスピノラ将軍がアフリカから帰国したが、軍内部は年間に数千人の徴兵年齢者がフランスに逃亡し、アフリカでは四〇人余りの脱走者が出る始末で、すでに一二年間に一万三〇〇〇人を失ない、マン・パワーが不足して混乱に向っていた。

すでに徴兵の期間は一九六七年に四年間に延長されており、徴兵期間中の二年間はアフリカでのツアーを行なわなければならず、兵士の確保はむつかしく、体力基準の引き下げを行なった。将校についても、士官学校入学者は、一九六一年の五五九人から一九七三年には一五五人までに低下し、兵士はアフリカ人化することでマン・パワーの補充で対応したが、将校もアフリカ化させるわけにもいかず、ポルトガル人将校の育成の問題は残った。カエターノ政府は、一九七三年七月に「ミリシアノ（大学予備兵役）」を六か月間の訓練で将校への昇級を行ない、アフリカで長期任務についた将校達と同等、あるいはそれ以上に扱うとの法令を出した。従来、上流階級出身の集団の将校団は、かなり以前の一九五八年にサラザール首相が士官学校の授業料を廃止して上流階級以外の者の入学を認めた時から、不満の根を持っていた。

「国軍運動（MFA）」となる「大尉運動」の一九七三年九月一二日の初会合では、将校の待遇問題が中心であったが、すぐに植民地問題、国政問題へと拡大し、一九七四年二月八日にMFAは最初の回状を出し、対外的に植民地問題の政治的解決、国内的に民主化を求めた。そして、二月二二日、スピノラ将軍によって「ポルトガルとその将来」と題された本が出版され、軍事的解決の不可能に基づくポルトガル植民地の民族の自決の容認とポルトガル連邦の樹立を訴えた。

三月五日、カエターノ首相は、いらだつ保守派をなだめるため植民地の擁護を明言し、一方この日、MFAはついにクーデターを決行することを決めた。軍内部の動揺は続き、政府は政府の政策に従わない参謀総長フランシスコ・コスタ・ゴメス将軍と参謀次長スピノラ将軍の両人を解任し、MFAを支持する将校の弾圧を始めた。三月一六日のカルダス・ダ・ライニャの第5歩兵連隊の決起は失敗したが、四月二五日に日付が変るやサンタレンの機甲部隊が南下を開始し、首都リスボンへの進軍を行ない、四二年間も続いたサラザール体制は、わずか半日で崩壊し、直ちに「救国軍事評議会」が設立され、臨時革命政府が樹立された。五月一五日にはスピノラが大統領に就任し、中道右派のパルマ・カルロスが首相に就任して、植民地問題の解決をはかることになった。

とはいえ、ポルトガル国内の動きをよそに、ギニア・ビサウの「ギニア・カーボ＝ベルデ独立アフリカ党（ＰＡＩＧＣ）」は、すでに全域の掌握を宣言し、独自の議会選挙を行ない、カブラルの暗殺後は弟のルイス・カブラルが党首に、アリスティデス・ペレイラが書記長に就任し、一九七三年一〇月二三日の「民族人民議会第一回大会」で一方的に独立宣言を行ない、一一月二日には国連によって正式に承認された。ＰＡＩＧＣは、革命後の新ポルトガル政府と停戦・撤退交渉を行ない、一九七四年九月九日に「ギニア・ビサウ共和国」として正式の独立を果たした。

国内で圧倒的な支配力を見せたＰＡＩＧＣのギニア・ビサウとは異なり、同じアフリカの植民地でも、植民地支配によって部族的対立と大量の白人移住者を持つアンゴラとモザンビークは、ポルトガル植民地より解放されても、長くつちかわれた植民地政策の歪みからはすぐに抜け切ることができず、アフリカ人同士の長い内戦に向わざるを得なく、アフリカの歪みの新しいページを開くことになった。

四、アンゴラの独立と内戦

ポルトガル軍五万五〇〇〇人と「アンゴラ民族解放戦線（FNLA）」、「アンゴラ解放人民運動（MPLA）」そして「アンゴラ全面独立民族運動（UNITA）」のゲリラ兵約四万人との内戦状態にあったアンゴラは、予期できなかった「ポルトガル革命」の突発によるカエターノ政権の崩壊で、一九七四年四月二五日に突然に植民地支配を終ることになり、それは当然にコンゴの独立時のような空白を同じく広大な領土に生むこととなった。

「国軍運動（MFA）」より出されたコミュニケによると、「海外領土の将来の地位は、国民の総意によって決められる」とあり、臨時政府の大統領に就任したアントニオ・デ・スピノラ将軍の海外州の自治権を承認する連邦構想より進んだものであったが、スピノラはあくまで温情を持って父権主義者のように「アフリカの住民は、今だそこまで成長していない」との考えから、自治権の付与は時期尚早であるとし、自分の考えにこだわった。アフリカのゲリラ活動を押えるためには、ゲリラを支援する共産主義国との関係改善のためソ連・東欧外交を始めたが、ポルトガル本国の混乱を利用する解放組織側は停戦即時完全独立の主張を緩めるわけではなく、ＭＦＡの大尉達はスピノラから離れ始めた。一方、ＭＦＡの中の保守派の急進について行けない将軍達も同様に離れ始め、左右からの挾撃にスピノラは孤立の感があった。そんな流れの中で、七月九日にパルマ・カルロス首相が、スピノラ体制強化のため、大統領・首相の権限の拡大と、総選挙の一年半近い延期を提案し、国家評議会で否決され辞任した。

これを機に、ＭＦＡの押すバスコ・ゴンサルベス大佐を首相とするＭＦＡの将校と左翼勢力の軍民連合内閣が成立し、急進的な政策を行なうことになった。七月二四日、ゴンサルベス政府は、海外領土の不可分規定を破棄して海外領土の完全な独立を認めることを報じることにより、スピノラ大統領の連邦構想を乗り越えてしまい、アフリカ植民地独立の動きは加速されることになった。アフリカ植民地では、ポルトガル軍の戦意喪失ははなはだしく、命令に従わない将兵が続出し、ゲリラ側に投降する者まで現われる始末であった。

先述したように、すでに一九七三年一一月二日に国連によって独立を承認されていたギニア・ビサウは、ポルトガルとの交渉がスムーズに進み、一九七四年八月には独立国としての承認の決意を明記して、九月九日に共和国として正式に独立することになっていた。一方、アンゴラとモザンビークに対しても同様な承認がゴンサルベス政府によってなされた。そして、八月一〇日に同政府は、停戦後解放組織による臨時政府の暫定統治、総選挙、新憲法の制定の後の完全独立案を出したが、ＦＮＬＡは拒否の態度を示した。

アンゴラでのゲリラ側との停戦協定が締結に向けてうまく進まない中、本土では左右の対立が一段と激しくなり、「声なき大衆」に期待したスピノラ大統領支持デモがMFAと左派からの圧力によって中止に追い込まれた時、大統領は、生き残っていたモザンビークの元軍司令官であったカウルザ・デ・アリアガ将軍やアンゴラの元軍事司令官であったデスランデス将軍ら旧体制派の者達と共に、政治の舞台から退くことになり、国軍左派とポルトガル共産党の急進路線の勝利が明白になった。新大統領には治安司令官であった前参謀総長のフランシスコ・コスタ・ゴメス将軍が就任して、アンゴラの和平に向けての動きは一気に加速し、一〇月一五日にはFNLAとの間で停戦協定が締結され、暫定的な臨時政府の樹立の線で話合いが始まった。すでに、UNITAは一月の中旬にポルトガル軍に対して一方的に停戦しており、MPLAも一〇月二一日にポルトガル軍と停戦協定を結んだ。一一月には、ポルトガル軍と停戦協定を結んだ三派の軍隊は首都ルアンダに入り、独立交渉はポルトガルの保養地アルボールで実務的に行なわれた。

一九七五年一月一五日、「アルボール協定」が成立し、FNLAのホールデン・ロベルト、MPLAのアゴスチニョ・ネト、UNITAのジョナス・サビンビの三派の代表は、同年一一月一一日までにアンゴラに独立をもたらすことを決めた。この協定には、ポルトガルの主張する暫定政府の樹立の条項が含まれ、アンゴラ独立のための準備を始めた。暫定政府の一三閣僚の内、三派はそれぞれ三人の大臣を出し、残りをポルトガル側が出すことになっており、各派の対等な関係が約束されていた。

また、各派の軍隊はFNLAの「アンゴラ民族解放軍（FLNA）」兵力一万五〇〇〇人、MPLAの「アンゴラ人民解放軍（FAPLA）」同二万人、そしてUNITAの「アンゴラ解放軍（FALA）」同四〇〇〇人と、その兵力にばらつきがあったが、それぞれ公平に八〇〇〇人を出して統合し、同数のポルトガル軍二万四〇〇〇人（ちなみに、この時、アンゴラには六万一二〇〇人のポルトガル軍がおり、黒人が三七〇〇人、白人が二万四二〇〇人であった。）を加えて、四万八〇〇〇人の軍隊を暫定政府は持つことが決められており、治安維持に当るポルトガル軍は順次撤退し、独立時には任務を終えることになっていた。

総ては順調に進むと思われたが、アンゴラは、民族解放運動が単一の有力な解放組織で戦って来たモザンビークと異なり、ポルトガル人移住者の少ないギニア・ビサウとも異なる条件の上に、解放組織三派とも自己の優勢を維持するに忙しく、独立までの一〇か月余り、いつ敵対行動をとり始めてもおかしくなかった。このような不穏な状況の中で、五〇万人近くいたポルトガル白人達は、一九六〇年のコンゴの独立時の虐殺、略奪、レイプの悪夢が思い出され、アンゴラを去るため、現地の空港は人で埋まり、車を持つ者はＵＮＩＴＡの拠点ユアンボ（ノーバ・リズボア）から南西アフリカ（ナミビア）国境を目指し、途中にて略奪、レイプの被害に会う者も出た。ポルトガル軍は、本国政府が左派的なＭＰＬＡに好意的であったため、その行動は制限され、アンゴラ国内のビジネス、商業的農業、市民サービスなど総ての活動が停止し、四〇万人にのぼるポルトガル人の脱出が続いた。

ＭＰＬＡに好意的なポルトガル政府に不信を持つホールデン・ロベルトは、一九七五年二月にザイールを基地としたＦＮＬＡ軍をアンゴラに入れ、南下を始めた。三月には、アンブリーズ、カルモナを占領し、以後は武力のみが問題を解決する手段となり、首都のルアンダでは三派入り乱れて内乱状態となった。ＦＮＬＡとＵＮＩＴＡの両派からの攻撃にさらされるＭＰＬＡを支援するため、ソ連は武器の輸送を拡大し、ソ連人とキューバ人顧問を入れ始めた。

六月二一日にはケニア政府の仲介による三派和解の「ナクール協定」が成立したが、今度はMPLA側が攻撃を仕掛け、もはや協定は守られることはなく、ソ連・キューバはMPLAに、アメリカと中国はFNLAを、南アフリカはUNITAへと各派の支援合戦が始まることになった。FNLAはザイール軍二個大隊の支援を得て、UNITAは南アフリカ軍一〇〇〇人の支援を持って、首都ルアンダにMPLAを追いつめたが、独立直前の一一月一〇日、FNLA軍はMPLA軍にキファンゴンドーで大敗北を被り、形勢は大逆転して、以後FNLAは北上するMPLAに追われカシート、アンブリーズと敗北を続けた。一方、UNITAも、南アフリカ軍がFNLAの敗北により撤退を決めたことによって、MPLAに押されて後退し始めた。

一一月一一日、予定どおり首都ルアンダではMPLAが独立を宣言し、MPLA議長アゴスチニョ・ネトが初代大統領に就任し、「アンゴラ人民共和国」が成立した。一方、FNLAとUNITAは、ノーバ・リズボアを首都に「アンゴラ人民民主主義共和国」の独立を宣言したものの、国際的承認を得られなかった。

FNLAのホールデン・ロベルトは敗走を阻止するためイギリス人傭兵の導入を行なったが、「マケラの大虐殺事件」など内部抗争を起す始末で、無能ぶりを見せ（傭兵活動の詳細は、著者の「アフリカ傭兵作戦」（朝日ソノラマ刊）を見ていただきたい。）、戦況の回復に至らず、一九七六年二月一七日にザイール国境まで押し戻された。一方、UNITAも、ソ連製の兵器とキューバ兵に支援されたMPLA軍の攻勢で、二月一〇日にノーバ・リズボアを失ない、ジョナス・サビンビは孤立した都市の防衛戦を避け、ブッシュに入り、長いゲリラ戦を戦わなければならなくなった。

一九七六年二月までに、ソ連とキューバの大規模な支援で、ほぼ内戦の終結状態をもたらせたネト政権は、社会主義政策を押し進め、カビンダ飛地の石油をはじめ産業の国有化政策を行ない、独立内戦で崩壊した経済の回復を目指した。幾らＭＰＬＡがナショナリズムの立場からの支配を唱えようと、バコンゴ族、ブンダ族、オビブンドウ族のポルトガル植民地政策上の支配からの脱出は、部族主義から脱して植民地政策の歪みは改善されると思われたが、それぞれの解放組織に結びついた国際的背景の異なる支援国の言わば「新植民地政策」のため、その歪みを直すことはできなかった。

アンゴラのＭＰＬＡによる解放の結果は、「シンバの反乱」の後アンゴラに逃がれて来て独立内戦ではＭＰＬＡを支援した元カタンガ憲兵隊の生き残りを今度は支援して、一九七七年と一九七八年に失敗したがザイールのシャバ州侵攻事件（後述）を起させ、アンゴラ領内の反政府勢力に近いザイールのモブツ政権に脅威をもたらした。また、ＵＮＩＴＡを支援する南アフリカに対しては、今だ植民地にある南西アフリカの「南西アフリカ人民機構（ＳＷＡＰＯ）」を支援することで、さらにソ連とキューバとの関係を深めて、恐怖心をもたらした。すなわち、植民地の歪みは、アンゴラの独立で是正されるどころか、隣国の解放支援によって皮肉にも継承されることになるのであった。

アンゴラの独立内戦で、ニクソン大統領時代（一九六九―一九七四年）の一九七二年六月の「ウォーターゲート事件」の後遺症に悩まされ、ＣＩＡを用いてＦＮＬＡとＵＮＩＴＡにソ連の七分の一の三一七〇万ドルの支援しかできなかったフォード政権（一九七四―一九七七年）はアンゴラで敗北を見たばかりでなく、一九七六年二月の「クラーク修正案」にて今では唯一の西側よりの反政府勢力ＵＮＩＴＡへの軍事支援も中止させられた。とはいえ、ＵＮＩＴＡは、南アフリカはもちろん、中国、セネガル、モロッコからの支援でゲリラ戦を展開して、なんとか持ちこたえた。続くアメリカのカーター政権（一九七七—一九八一年）は、アンゴラに対してクラーク修正案の態度を変えようとはしなかった。この間に、ソ連はキューバ兵をギニア、赤道ギニア、ソマリア、タンザニア、コンゴ（ブラザビル）に送り込み、アフリカ大陸の赤化を益益進めた。一九八一年に誕生したレーガン政権（一九八一—一九八九年）は、反共政策の一環として、アンゴラのキューバ兵の撤退とナミビアの独立をリンクさせることで、植民地支配を終らせる流れに逆うことなく、南アフリカの脅威もとり除くことができた。

ＵＮＩＴＡは、一九七七年後半よりゲリラ活動を活発化させ、ＵＮＩＴＡの聖域アンゴラ・ナミビア国境が同じくＳＷＡＰＯの聖域と重なるため、南アフリカ軍はアンゴラ領内でＳＷＡＰＯの一掃作戦を行なうと共に、ＵＮＩＴＡへの軍事支援を行なった。南アフリカ軍はＳＷＡＰＯのゲリラ一掃のため、一九八一年八月に「オペレーション・アスカリ」と大規模な作戦を敢行し、一九八八年二月の「ルサカ合意」でＳＷＡＰＯゲリラのアンゴラ領内の使用禁止で一時の結着を見せた。

しかし、今度は、アンゴラ軍が一九八五年に入るとＵＮＩＴＡゲリラに対しての大規模な一掃作戦を展開し、一九八六年、一九八七年と乾期のたびに作戦を繰り返し、そのつどＵＮＩＴＡは南アフリカの支援を受けてアンゴラ軍を撃退して勢力を維持した。一九八八年に入るとアメリカの求めていたリンケージ戦略がようやく実を結び、アメリカ、アンゴラ、キューバ、南アフリカが参加して本格的に動き、一九八八年一二月二二日にナミビアの独立とキューバ兵のアンゴラ領内からの撤退に合意した。その後、ＳＷＡＰＯは南アフリカと一九八九年一二月に、ＵＮＩＴＡとアンゴラは一九八九年六月に和平合意を得て、これで南部アフリカの植民地政策の歪みは、長い戦火の疲れから脱出するためにも、一挙に解決されるはずであった。

アメリカの国際戦略上、「建設的関与」は、ソ連・キューバのアフリカの脅威を押え、同時に南アフリカに急進的な変化の生じることのないよう時間を稼ぐには成功したが、このリンケージ戦略は元来MPLAとUNITAの両当事者の対話を越えての和平であり、植民地政策の後の解放闘争に続く独立内戦以来の敵対の歪みが改善されたわけではなかった。したがって、MPLAの全面支配を恐れるUNITAが、停戦・総選挙と言う一見民主主義的に見える方法に合意しても、武器を放棄して一度で問題を解決するはずもなかった。不信の根源を取り除くことは、今だできない状況にある。多数決の結果生じる少数派を支えるものが明確にされるまで、安価な武器が入手しやすいアフリカで、この歪みの是正は困難を見せる。

一九九〇年にMPLAは社会主義路線を放棄し、複数政党制への憲法の改正を行ない、元宗主国ポルトガルの仲介で一九九一年五月三日にMPLAとUNITAの和平合意に達したが、大統領と国会議員の選挙の結果のUNITAの敗北を認めない不満で、アンゴラは再び内戦状態に戻った。

一九九四年七月には南アフリカの大統領となって間もないネルソン・マンデラは、ザイール、モザンビーク、アンゴラの代表を招いて和平協定を進め、一一月に国連の仲介で「ルサカ合意」に達し、大統領にジョゼ・エドゥアルド・ドスサントス、副大統領にジョナス・サビンビ、UNITAの国会議員七〇議席の確保、UNITAの武装解除と政府軍への統合の条件で合意した。とはいえ、この合意が国際社会から見て現実的で、民主的で、称賛でき、ジョナス・サビンビが合意しなければならないものであっても、実行しなければならないものではない。ブンダ族を中心に、ＭＰＬＡの軍隊と植民地時代からの官使ががっちりと首都ルアンダを押える限り、ＵＮＩＴＡ側はルサカ合意の実行だけでは、とうてい植民地政策の歪みが是正されるとは考えないから実行を延ばすのである。とはいえ、同様な内戦下のモザンビークで、同じような合意内容を持って和平が達成されたことは注目に値しよう。

五、モザンビークの独立と内戦

同じポルトガルの植民地のギニア・ビサウ同様に、有力な単一の解放組織「モザンビーク解放戦線（ＦＲＥＬＩＭＯ《フレリモ》）」の下に、一九七四年四月のポルトガル革命後の九月の「ルサカ協定」によって暫定政府が樹立され、翌一九七五年六月二五日に完全独立を果たし、社会主義国家の道を歩み始めた「モザンビーク人民共和国」であったが、一九六四年九月に始まり一〇年間続いたゲリラ闘争が終った矢先、アンゴラの「アンゴラ全面独立民族同盟（ＵＮＩＴＡ）」からの攻撃のように国内の反政府勢力によって長期に渡って苦しめられようとは予想してもいなかった。

ＦＲＥＬＩＭＯの全面解放によって、ポルトガルの植民地政策の歪みは正されることになるものと一般的に思われたが、新しく労働者と農民中心の人民民主主義国家になるべき社会科学化、集団化、国営化の社会主義政策によって抑圧される伝統主義に今だ残るアフリカの植民地政策の歪みのつけ入るスキを与えることになった。見方を変えれば、赤いアフリカを求めるソ連・東欧の社会主義圏の新植民地支配への自由を求める闘争として、反政府側には好都合にも一面を描くことができた。

　モザンビークの独立によって最大の影響を受けたのは、九〇〇キロメートル余りの国境を接し、モザンビークを聖域とする「ジンバブエ・アフリカ民族同盟（ＺＡＮＵ）」ゲリラより越境攻撃を受けている一九六五年一一月に「一方的独立宣言（ＵＤＩ）」を断行しイギリス植民地より独立していた最後の白人帝国の一つローデシアであった。一九六三年に政権の座についた白人強硬派の「ローデシア戦線（ＲＦ）」のイアン・スミス首相の下、ローデシアの情報機関「中央情報機構（ＣＩＯ）」は、モザンビークの独立に対応するため秘密工作を始めた。

　とはいえ、この作戦の根本にある植民地政策の歪みに目をつけたのはポルトガル植民地政府であり、ＦＲＥＬＩＭＯの情報を得るため、一九七三年にポルトガルの情報機関「ＤＧＳ（元政治秘密警察（ＰＩＤＥ）、一九六九年にＤＧＳに再編）」がＦＲＥＬＩＭＯに反意を持つ者達を利用するのに始まっていた。モザンビークの独立直後は、ＣＩＯは資産をなくした現地ポルトガル人の反乱を支援したが効果なく、すぐに黒人モザンビーク人の不満者を募兵する作戦に切り替え、それにはＣＩＯの一九七六年七月に設立していたラジオ放送「自由アフリカの声（Vozda Africa Livre）」のプロパガンダが大きく役立った。

　新しく作られたこの組織は、「モザンビーク民族抵抗運動（ＲＥ《レ》ＮＡ《ナ》ＭＯ《モ》）」またはポルトガル語の頭文字からＲＮＭとも呼ばれ、募兵された元ＦＲＥＬＩＭＯの指揮官の一人であり、盗みのため再教育キャンプに送られ脱走をはかっていたアンドレ・マトサンガイサがその司令官に選ばれた。ローデシアによって訓練されたＲＥＮＡＭＯの兵士は、当初ロン・レイド＝ダリー少佐を司令官として悪名を覇した対ゲリラ戦特殊部隊「セロウス・スカウト(Selous Scouts)」の一部として参加していたが、一九七七年末までにその任務はモザンビーク領内の住民を混乱させ経済を破壊するため、村を焼き払い、収穫物を略奪し、公共の診療所、学校、鉄道、道路網を急襲することが中心となり、その手段は残虐性を見せることになった。この戦略は、ＲＥＮＡＭＯが、ローデシアの反政府ゲリラの支援をするＦＲＥＬＩＭＯの勢力の弱体化を狙ったものであり、ＲＥＮＡＭＯ自体に政治的目的や特別のイデオロギーを持たせなかったため、至極当然の結果であった。とはいえ、ＲＥＮＡＭＯはローデシア領内に訓練基地と出撃基地を持ち、ＦＲＥＬＩＭＯからモザンビークを解放する自由の戦士として約二〇〇〇人の兵力を有して、首都マプトと主要都市のベイラとテテに国を三分割するよう戦っていたが、ゴロンガザの山岳地帯のＲＥＮＡＭＯの司令部がモザンビーク軍の攻撃を受け、マトサンガイサの戦死によってＲＥＮＡＭＯの後継者問題に争いが生じ、同時にローデシアがその内戦の行き詰まりの中で多数派支配による独立に向って動き始めたため、ＲＥＮＡＭＯ自体に混乱が生じた。

マトサンガイサの死は、ＦＲＥＬＩＭＯによって禁止されていた呪術師の魔法を受け、コンゴでシンバが呪術によって銃弾が水に変り当っても死なないと吹き込まれたように、無謀な突撃を強行し、ＦＲＥＬＩＭＯの銃弾に倒れていた。しかし、すぐにマトサンガイサの体がローデシアに運ばれたこともあって、彼はかつてのコンゴのルムンバのように生きており戻って来ると信じられ、神話的人物となってＲＥＮＡＭＯを助けた。彼の死により、ヌドウ族のアフォンソ・ドラカマが、ローデシアとモザンビーク人に不人気であったがルーカス・ムランガとの抗争に勝って、最高司令官に就任した。

ローデシアは、一九七八年三月の「ソールズベリ協定」で穏健派との国内解決が進み、一九七九年四月には一人一票制の総選挙が行なわれ、白人の優越を存続した多数派支配国家「ジンバブエ・ローデシア」が誕生したが、八月に宗主国イギリスのマーガレット・サッチャー首相は全当事者の合意に基づく憲法制定、停戦協定を主張し、九月には「ランカスター・ハウス会議」が開かれ和平協定が成立して、一九八〇年四月一八日に連立であるとはいえ、総選挙に勝利した急進派のZANUのロバート・ムガベの下、「ジンバブエ」として独立することになった。

黒人国家の成立により、ジンバブエ軍は旧政府軍、ZANUの軍事組織「ジンバブエ・アフリカ民族解放軍（ZANLA）」とZAPUの軍事組織「ジンバブエ人民革命軍（ZIPRA）」を統合して、ジンバブエ軍になることが決められ、特にローデシア軍兵士は過去を追求されないとしたが、セロウス・スカウトや「スペシャル・エアー・サービス（SAS）」のような特殊作戦に従事したものは早々と国を去り、一九八〇年六月にはモザンビーク軍によってシタトンガ基地を奪われ、補給も得られなくなり、RENAMOは消滅するものと思われた。とはいえ、RENAMOの設立者で、独立後の懸念を持ったCIOは、すでに南アフリカに接触してRENAMOを託していた。

当時、南アフリカはピーター・ボタ政権の下、フロント・ライン諸国を軍事力と経済力で混乱させ、反政府ゲリラの活動支援に耐えられなくする「地域不安定化戦略」を採用しており、ジョン・フォルスター首相の主張して来たデタント政策を支持して来た情報機関「国家安全保障局（BOSS）」は「マルダーゲイト事件」で勢力を弱体化させ、かわってボタの後を継いだマグナス・マラン将軍の国防相の率いる軍部が力を延ばし「軍情報部（MID）」がRENAMOを支援することになり、「自由アフリカの声」放送の資材と人員、そしてRENAMOの兵士は南アフリカ領内の基地に運ばれた。マラン将軍は、RENAMOが南アフリカ国防軍の一部であると発言をしていたように、RENAMOは「第5偵察連隊（5RECCE）」の指揮下に置かれた。

南アフリカの支援を受けたRENAMOは、モザンビークの経済破壊と反政府組織「アフリカ民族会議（ANC）」のゲリラを攻撃するため、中部モザンビークのガラグアを司令部に最高司令官アフォンソ・ドラカマの下に着々と勢力を拡大し、一九八一年までに北部のカボデルガド州を除く全州に影響力を保持した。一九八三年までに、RENAMOはその勢力を一万人に拡大し、逆にアメリカはアンゴラの場合のようにモザンビークへの直接的なソ連軍事顧問とキューバ兵の介入を心配しなければならなくなり、南アフリカも不安定化戦略のこれまでの利益を大切にFRELIMOと有利な条件の下での交渉を行ない始めた。

アメリカ国務省のチェスター・クロッカー次官補の仲介で、モザンビークのサモラ・マシェル大統領は南アフリカのピーター・ボタ大統領と一九八四年三月一六日に両国の不可侵条約「ヌコマティ条約」が締結された。この条約によって、ANCはモザンビーク当局によって武装を解除され、国内の拠点から追放された一方、南アフリカはRENAMOに対しての支持を表面上止めた。しかし、RENAMOの反政府活動に変化はなく、一〇月三日にプレトリアの仲介で、RENAMOとマプト政府は、モザンビークからの外国軍隊の撤退、政治システムの変更、和解政府の樹立と閣僚ポスト要求、及びマシェル大統領の承認、武力活動の禁止、監視委員会の設置など双方の主張を盛り込んだ停戦協定に合意したが、わずか三か月後の一九八五年一月三日にRENAMO側は一方的に交渉を打ち切り、ゲリラ戦を活発化させた。モザンビーク軍は八月にはソファラ州のRENAMOの拠点コロンゴザを攻略して南アフリカのヌコマティ条約違反の証拠を見つけるのであるが、RENAMOはプレトリアのあくまで手を放れた存在であり、プレトリアはヌコマティ条約の有利な点だけ保持できた。それは、植民地政策の歪みを突く、プレトリアの手慣れたやり方であった。

もちろん、RENAMOの構成にも植民地政策の歪みを受けていた、ドラカマを議長とする幹部は、中部モザンビークのヌドウ族であった。ローデシアと国境を接するマニカ州とソファラ州に住む伝統的部族のヌドウ族は、FRELIMOによって重視されることなく、FRELIMOに愛着を感じておらず、しかも好戦的で伝統的であったため、ポルトガル植民地政府軍によって戦士として採用される歴史的背景を持って、RENAMOに募兵されていた。

RENAMOは伝統的宗教を持ち社会科学主義に慣じめない村民を味方につけるため寛容であったように、キリスト教のカトリック、プロテスタント共にその背後の活動団体より支援を引き出すため寛容であった。また、同時に、国の人口の約二〇パーセント、三〇〇万人のイスラム教徒にも、イスラム教国のコモロを通じてサウジアラビアより海上ルートで支援を受けるため、寛容さを見せてFRELIMOの敵対に用いた。

RENAMOは村を襲うと、家を焼き払い、時にみせしめとして一般住民を殺害し、多くの内戦のアフリカの国々のゲリラに見られたように子供達を兵士に育て上げるために誘拐した。したがって、RENAMOの兵士には子供の割合が多く、一九七八年から一〇年間に、兵士の平均年齢は二五才から一七才に下っており、家族を目前で殺され恐怖心を植えつけられた少年兵は成人の者より残虐であった。

一九八七年七月一〇日には「ホモイネ虐殺事件」があり、RENAMOによって四二四人が殺害され、その大部分は一般住民であり、女性一五〇人、子供四四人がいた。また、兵士や荷役夫にするため連れ去られた者がいた。殺害の方法は、コンゴのシンバのように、耳、鼻、口びる、胸を切り取り、目をくり抜く、手足を切断するなどの方法もとられた。RENAMOの急襲は、村の経済と社会生活のその後の何世代にも渡って被害を与え、難民を続出させ、モザンビーク経済を破壊するには充分であった。もちろん、FRELIMO兵による山賊行為や一般市民への虐殺行為も相次いだ。

モザンビーク難民は全人口の約一〇パーセント、一四〇万人近くに上り、その内わけはザンビアに二万五〇〇〇人、スワジランドに六万五〇〇〇人、ジンバブエに八万四〇〇〇人、南アフリカに二五万人、そして最大の難民をかかえるアフリカの小国マラウイには同国の人口の一〇パーセント以上の九四万人がおり、どの国も悩まされたいた。また、モザンビーク領内の国内難民は一九〇万人とも言われ、両方を合わせると難民の数は三三〇万人にも達していた。このような状況を打開するため、FRELIMOは、かつてポルトガル植民地が採用したような、住み慣れた土地を放れて不慣れな土地に不完全な施設への強制的な移住で、言わゆる戦略村の復活で不満を生じさせた。さらに、一九八六年から一九八七年の旱魃《かんばつ》の被害が経済の崩壊に拍車をかけた。

RENAMOを支援してモザンビークを弱体化させる南アフリカの行動を、新独立国のジンバブエを弱体化させる行動と解するロバート・ムガベ政権は、一九八一年に「ジンバブエ・モザンビーク協定」を結んでいた。そうして、一九八二年のRENAMOのベイラの石油貯蔵タンクの攻撃を機に、ハラレ（旧ソールズベリ）からベイラの経済的生命線地帯「ベイラ回廊」を守るためジンバブエ軍一〇〇〇人が、ZANUゲリラを独立まで支援して来た恩返しと、同時に国内の南アフリカの支援を疑う「ジンバブエ・アフリカ人民同盟（ZAPU）」との対立を優位に進めるためにも派遣された。この派兵は、ベイラとテテを結ぶ道路も危険になり、一九八四年には三〇〇〇人に拡大され、一九八七年からはジンバブエ空軍による航空支援も提供され兵力も一万人に増加した。これに対し、RENAMOは一九八七年六月二〇日にジンバブエに宣戦布告し、モザンビーク領内同様に略奪、破壊、殺人、誘拐の急襲をジンバブエ領内の村々に仕掛け、「ベトナム化」（ベトナム戦争がラオス、カンボジアを巻き込んだように）の恐怖を植えつけようとしたため、ムガベもFRELIMOとRENAMOの平和的解決に動かざるを得なくなって行った。

ジンバブエと同様なRENAMOによる被害を受けた国にタンザニアとザンビアがあり、タンザニアは同時期モザンビークに五〇〇〇人規模の軍隊を派遣し、六〇人の損失と一億二〇〇〇万ドルの出費になった。一方、ザンビアは一九八八年五月にテテ州に越境して、RENAMOの一掃作戦を展開せざるを得なくなった。

ジンバブエ、ザンビア軍の支援を受け、二万人の兵力を持つRENAMOの一掃作戦を行なうFRELIMOであるが、もはや勝利を見い出せない状況に来ており、一方RENAMOも秘密に細々と続く南アフリカ以外の西側諸国の支援を得れるわけでなく、和解の方向に向わざるを得ない状況に来ていた。

一九八六年一〇月一九日、サモラ・マシェル大統領が南アフリカ領内のトランスバール州東部の森林地帯に墜落する飛行機事故で亡くなり、一一月三日に穏健派と言われる外相ジョアキン・シサノが新大統領に就任したが、すでにFRELIMOは一九八四年頃より、RENAMOを打倒できないことを認識していた。一九八五年九月に、RENAMOの司令部カサバナナがジンバブエとモザンビーク連合軍によって奪取された時、南アフリカのヌコマティ条約破りの証拠が明らかにされたが、FRELIMOの態度に変りはなかった。

一九八八年一二月にカトリック組織の仲介でナイロビで始まった和解に向けての会談は、RENAMOに近く武器を支援しているとも言われたケニアのダニエル・モイ大統領が参加し、一九八九年七月にはモイ大統領がFRELIMOを支援するジンバブエのムガベ大統領を仲介者に招き入れ、RENAMOとFRELIMOの間でシャトル外交を行ない、交渉の叩き台となる点を、FRELIMOはRENAMOをテロ集団とする立場から政治基盤を持つことを認めたがらず、一方RENAMOはFRELIMO政府の合法的承認を認めたがらず、困難を持ったが固めて行った。

一九八九年九月に対話路線をとるフレデリク・デクラークが南アフリカの新大統領に就任した時、モザンビーク問題に対しての南アフリカの立場は一層のぞましいものとなり、ボタ政権中秘密に続けられていたRENAMOへの物資の空中投下などの支援も、一九九〇年三月一八日のシサノとデクラークの対談で中止が約束された。また、モザンビーク国内においても、経済的崩壊から西側への接近で国を救うため、一九九〇年三月の「第五回人民会議」でFRELIMOはマルクス・レーニン主義を放棄した。

和平に向けての背景の条件が整う中で、FRELIMOとRENAMOの代表による直接交渉が一九九〇年七月八日にローマで始まった。七月一一日には、六〇万人の死者を出し一五年間続いた内戦の停止に原則合意し、一二月にはジンバブエの派遣軍の撤退が決められた。交渉は断続的に続き、一〇月一〇日に最終合意に達した。一一月二日、複数政党制や市場経済の導入の新憲法が採択され、新憲法は一一月三〇日に発効し、RENAMOが政治基盤を持つことが認められた。一九九一年一〇月の交渉では、選挙期間中のFRELIMOの政権維持の妥協を持って、FRELIMOの合法性が認められ、これまでの難関が乗り越えられた。

一九九二年八月に初めてシサノ大統領とドラカマ議長の公式会談が行なわれ、一〇月四日両者は停戦協定に調印した。その協定によれば、アンゴラやローデシアのように政府軍とゲリラ兵双方からの一万五〇〇〇人出して三万人の軍隊の創設、六か月間の総ての部隊の武装解除、外国の駐屯部隊の完全撤退、一年内の大統領選挙と総選挙の実施が決められた。とはいえ、停戦協定はアフリカの国々ではよく見られるように、これをチャンスと見て協定に反して北部二州でRENAMOは最大規模の攻撃をかけ、政府軍も反撃に出た。

モザンビーク内の混乱の一方、国連安全保障理事会は一〇月一三日に停戦監視団の派遣を決議し、一二月一六日には七〇〇〇から八〇〇〇人規模の平和維持活動（PKO）の要員、「国連モザンビーク活動（ONUMOZ）」の派遣を決めた。一九九三年一〇月からは周辺諸国より難民の帰還が始まり、すでに四月一五日にはベイラ回廊の防衛に付いていたジンバブエ軍の撤退が完了していたが、モザンビーク内の条件が整わず、一九九三年一一月五日に安保理事会はONUMOZの当面六か月間の活動延長が決められ、また選挙も一九九四年一〇月に一年間延期されることになった。

和平協定で決められた両軍の武装解除は一九九四年三月から本格派し、八月には新政府軍が誕生して、選挙は一〇月二九日に実行され、シサノ大統領が勝利した。議会選挙は、定員総数二五〇議席の内、FRELIMOが一二九議席、RENAMOが一一二議席を獲得し、FRELIMOの勝利の内にモザンビークは一〇〇万人とも言われる死者の上に民主主義の時代を迎えることとなった。

植民地政策の歪みの極みとも言える白人政権を長らえるためだけのゲリラ組織の設立は、ゲリラ自体の破壊目的の恐怖支配だけでなく、社会主義支配に反発する伝統支配をうまく取り込むことで歪みを解消しながら、勢力を維持しえた。FRELIMO政府が、新植民地支配の歪みとでも言うべき社会主義支配を止めた時、行き詰まった勢力関係の中で互いの植民地政策の歪みを越えることができたのであった。

同様な現象は、モザンビークより遅くに独立し、早くに内戦の安定をもたらしたジンバブエ（旧ローデシア）でも見られた。

第二章　最後の解放闘争

一、ローデシアの解放闘争と内戦

戦後のアフリカの独立の波の中で、植民地政策を維持させるため、自らの手で宗主国より一方的に独立を宣言することで、少数派白人の支配を続けようとする国が出現した。それが、ローデシアであった。

日本より若干大きく三八万九〇〇〇平方キロメートルの領土を持つローデシアは、北はザンベジ川でザンビアと、東は山岳地帯でモザンビークと、西は平原地帯でボツワナ、そして南はリンポポ川で唯一味方である白人国家の南アフリカと国境を有する内陸国であった。そして、一九六五年の「一方的独立宣言」当時、その人口は白人が約二二万人、黒人が約五五〇万人であったと言われた。

ローデシアは、全体として海抜一〇〇〇メートル以上の高地にあるため、温暖で、農業に適し、入植者（セトラー）の大部分は葉タバコの栽培など農業に従事していた。ローデシアの植民地化は、一八八八年に鉱山業者で後のケープ植民地相で、後にこの地に自分の名がつけられることになるセシル・ローズが、ヌデベレ族の王ローベングラよりマタベレランドの鉱山権を得たことに始まり、一八八九年には「カイロからケープタウン」をもくろむ大英帝国のビクトリア女王（在位一八三七—一九〇一年）より勅許を受けた「イギリス南アフリカ会社」を設立し、統治権を拡大して行った。一八九〇年には軍事組織「開拓縦隊（パイオニア・コラム）」を編成して、遠征と黒人の反乱の鎮圧を行なうと共に、ヌデベレ族に敵対する部族の者を使ってパトロールと情報収集を行なって、植民地政策の歪みを植えつけた。

こうしたイギリス南アフリカ会社の経営は高くつき、配当金を出せず、会社の統治に対しても白人入植者の不満が現われ、ローデシアの白人達は南アフリカとの連合は望まず、一九二三年にイギリスの自治植民地として南ローデシア（ジンバブエ）が成立し、現地議会によって支配されることになった。白人農民を基盤とするゴドフレイ・ハギンス政府は、アフリカ人地域を隔離して土地を奪い、原住民指定地に詰め込み、アフリカ人労働者をつくり出すため、人種差別政策を展開した。白人入植者をふやし、工業生産部門を強化するため、一九三一年に「土地配分法」、一九三四年に「産業調整法」をつくり、白人を富ませ、アフリカ人を貧しいままで置くことで、植民地政策の歪みを格段に大きくした。

このような植民地支配へのアフリカ人の抵抗は一八九六年にマタベレランドのヌデベレ族が、翌一八九七年にはマショナランドのショナ族の反乱として生じた。鎮圧されはしたが、火種は残り、南アフリカの「アフリカ民族会議（ＡＮＣ）」の影響を受けながら、土地問題など白人との平等を求めたが、拒否され続けた。

第二次世界大戦中、ローデシア軍は連合軍に参加し、同時にローデシアはイギリスへの支援物資の生産所となり、白人が戦場に出兵した後、教育のあるアフリカ人が職場に入り、工業生産の拡大でアフリカ人収入も増大したこともあって、反乱もなくローデシアは大戦期間中を過し、アフリカ人の政治活動の発展はほとんど見られなかった。とはいえ、一九四一年に民族の自決と植民地の放棄を謳った「大西洋憲章」のアジア・アフリカ人への裏切りが明確になると共に、ローデシアでも海外の民族解放の流れを受けて、反植民地運動は大衆化することになった。

この頃、イギリスは、中央アフリカの植民地、北ローデシア（ザンビア）、南ローデシア（ローデシア）、ニヤサランド（マラウィ）を連邦として統合し、アフリカ解放運動の楯をつくろうとする試みを持ち、白人の定住者は少ないが鉱山に富む北ローデシア、白人の定住者の多い農業と工業の発展した南ローデシア、そして安価な黒人労働力の確保のできるニヤサランドの相互の補完に利益があるとして、ローデシアを考えていた。全く時代の流れに逆行するイギリスの植民地政策の歪みをそのまま利用して、戦前と変らぬ経済連合を考えていたため、黒人の反乱が生じることは明白であった。

一九五三年四月、イギリスの思惑どおりに「ローデシア・ニヤサランド連邦」が成立し、ハギンスが初代首相に就任した。連邦軍は、アジア植民地のマラヤ連邦の「マラヤ共産党（ＭＣＰ）」のゲリラ活動の経験から、「ロイヤル・ローデシア連隊」を三個大隊に増強し、空軍力も七個飛行中隊に強化させた。一九五九年のニヤサランドの反乱に対しては、イギリスはケニアでの「マウマウの反乱」の教訓を生かし、警察力を強化すると共に「じゅうたん爆撃」を効果的に行なった。また、連邦政府は「土地配分法」を除いて、人種差別を廃止して、リベラルに父権的、温情的性格をちらつかせたが、これで経済的利益を奪いつくす植民地政策の歪みの被害者と考える黒人達を納得させる状況になかった。

一九六〇年に「アフリカ独立の年」を迎えると、連邦離脱の話合いが始まり、白人の定住性の低いニヤサランドと北ローデシアは、それぞれマラウィ、ザンビアとして独立することになったが、白人セトラーの定住性の高い南ローデシアは、イギリス保守党の支援もあって、土地問題を崩して経済的な利益を手放そうとしなかった。このような、土地をめぐる対立の不穏な空気の中で、アフリカ人ナショナリズムと白人ナショナリズムの板挟の状況の中で、従来、商・工業者の利益を代表していたイギリス寄りの「統一連邦党（ＵＦＰ）」に不満の農民の移民の支持を集め、一九六三年の総選挙に「ローデシア戦線（ＲＦ）」は勝利した。

新首相ウィンストン・フィールドは、話合いでイギリスより白人支配の南ローデシアを勝ち取ろうとしたが、失敗した。一九六四年四月フィールドの辞任を受けて首相に就任したイアン・スミスは、多数支配を求める労働党のハロルド・ウィルソン政権に対し、イギリスへの伝統的忠誠を振り切って、一九六五年一一月一一日に「一方的独立宣言（ＵＤＩ）」を敢行し、アフリカ人ナショナリズムの弾圧に向った。ちなみに、このＵＤＩを支持した白人は、新しくローデシアに入った者達で、ケニア、インド、イギリス本土からの流入者であり、すでに植民地などで失なっていた白人としての生活上の特権を求める者達であり、彼らは何らかの利権のため植民地政策の歪みを直すことなど眼中になく、利用できるものは何でも利用する考えであった。

ＵＤＩ当初、ローデシアは、イギリスが首都ソールズベリを軍事占領するのではないかと恐れたが、内心「反乱ではなく仲たがいである」とたかをくくったように、イギリスにできたことは高等弁務官の引き上げと、二〇日後の「経済制裁」であった。イギリス国内のローデシア資本を凍結し、ウィルソン首相の予想した数か月で終るはずの経済制裁は、それほどの成果を上げなかったが、ローデシアには経済戦争と同じく長く「チムレンガ（解放）戦争」が続くことになった。

南ローデシアでは、ジョシア・ヌコモ（一九一七年生まれでヌデベレ族出身、南アフリカの専門学校を卒業後ローデシアに戻り労働運動に従事）が、一九五七年に「アフリカ人民族会議（ANC）」を設立した。当初、ANCは穏健な改革を目ざしたが、北ローデシアの解放闘争の南下を恐れる政府によって、弾圧、禁止処分を受けた後、一九六一年に「ジンバブエ・アフリカ人民同盟（ZAPU）」を設立し、ローデシア西部のマタベレランドのヌデベレ族を中心とするこのZAPUは、拠点を隣国のザンビアに置き、ソ連の支援を受けて、軍事組織「ジンバブエ人民革命軍（ZIPRA）」は一万二〇〇〇人の兵力を持つことになる。

一九六三年、ZAPUのヌコモ議長のリーダーシップに不満を持ったヌダバニンギ・シトレ（一九二〇年生まれでショナ族出身、メソジスト派の神学校出の牧師）やロバート・ムガベ（一九二五年生まれでショナ族出身、南アフリカの大学を卒業後ローデシアに戻り、教職につく）らが、分派して「ジンバブエ・アフリカ民族同盟（ZANU）」を設立した。ZANUは、ローデシア東部のマショナランドのショナ族を基盤として勢力を持ち、モザンビークに拠点を移し、中国の支援を受け、その軍事組織「ジンバブエ・アフリカ民族解放軍（ZAULA）」は二万三〇〇〇人の兵力を持つことになる。

これらの二大解放組織が本格的なゲリラ戦を始めるまでには約一〇年の歳月を要するのであるが、

軽微な武力闘争はすぐに始められ、一九六二年にZAPUゲリラのザンビアからの侵入が始まり、一九六四年に初めて白人の死者が出た。

この結果、一九六四年の総選挙で圧勝したRFのスミス政権は、治安強化、ZAPUとZANUの解散とヌコモ、シトレ、ムガベらの指導者らの拘禁を行ない、一九六五年一一月に国家非常事態宣言を出して解放組織を弱体化させた。また、経済戦争にも、イギリス海軍の海上封鎖にもかかわらず石油は南アフリカを通しての支援で、主要な換金作物のタバコにかわってとうもろこし、砂糖、小麦、ピーナッツなどのアフリカ諸国への輸出で、一九七二年までローデシアはチムレンガ戦争に対して同様に勝利していた。

一九六七年八月二五日、ZAPUと南アフリカの解放組織「アフリカ民族会議（ANC）」のゲリラ八〇人がザンビアより侵入し、ローデシアの保安部隊はこれを阻止するとともに、ローデシア情報機関CIOは南アフリカの情報機関「国家安全保障局（BOSS）」と情報交換を行ない連絡を密にし、ザンビア国境を守るため「南アフリカ警察（SAP）」が投入されることになった。四か月後に侵入したZAPUとANCのゲリラ部隊も一掃され、情報収集の強化と分析の一本化で侵入ゲリラの九〇パーセントを殺すか捕虜にするかで、沈静の四年間があった。このため、ZAPU軍は、ソ連の支援でゲリラ戦部隊を通常戦部隊への転換を計画し、混乱を生じた。

この間に、イギリスは、一九六六年一二月と一九六八年一〇月に、地中海上のイギリス海軍艦艇（HMS）上で、ハロルド・ウィルソン首相がイアン・スミス首相と会談したが、ローデシア側は黒人多数支配を受け入れることなく決裂した。一九六九年六月には、永続的な白人支配を保障する共和国憲法が国民投票で大多数を占め、一九七〇年三月三一日に「ローデシア共和国」が誕生し、八〇年間の宗主国との結びつきを解いた。

その後も、イギリスとの交渉が難航を続ける中、一九七二年に入ると隣国ポルトガル植民地モザンビークの「モザンビーク解放戦線（FRELIMO）」がテテ州に戦線を開き、ローデシア領を抜けてポルトガル植民地軍を攻撃するとともに、ザンビア領内をZAPUとともに聖域としづらくなったZANUをモザンビーク領内の聖域に受け入れたため、ローデシアは北と東の二方面に対応を迫られることになった。

一九七二年一二月二一日、首都ソールズベリから二〇〇キロメートルのセンテナリーの農場に突然ロケット弾が撃ち込まれ、救援隊が地雷にひっかかるなど、その後もロケット弾と地雷による被害は続き、これはゲリラの本格的な戦闘開始とされた。もはや、植民地政策の歪みは武力でしか解決出来ないとするゲリラ側は、四年間に貯えた力を吐き出す時に来ており、政府側は最終的に勝ち目のない消耗戦へと突入することになった。また、ゲリラ側は、一九七四年四月のポルトガル革命によるポルトガル植民地の解放に力を得た。

とはいえ、ザンビアのケネス・カウンダ大統領の多額のゲリラ支援への悩みは、南アフリカのフォルスター首相のデタント外交を渡りに船と、一九七四年一二月四日にフォルスターの圧力で釈放されたZANUのエドソン・シトレ、ZAPUのジョシア・ヌコモ、新しい解放組織「統一アフリカ人民族評議会（UANC）」のアベル・ムゾレワ、そしてカウンダ大統領はもとよりタンザニアのジュリウス・ニエレレ大統領、ボツワナのセレツェ・カーマ大統領、FRELIMOのサモラ・マシェル議長が出席して「ルサカ会議」が開かれ、即事停戦、無条件の制憲会議の開催、黒人指導者の釈放が合意された。とはいえ、モザンビークの独立で、ゲリラの活動を押えることは根本的に困難であった。
一九七五年三月のローデシア政府のシトレの一時逮捕や、ルサカでのZANUの前議長ハーバート・チテポの爆殺事件など混乱もあったが、フォルスターのデ・タント外交が続く中、八月一五日に「ビクトリア・フォールズ会議」が行なわれたが、スミス政権には黒人多数支配を受け入れる準備はなく、状況は元に戻った。総兵力二万五〇〇〇人のゲリラは、ソ連支援のZAPUの一万三〇〇〇人と中国支援のZANUの一万二〇〇〇人のナショナリスト同志の対立をかかえながら、ゲリラ戦を激化させることになった。

ZANUの採用した地域秩序の破壊の新戦略、特に子供の誘拐に対処するため、そしてZAPUの新戦力の通常戦部隊の編制と装備の大量備蓄に対処するため、政府側は「防衛村」(マラヤの「新しい村」、ベトナムの「戦略村」と同様なもの)を建設し、対ゲリラ戦の特殊部隊「セロウス・スカウト」や「スペシャル・エアー・サービス」の積極的な越境攻撃を行なった。

ローデシア軍が少ない兵力を駆使して最大の成果を上げるために越境して敵の聖域を叩く一方、政府はアンゴラで敗北したキッシンジャー外交とフォルスターの圧力で、一九七六年九月に「二年以内の多数支配への移行」を受け入れ、そしてここに白人少数派支配の終りが始まった。とはいえ、翌一〇月の「ジュネーブ会議」では多数支配問題で行き詰まりを打開できず、スミス政権は一九七七年に入りナショナリストの中で孤立していた穏健派のUANCのアベル・ムゾレワ議長の下で黒人多数支配を実行する「国内解決」の方向を打ち出した。八月には、イギリスとアメリカの「アングロ・アメリカン提案」がスミス首相の退陣、移行期間中のイギリスの行政監督、一人一票制の自由選挙、白人資産の保障を含んだが、不信の中で双方の軍隊の解散問題で決裂したため、スミス政権は「国内解決」路線を続け、一九七八年三月「ソールズベリ協定」が結ばれ、暫定政府の設立と新憲法の制定が決められた一方、戦闘における死傷率も増加し、戦況は行き詰まってしまった。

一九七九年四月一七日、ZANUもZAPUも参加しなかったが、一人一票制の選挙が行なわれ、ムゾレワは勝利し、六月一日に白人優遇体制を温存したままの黒人多数支配国家「ジンバブエ・ローデシア」が発足したが、国際的に認められず、経済制裁は解除されず、ゲリラとの戦闘は激しくなるばかりであった。八月のルサカでの英連邦首脳会議で、イギリスのサッチャー政権は全当事者の合意に基づく協定に向ける政策転換を行ない、九月一〇日にロンドンのランカスター・ハウスでムゾレワ、ヌコモ、ムガベが参加して制憲会議が開かれた。支援支出と被害に悩むフロントライン諸国の後押しで、一二月二一日に新憲法、停戦、暫定統治の合意に達し、七年目にして二万人近くの犠牲者を出して平和が訪れることになった。とはいえ、植民地政策の歪みを一度に直そうとすると、モザンビークやアンゴラのような経済崩壊につながりかねないことを、黒人も頭に置かねばならない矛盾の中に現実はあった。

一二月二九日からの停戦にともない、ZAPU軍とZANU軍は所定の場所に終結することになっていた。しかし、ZANUはゲリラ二〇〇〇人をブッシュの中に残し、地方の住民にZANUに投票するように圧力を掛けたため、暫定政府のソームズ総督はローデシア政府軍を兵舎より出し再配備させなければならなかったが、選挙は予定通り二月二七日に実施され、白人議席二〇議席を除く八〇議席中、ムガベが五七議席、ヌコモが二〇議席、ムゾレワはわずか三議席の結果となり、ムガベのZANUが全一〇〇議席中の単独過半数を獲得した。選挙中に白人財産に対し穏健な発言に転換していたヌコモまで敗れ、白人セトラーとしては最悪の事態をまねくことになったが、一九八〇年四月一八日、黒人多数支配の「ジンバブエ」が、ムガベを首相として誕生した。

とはいえ、選挙の勝利を手中におさめると、ムガベは白人の職務と土地の所有権を保障するとまずは公言し、自らの言葉を保障するように農務と商務の二人の閣僚と国軍司令官に白人を起用することによって、ポルトガル植民地のような白人の大量脱出と経済の崩壊を防いだ。ムガベが首相に、ヌコモが内相に就任するZANUとZAPUの連立政権は、独立後も彼らの敵対関係は改善されず、中国とソ連の国交樹立問題や閣僚数の配分問題で対立し、独立わずか三か月でZANUとZAPUは暴力的衝突を見せていた。植民地支配の歪みからの白人対黒人の関係は、新植民地支配の歪みから独立後は中ソ対立の背景の中で黒人対黒人の対立として現われた。

ムガベは新設のジンバブエ軍を使ってZAPU派を殲《せん》滅するつもりであり、自派の部隊の横暴には目をつむり、政治的対立に軍の中立的立場をとろうとするピーター・ウォールズ最高司令官を解任した。一方、ヌコモは第二の都市で拠点でもあるブラワヨに一万三〇〇〇人を集め、一一月にはブラワヨ近郊で両派は交戦状態に入った。一九八一年一二月一八日にソールズベリのZANUの本部爆破事件、一九八二年二月のムガベ首相のヌコモ内相の閣外追放、七月二五日のソーンヒル空軍基地襲撃事件、また七月二三日には外国人誘拐事件が生じ、不穏な状況の中でムガベは強硬にゲリラの一掃作戦を行なったが、マタベレランドの反政府ゲリラ活動は続いた。

一九八五年一〇月、ムガベ首相はヌコモ議長と会談してＺＡＮＵとＺＡＰＵの併合を決めた。一九八七年には白人二〇議席の有効期間が終り、一二月にムガベが行政権を持つ大統領に就任し、憲法改正で白人議席二〇の割当は廃止された。一九九〇年の大統領選挙ではムガベの再選が行なわれ一二〇議席中一一七議席を獲得し、ムガベ大統領、ヌコモ副大統領の事実上ＺＡＮＵの一党支配の基盤が固まった。

ＺＡＮＵは一九九一年の党大会でマルクス・レーニン主義を放棄したが、一九九二年三月には白人の農地を接収して黒人に分配する「土地接収法」を可決し、独立後の経済の低迷への困惑を見せ、一見矛盾している様子を見せてはいるが、植民地支配の歪みが直されていることにはまちがいなく、支配状況はムガベ大統領のＺＡＮＵの事実上一党独裁で真の民主主義とはほど遠いとはいえ、これが従来のアフリカに近い姿であると考えるべきであろう。そして、ローデシアの解放より植民地政策の歪みから自己支配の温存を見いだそうとする残された白人帝国は、唯一、アフリカ大陸の最南端の追いつめられた南アフリカとその統治領ナミビア（南西アフリカ）のみとなった。

二、ナミビアの解放闘争

言わば、ローデシアを犠牲として自己の植民地支配を長らえた南アフリカは、白人支配延命のため、次の犠牲を手放さなければならないとしても、周辺の脅威をできるだけ排除して、好条件を整えるための時間稼ぎを必要とした。

一九八〇年四月一八日のジンバブエの独立で、最後の白人帝国の国境はザンベジ川から一挙にリンポポ川の線まで六〇〇キロメートル下り、一九七五年のポルトガル植民地の独立後に南アフリカの考えるボツワナを囲んだ南アフリカ、ナミビア、ローデシアの三角形の守りがわずか五年で崩れ、新しい防衛構想が必要とされた。アンゴラ独立内戦介入の失敗によるナミビアのゲリラ活動の活発化を予想して、ヨハネス・バルタザル・フォルスター首相の行なっていたデタント外交は、ローデシア問題の解決とともに終らざるを得なくなった。

一九七八年九月にフォルスター首相の大統領就任に伴い首相となったピーター・ボタは、総兵力五〇万人に達するアフリカ大陸最強の軍隊と国民総生産四二一億ドルに上る経済力を持って「パックス・サウスアフリカーナ（南アフリカの押えつけの平和）」を築くことを目的に、フロントライン諸国をゲリラ基地攻撃と、関税問題や出稼ぎ労働者の雇用問題などの経済関係を使って、地域の不安定化を行ない、被害に耐えられなくなった国々と相互不可侵条約を結ぶことで、ソ連、キューバなどの共産主義勢力の侵出を阻止するとともに西側諸国の干渉を排除して、南部アフリカに南アフリカの絶対共栄圏を建設する「地域不安定化戦略」をとることになった。プレトリアとしては、ローデシアに続いて、解放闘争の脅威にさらされるナミビアをやがて放棄しなければならないとしても、南アフリカの植民地支配を守る条件を整えておきたかった。

一九六八年まで「南西アフリカ」と呼ばれ、大西洋岸沿いにアンゴラ国境のクネネ川と南アフリカ国境のオレンジ川に挟まれて位置するナミビアは、八二万四〇〇〇平方キロメートルの広大な領土を有するが、ナミブ砂漠とカラハリ砂漠の二つの砂漠を含み、大部分が高度一〇〇〇メートル以上の高地であるが、降水量は少なく、生活するには厳しい地域である。人口の半分を占めるオバンボ族の他、ヘレロ族、ダマラ族、コイ族（ホッテントット）、カプリビ族、ツワナ族、サン族（ブッシュマン）などが居住しているが、人口密度は希薄である。

一八八四年末から一八八五年初めにかけての欧米列強によるアフリカ分割を行なった「ベルリン会議」は、この地域のケープ植民地に属した唯一の港ワルビスベイを除きドイツ領とし、ドイツ帝国はドイツ領南西アフリカに白人を入植させ始め、地元原住民の土地を接収したため、植民地政策の歪みがすぐに生じ、一九〇四年、一九〇七年と翌八年とヘレロ族、ナマ族、コイ族の反乱が生じたが、植民地政府軍は強力に武力鎮圧を行ない、多くの住民に死者が出た。

一九一四年六月二〇日のサラエボ事件に続く七月二八日に第一次世界大戦が勃発し、イギリスが八月四日にドイツに宣戦布告をしたことにより、自治を認められたイギリス植民地の南アフリカ連邦軍も参戦することになった。イギリスは、ドイツ領南西アフリカの通信拠点の首都ウィンドフークの占領と、偽装商船や潜水艦の補給基地となっていたワルビスベイやリューデリッツの港湾施設の使用阻止を南アフリカ連邦軍に求めた。開戦半年後、準備の整った連邦軍一個旅団は、オレンジ川の国境を越え、北上し、一九一五年五月一二日にウィンドフークを占領するとともに、ワルビスベイとリューデリッツも奪取し、七月にドイツ軍が降伏して、南アフリカ連邦の南西アフリカ支配が始まった。

とはいえ、この戦いで、決して南西アフリカの黒人が解放されたわけでなく、南アフリカ連邦軍は占領を続け、白人による植民地支配の状況になんらかわりはなかった。戦後処理の行なわれた一九一九年六月の「ベルサイユ条約」では、この地が南アフリカ連邦の「委任統治領」とされたことで、その後の人種差別政策の七〇年間が運命づけられることになった。一九二五年には「南西アフリカ統治法」が制定され、白人議員からなる行政、立法の審議会が設立され、白人権益が保護されることになり、植民地政策の歪みに固められて行った。南アフリカより移住した白人は、中央台地を接収して農業と鉱山業を営み、黒人は厳しい契約と規律の下で安価な労働者にされた。

一九四五年、第二次世界大戦も南アフリカ連邦軍の参加した連合軍側の勝利に終り、国際連合が設立されると、南西アフリカは「信託統治領」とされた。しかし、南アフリカ連邦は、これを拒否し、これまでの支配と住民の福利増進を決して黒人に利益とならなかったにもかかわらず業績として主張し、アパルトヘイト政策を平然と押し進めた。

国連総会は、一九四九年に南西アフリカの地位について、国際司法裁判所に提訴した。一九五〇年六月の判決では、南西アフリカへの委任統治の有効性は認められたが、行政は国連総会の監督の下にあるとしたため、南アフリカ連邦政府は判決の受け入れを拒否した。一方、黒人住民には、アパルトヘイト政策への抵抗と弾圧の中で、民族解放運動が高まり、多くの政治組織が生まれた。その中でも、最大の人口を持つオバンボ族は、一九六〇年六月、ヘルマン・ジャ・トイボとサム・ヌジョマの下に「南西アフリカ人民機構（ＳＷＡＰＯ）」を設立し、その軍事部門に「ナミビア人民解放軍（ＰＬＡＮ）」を持ち、一九六一年頃より武装抵抗を始めた。ＳＷＡＰＯは毛沢東とチェ・ゲバラに学んで、ソ連、中国、アルジェリア、キューバ、エジプト、北朝鮮の支援を受けながら、タンザニアとザンビアに海外拠点を持って活動した。

南アフリカは、本国で行なっていた「ホームランド計画」を南西アフリカに導入し、農業と鉱業に適した土地は総て白人の所有とした。一九六六年の国際司法裁判所の判決でも委任統治は有効とされ、フルブールト政府はこれを勝利と受けとり、国連に対しての態度を崩さなかった。これに対して、国連は「南西アフリカ審議会」を設け、現地住民の自己決定と独立の権利を確認し、一九六八年には南西アフリカの呼称を「ナミビア」と改め、南アフリカのナミビア統治を不法をした。とはいえ、プレトリアにはほとんど影響なく、従うどころか、オバンボランド、ダマラランド、ヘレロランド、カオコフェルト、オカバンゴランド、イースタン・カプリビの六か所のホームランドを創設した。南アフリカ政府は、制限した行政権と立法権しか与えず、実質上南アフリカの支配の下にホームランドを置いた。

そして、すでにこの段階では、ナミビア人は、彼らの将来を国連に頼ることができないと感じ、より強力な武装抵抗への道を進まざるを得なくなった。

一九六五年にナミビア領内での政治機構の確立を終えたＳＷＡＰＯは、九月よりアンゴラからオバンボランドにゲリラを侵入させ始めた。とはいえ、初期のゲリラ活動は、同じく初期のローデシアで見られたように、黒人住民の働きで、侵入すればすぐに追跡・撃破され壊滅的な打撃を受けることになった。

一九六八年三月には、南アフリカ軍がナミビアに派遣され、地元警察の支援と施設の防衛任務についた。一九七〇年に入るとＳＷＡＰＯゲリラは、地雷攻撃を多用したため、軍民を問わず、被害が増大することになった。

一九七一年、国際司法裁判所は南アフリカのナミビア支配は不法との判定を下し、直ちの撤退を求めたが、プレトリアは南西アフリカの将来は住民が決めるものとの態度を崩さず、拒否で答えたため、SWAPOは武力闘争を続行するとゲリラ戦の方向を明確にした。ここに、南アフリカは、ローデシアが陥った兵力の大量投入といえ泥沼の道を歩むことになった。植民地政策の歪みを強める限り、南アフリカには軍事力に依存するしかなく、SWAPOは敵の軍事力を破壊しなければ歪みを正せないという、発展性のない消耗戦の道を互いに進むことになるのであった。

一九七一年一二月、ナミビアの鉱山の契約労働者のストライキが続き、「南アフリカ警察（SAP）」が増派されるとともに、北部国境の安全を確保するため一九七二年一月には南アフリカ陸軍部隊が派遣された。三月の国連事務総長カート・ワルトハイムとの会談でも、プレトリアは八五万人の総人口の内わずか一〇万人の白人の利益を守るため、分割独立を主張し、あくまで南アフリカの植民地支配を残そうとした。しかし、予想だにしなかった。「ポルトガル革命」が一九七四年四月二五日に生じ、アンゴラが早期に独立することになった時、南アフリカはSWAPOが広域な聖域を得ることによって、この危機がホームランドの見せかけの自治領では対処できないことを知った。一九七四年三月に南アフリカ軍がSAPと自治領警察から国境地帯のパトロールの責任を引き継ぎ、対ゲリラ戦の責任を負ったが、ホームランドの防衛強化のため、現地の黒人を募兵してホームランドの軍隊の設立にかかった。

国連安全保障理事会が設定していた南アフリカのナミビアからの撤退期限の一九七五年五月は何事もなく通過し、プレトリアは九月にウィンドフークで全現地グループからの代表を集め「ターンハレ制憲会議」を開き、三年内の独立を目ざして憲法の作成を行なったが、この会議は国連が真のナミビア代表と認めるSWAPOは参加してなく、国際社会からまやかしと見られた。

一九七六年八月、制憲会議は一九七八年一二月三一日の独立を決めたが、南アフリカ軍のアンゴラ独立内戦に介入した「サバンナ作戦（一九七五年一〇月—一九七六年三月）」の失敗の後、アンゴラ領内でキューバ軍の支援を受け勢力を拡大するSWAPOのゲリラ戦は激化していた。

これに対して、フォルスター首相は、SWAPOのゲリラの掃討とキューバの共産主義者の支援の阻止、ワルビスベイの港の確保のため、ピーター・ボタの率いる国防省の支持を受け、ゲリラ基地の越境攻撃を積極化させることになった一方、黒人の住民と国際世論をなだめるかのように、一九七七年に入り多人種国家の設立を憲法草案に出した。とはいえ、この草案は、新政府が外交・防衛の権利を持つとされたが、人種居住分離がそのまま残り、バンツースタン政策に近く、期待されたものではなかった。一九七六年一月の「安保理決議三八五号」による、国連の監視の下での自由選挙、南アフリカ支配の終結と南アフリカ軍の撤退の条件も伴わなかった。南アフリカの求めているものは、新政府とは言っても、白人の動かせる政府であって、決して多数支配の黒人政府ではなかった。そのため、結果として、ローデシア同様に、これまで白人支配維持のため援助を与え支援してきた首長達を中心に、言わゆる穏健派を取り込んで、黒人の中産階級を支持して「国内解決」路線をプレトリアはとらざるを得なくなった。

ゲリラの活動は「公然の反乱」と呼ばれたように、一か月間にゲリラとの衝突は一〇〇回近くに及び、特に一九七七年末にはオバンボランドは危険な状況に陥り、ゲリラに仕立て上げるために学校での生徒の誘拐が多発した。

一方、プレトリアは、一九七七年七月に南西アフリカ行政長官を任命し、ナミビアでの直接コントロールを決めた。また、プレトリアは、常に国連との接触を公然と交渉の窓口として開けておくことで、半面自己の正当性を維持しようとした。

国連安全保障理事会のアメリカ、イギリス、カナダ、フランス、西ドイツの五か国は、一九七八年三月に同年末を期限とする南アフリカ軍の段階的撤退、国連監視下での停戦と総選挙を行なう独立案を出し、SWAPOとプレトリアの双方は一度受諾したが、細部で合意に至らず、結局プレトリアはSWAPO抜きの制憲議会選挙を強行するというローデシアと同様の流れを見せた。

選挙はSWAPOの不参加にもかかわらず、高い投票率で白人と黒人穏健派の「民主ターンハレ同盟（DTA)」が、五〇議席中四一議席を独占した。この結果、プレトリアは国際的議歩を行なうどころか、逆に自信を持ち、一九七五年五月四日「ナミビア暫定政府」の樹立を宣言し、もちろん南アフリカ軍の統治下に置いたが、南西アフリカに独立した「南西アフリカ地域部隊（SWATF)」を創設した。一見、ピーター・ボタ首相の「トータル・ストラテジー（総力戦略)」は、ナミビアでの白人政権の維持、ローデシアを犠牲として独立による南部アフリカの安定で成功するように思われたが、アンゴラ、モザンビークの社会主義国家のゲリラ支援で泥沼化に入り、このためボタ政権は「地域不安定化戦略」で、特にアンゴラ、モザンビークをテロ支援国と国際的に打ち出すことで、プレトリアの白人政権の温存をはかった。プレトリアは、特にソ連軍将校によってのSWAPO軍の六〇〇〇人から八〇〇〇人が戦車を持ち通常戦部隊への移行訓練の情報を得て、ゲリラに対して積極的に越境しての先制攻撃を行なった。

一九八〇年には南アフリカ軍の被害も増し、プレトリアは国連に対してSWAPOゲリラのアンゴラ、ザンビア領内の基地の撤去と帰国への武装解除を求め、一〇月二〇日には平和的独立への交渉が開始された。また、同時期、アメリカに生まれた共和党のロナルド・レーガン政権は、南アフリカに受け入れられる変化の積み重ねの「建設的関与戦略」を導き出した。ボタとしては国連の「四三五号決議」の実行は避けられないと考え、アンゴラからソ連に支援されたキューバ兵の排除とリンクさせる「リンケージ戦略」を導き出し、アメリカの強力な支援を持つことになった。

一九八一年八月、アンゴラの反政府組織「アンゴラ全面独立民族同盟（UNITA）」への支援の側面を持って、南アフリカ軍は一万五〇〇〇人の兵力を投入、「オペレーション・プロテア」を敢行し、アンゴラ領内深くゲリラの掃討作戦を行ない、その成果を減少させないように、その後も越境作戦を続けた。掃討作戦は確かに効果を上げてはいたが、ゲリラを根絶できるわけでは決してなかった。また、ナミビアでは、暫定政府のダーク・マッジ首相と南アフリカ代表の行政長官の政治改革への意見の対立で、一九八三年一月には再びプレトリアの直接支配が復活する一方、アンゴラ問題の交渉もデッド・ロックにあった。

一九八四年一月の「オペレーション・アスカリ」の後、プレトリアとルアンダは「ルサカ合意」で、アンゴラ領内からの南アフリカ軍の撤退とSWAPOに同領内も利用させないことで合意し、一応の停戦を見ることになった。同年三月には、プレトリアはモザンビークと相互不可侵条約「ヌコマティ条約」を調印し、地域不安定化戦略には一連の成功が見られた。

残るはルアンダとの話合いであるが、もちろんアンゴラ政府もＵＮＩＴＡを実際に撃破できず、ＳＷＡＰＯの支援も高くつき抜き差しならない状況にあったが、ルアンダはＵＮＩＴＡの攻勢の下では和平条約を結ぶことはできなかった。

ＳＷＡＰＯの雨季を利用しての攻撃は一九八五年も同様に活発化し、破壊工作、子供の誘拐に対し、越境しての掃討作戦の同じパターンが繰り返され、ルサカ合意にもとづく「統合監視委員会（ＪＭＣ）」も行き詰まり、アンゴラ領内の状況はもとに戻った。

ＳＷＡＰＯの部隊も参加してのアンゴラ軍のＵＮＩＴＡへの一九八六年攻勢は、前回同様に失敗した。しかし、一九八七年の慎重に補給路を確保して、より充分な兵力を持っての攻撃は、ＵＮＩＴＡが重要拠点マビンガを失ないかねない状況に陥れられた。マビンガが陥落すれば、一挙に南アフリカの防衛戦が一〇〇〇キロメートル後退することを懸念した南アフリカ軍は、ＵＮＩＴＡに不足する火力を支援するため、九月に「オペレーション・モデュラー」を敢行し、マビンガを守り切りアンゴラ軍の攻勢を阻止した。こうして戦況はまたしても振り出しに戻ったが、全体としてルアンダ側は、四万から四万五〇〇〇人に増強されていたキューバ兵のアンゴラからの撤退に二年間の猶予条件つきであったが、和平に向けて妥協の様子を見せ、アンゴラ・ナミビア情勢は戦場から外交の場にその重点が移った。

一九八八年に入ると、アメリカ国務省のチェスター・クロッカー次官補とアンゴラ外相ペドロ・バンドゥネムが、キューバ兵の撤退とナミビアの独立をリンケージさせた予備交渉を始めた。七月、ルアンダ、ハバナ、プレトリアの三者は、アンゴラからの外国人兵力の撤退とナミビアに独立を導く国連決議四三五号（ナミビアへの権力移譲の自由選挙のための「国連独立移行支援グループ（UNTAG）」の設置、SWAPOの停戦協定への調印など。）の完全実施を含んだ合意に達した。八月に、南アフリカとアンゴラは停戦合意に達し、これを覆《くつがえ》す力はSWAPOにもUNITAにもなく、ナミビアのわずか七万人の白人達にもなかった。一二月二二日、三者は正式調印を行ない、一九九一年七月一日までのキューバ兵の完全撤退が決まった。一方、南アフリカ軍はすでにアンゴラ領を撤退しており、ナミビアのSWATFの六万人も暫時縮小され、一五〇〇人が一九八九年一一月の総選挙まで残ることになった。

とはいえ、この和平協定にはUNITAもSWAPOも含まれていなかったため、ルアンダ政府とUNITA、プレトリア政府とSWAPOの間の正式停戦は今だなかった。南アフリカ軍のナミビアからの撤退に伴い、アンゴラ・ナミビア国境付近にいるとされた三〇〇〇人から四〇〇〇人のSWAPOゲリラの動きが注目された。

一九八九年三月には、UNTAGの軍事要員四六五〇人、警察官三六〇人、文民要員一三五〇人の内の第一陣がウィンドフークに入り、ナミビア暫定政府はすでに解散され、国連によって派遣された特別代表マルティ・マティサリと南アフリカ政府代表ルイ・ピナール行政長官の独立までの共同統治にナミビアはあった。一方、SWAPOとプレトリア政府は、正式の停戦協定が成立し、アンゴラ領内のSWAPOゲリラは武装解除され、ナミビアに戻ることになっていたが、停戦協定発効の四月一日の未明、SWAPOゲリラは武器を手に国境を越え、手薄な防衛線を抜けて侵入し始めた。丁度、ローデシアで「ランカスター・ハウス協定」の調印後もロバート・ムガベの率いる「ジンバブエ・アフリカ民族同盟（ZANU）」が、選挙民に圧力をかけるためゲリラをブッシュに残したように、単独で憲法改正の三分の二以上の獲得をめざすSWAPOの行動であった。

ゲリラは、すぐにナミビアの警察隊の追跡を受け、交戦が始まった。ゲリラ側の行為は明らかに停戦協定違反であり、プレトリアはすぐに国連に抗議を行ない、ナミビアに残っている南アフリカ軍一五〇〇人と南西アフリカ地域軍の二万二〇〇〇人がゲリラの侵入を阻止するため展開された。翌日から反撃が始まり、ゲリラ側は小部隊に分散してヒット・アンド・ラン戦法に出たため、治安部隊は手こずったが、侵入一週間もするとゲリラ側の死傷者の増加、弾薬・食糧の不足が目立ってきた。四月八日、アンゴラ、キューバ、南アフリカの合同監視委員会は、アメリカとソ連のオブザーバーを加え、緊急会議を開いた。アンゴラ大統領ドス・サントスは、大きな損失を出してやっと築き上げた和平を、もはや壊されたくなく、SWAPOのヌジョマ議長に圧力をかけた。四月八日、ゲリラに戦闘停止命令が出され、UNTAGの独立に向けての準備は回復した。

六月には四万人のナミビア難民の帰国も始まり、九月にはヌジョマ議長も帰国し、予定通り一一月七日に制憲議会選挙が行なわれ、SWAPOは七二議席中四一議席を獲得して勝利し、民主ターンハレ同盟（DTA）は二一議席を得て第二党になった。大統領にはヌジョマが就任して、ナミビアは一九九〇年三月二一日に共和国として独立し、ここに南アフリカの植民地支配は終った。

植民地政策の歪みは、ジンバブエ同様、黒人多数支配の確立で直ちに改正されたわけではなかった。白人支配の行政機関と経済機構の直ちの喪失と混乱の不利益を避けたい新政府は、白人によって奪われた土地（わずか四二〇〇人の白人農場主が全農地の四四パーセント、三六二〇万ヘクタールを所有）、農地を再分配するため強制収容の法律の上程を一九九四年まで待った。国民の半数が農民であったため、植民地支配の歪みを調整するためには仕方のない処置であった。ナミビアの多数支配が確立した時、もはや植民地支配延命のための犠牲となる手足はなく、南アフリカに植民地支配の歪みを越える多数支配が訪れるのは時間の問題となった。

三、南アフリカの最後の解放闘争

南アフリカが植民地支配を続けたナミビアが独立を達成した時、「地域不安定化戦略」と「パックス・サウスアフリカーナ」の立役者ピーター・ボタの時代は去っており、一九八九年九月一四日に与党「国民党（NP）」のフレデリク・デクラークが白人最後の大統領になるべく就任していた。また、一九六二年八月に逮捕され、その後国家反逆罪で終身刑の判決を受けていた解放組織「アフリカ民族会議（ANC）」のカリスマ・ネルソン・マンデラの釈放問題がとりざたされるようになっおり、南アフリカを巡る内外の世論とも、多数支配への移行は時間の問題となっていた。

南アフリカの白人による植民地支配は、一六五二年、「オランダ東インド会社」のヤン・ファン・リーベックの東洋への新補給地を求めてのケープ上陸に始まる。その後、オランダからの入植者（ボーア人）が住みつき、先住黒人から土地を奪い、また労働の担い手として狩猟民のブッシュマン（サン族）や牧畜民のホッテントット（コイ族）との混血が生じて今日のカラードを生んだ。

ケープ植民地は、人口の増加に伴い、黒人の土地を奪うべく次第に内陸部へと進んだ。一七九四年にオランダ東インド会社が倒産し、一七八九年の「フランス革命」に続く「ナポレオン戦争（一七九九ー一八一五年）」では、フランスの手に落ちるのを恐れたイギリスは二度ケープ植民地を占領し、「ウィーン会議」で植民地はイギリス領となった。イギリスの支配を嫌って、ボーア人は一八三五年頃から「グレート・トレック（内陸大移動）」に乗り出し、一八三六年にはズールー族を破り「ナタール共和国」を建設したが、一八四三年にイギリス軍に破れて、再び内陸移動を始めた。一八五二年に「トランスバール共和国」、一八五四年に「オレンジ自由国」をボーア人は建設してイギリスの承認を得、今日の南アフリカ共和国の領土的基盤がほぼ整った。

南アフリカは、面積一二二〇万一〇三七平方キロメートル、日本の約三倍の広さを持つが、その人口は一九九〇年で三四五〇万人と日本の約三・五分の一である。アフリカ大陸の最南端に位置するこの国は、大西洋からインド洋にかけての長い海岸線を持ち、ほとんどが温暖地帯に属し、比較的住みよい地域である上に農業に適し、豊かな鉱山資源を持ったことが、白人移住者をふやし、皮肉にも植民地支配の歪みを最後まで長びかせることになった。

一八六七年、オレンジ自由国でダイヤモンドが発見されると、イギリスは再び野心に火を付け、一八七一年にオレンジ自由国を領有化した。財政悪化のトランスバール共和国の一八七七年の併合に反対するボーア人は、武装して立上がり、一八八〇年に「第一次アングロ・ボーア戦争」を起し、翌一八八一年に独立を回復した。しかし、一八八六年にトランスバール共和国で金が発見されると、イギリスは再び併合の圧力をかけた。トランスバール共和国とオレンジ自由国は軍事同盟を結んで、一八九九年一〇月に「第二次アングロ・ボーア戦争」が勃発し、ボーア人はイギリス軍に破れ、一九〇〇年五月にオレンジ自由国、九月にトランスバール共和国が併合され、一九〇二年五月には両国ともイギリスの支配を受け入れた。一九一〇年五月三一日、ケープ、ナタール、トランスバール、オレンジ自由の四州からなる「南アフリカ連邦」が誕生した。とはいえ、アングロ・ボーア戦争後の緩和政策の下でも、白人間の、英語を話すイギリス系住民とアフリカーンス語を話すボーア系住民の間の根深い対立は残り、これがその後の植民地支配の歪みに大きく影響を及ぼすことになった。

アフリカーンス語で隔離を意味する「アパルトヘイト」の起りは、一九一一年の「鉱山労働法」で、白人対非白人の雇用率を定め、白人貧窮層の労働者を保護したことにあった。第一次世界大戦（一九一四―一九一八年）中、南アフリカ連邦軍に参加した黒人、カラードの願いもむなしく、解放の道は開けなかった。それどころか、工業化の流れの中で、都市に出るボーア人農民（プーア・ホワイト）に、経済不況の中、白人労働者の賃金の値下げより保護するため、「産業調整法」、「賃金法」など人種差別法を制定した。また、すでに一九一三年に「原住民土地法」を制定して原住民の居住を全土の7パーセントに制限していたが、これでも少数派白人を根本的に守ることにはならず、一九三六年に黒人多数支配の元になる黒人参政権を廃止する「原住民代表法」を成立させた。

第二次世界大戦（一九三九―一九四五年）が勃発すると、再び南アフリカ連邦はイギリスの下に参戦し、黒人、カラードも戦闘員として参加することを申し出た。もちろん、彼らは戦勝の暁には解放され自由が得られるものとの期待があった。一九四一年八月には、アメリカ大統領フランクリン・ルーズベルトとイギリス首相ウィンストン・チャーチルが、カナダ沖の軍艦上で会見し、合意をもたらした「大西洋憲章」に謳われた「住民が政府を選択する権利の尊重と強奪された主権と自治の回復」のアジア・アフリカ植民への期待は、南アフリカにとっても同様に裏切りに出会うことになった。南アフリカにおける解放運動も、他のアフリカ植民地同様にかなり厳しい状況下にあったが、反植民地運動の高まりを見せていた。

一九一二年に設立された非暴力的な穏健な抵抗をしていた黒人ナショナリストの解放組織「アフリカ民族会議（ANC）」に、一九四三年ネルソン・マンデラ、オリバー・タンボ、ウォルター・シスルなどの若い指導者によって「ユース・リーグ」が設立され、「人民の解放のための戦い」を明言した。一九四五年一二月には、ANCは人種差別の廃止、人権の尊重、資源の平等な活用を内容とする「権利宣言」を発表して、「インド人会議（IC）」や「南アフリカ共産党（SACP）」との協力を強めた。ANCは、積極的解放政策を打ち出すことで、国際社会の注目を引き出し、「国際連合（UN）」の力によってすみやかになされることを期待していた。

一九四八年五月にダニエル・フランソワ・マランの率いるアフリカーナーの単独政権が南アフリカ連邦の樹立後初めて誕生し、戦後の解放運動への白人の危機感を背負って、アパルトヘイト政策を押し進めて、一九五〇年に「人口登録法」、「集団地域法」を制定させた。一方、ANCは、マランのアパルトヘイト政策に不服従のための労働停止など「公然の無視」にて抵抗することによって、一段と弾圧を受けることになったが、抵抗は続けられた。一九五二年四月二六日、ネルソン・マンデラ指揮の下、大不服従キャンペーンが開始され、この一連の抵抗運動で八〇〇〇人以上の逮捕者を出したが、これによってANCは有名になり、そのメンバーは一〇万人に達し、マンデラは「革命の機は熟している」として、地方の地下活動を強化し始めた。

一九五三年にＡＮＣの新リーダーとなったアルバート・ルツーリは全人種による人民会議を招集し、六月に総ての者の平等と正義を謳った「自由憲章」を作り上げた。これに対し、マランの後を継いだヨハネス・ゲルハルダス・ストレイダム首相も、抵抗にはあくまで弾圧で臨んだ。一九五八年と一九五九年中、政府の弾圧強化の中でＡＮＣ内のジレンマは頂点に達し、急進派がロバート・ソブクウェを議長として分派し「パン・アフリカ人会議（ＰＡＣ）」を結成した。ＰＡＣは、ＡＮＣを白人、カラード、インド人、共産主義者に害されているとして、真のアフリカ人主義を求めた。

解放運動は急進化の傾向にあった一九五〇年代の後半の五年間は、南アフリカにとって鉱山開発の拡大、金価格の上昇、工業生産の拡大、さらに安価な黒人労働力によって経済的に安定した時期であり、白人の危機感も目立ったものではなく、政治的にも安定した時期であった。この安定期の一九五八年にストレイダムが亡くなり新首相となったヘンドリック・フルブールトは、白人と非白人の分離を一段と強めることで、アパルトヘイト政策をさらに強化し、ＡＮＣの多人種国家を特色づける考えに反して、部族の差異を特徴づけることで、植民地支配の歪みを押しつける「バンツー自治促進法」を一九五九年一月に議会に提出した。これは、バンツー族約二一〇〇万人を一〇か所のバンツースタン（黒人居住地、一九七〇年以後はホームランドと呼ばれる）に押し込め、名目上の自治権を与え、外交、防衛、治安維持など重要な権限は白人政府の下に置こうとするものであった。また、フルブールト首相は、イギリス連邦の干渉を断ち切るため、共和国への移行の準備を始めた。

一九六〇年代に入り、アフリカ大陸では一年目にして一七か国に及ぶ植民地が一挙に独立をもたらした「アフリカの年」など無視するように、南アフリカはアパルトヘイト強化によって孤立の道を、黒人ナショナリスト達は急進化の道を歩み始めることになり、束の間の安定期の終りをしめす事件が生じることになった。

一九六〇年三月二一日、一六歳以上の者が白人地域に入る時、証明書の所持を義務づけた「パス法」に反対して、ＰＡＣが呼びかけた集会に参加した一万人の群衆が警察所を囲んだため、白人警官がいきなり発砲して、アフリカ人六七人の死者を出す「シャープビル事件」が生じた。ＡＮＣのアルバート・ジョン・ルツーリ議長もパスを焼くことで騒乱効果を生じ、南アフリカは騒然とした。一〇日後には非常事態が宣言されることになり、政府は一万八〇〇〇人以上の身柄を拘束し、ＡＮＣとＰＡＣは非合法化された。両議長は裁判にかけられ、ルツーリは自宅拘束、ソブクウェは禁固三年の判決を受けた。

この事件に続いて、解放運動は、大衆動員があったとはいえ中産階級中心で非暴力主義から、レジスタンス化、革命化、暴力化、国際化に転換することになった。これに対して、政府側は植民地支配の緩和をはかるどころか、アフリカ人政党の禁止、指導者の逮捕、警察活動の強化、新しい法律の導入であくまで強硬路線であった。

一九六〇年一二月にアパルトヘイトの平和的シンボルとしてノーベル平和賞を受賞したルツーリですらアパルトヘイトへの武装抵抗を受け入れたように、ＡＮＣは「民族の槍（Umkhonto We Sizwe）」、ＰＡＣは「ポコ（Poqo）」と呼ばれる軍事部門をサボタージュ攻撃の地下部隊として組織することになった。ＡＮＣでは、頭角を現わしていたネルソン・マンデラが、ゲリラの訓練施設を求めてアルジェリアを秘密の内に訪問した後、地下にもぐったが、一九六二年八月五日に逮捕された。また、民族の槍とポコの両組織とも相次ぐ幹部の逮捕で大打撃を受けることになり、一応政府側は勝利したように見えた。

とはいえ、これは、所詮、アマ対プロの戦いであり、ＡＮＣのオリバー・タンボは海外で組織の建て直しにかかり、アルジェリアとタンザニアには軍事訓練キャンプを持った。この動きを支援するように、一九六二年一一月六日に国連総会は南アフリカとの外交関係の破棄、生産品のボイコットと輸出の禁止、船舶・航空機の施設の使用禁止を加盟に求める決議を行なった。また、一九六三年に発足した「アフリカ統一機構（ＯＡＵ）」も、アフリカ人ナショナリストの支援を決議した。

しばらくは政府側の圧力に押され、低迷を続けた黒人解放運動であったが、激しくなる隣国のローデシア、ナミビアの解放闘争同様に、一九七〇年代に入って活発化させた。行詰りを打開するように「黒人意識運動」が生じた。この運動は、これまでの解放運動に積極的に関係していた者達ではなく、アパルトヘイトの政策の中で、黒人の自己認識を求める者達によって、教育、文化、福祉、労働条件などの一般的社会問題と結びつき、大衆化した運動であった。このため、宗教界、学生運動が組織を下支えしたため堅固であった。一九七六年には、アンゴラ独立内戦の南アフリカの軍事介入の失敗が明白となり、黒人の間には我々でも白人に勝てるとの気分が生じていた。

そんな中、政府が学校の授業にボーア人の言葉「アフリカーンス語」の導入を決めたのを契機として「ソウェト蜂起」が生じた。一九七六年六月一六日、「ソウェト学生代表会議」によって集められた一万二〇〇〇人がアフリカーンス語の導入に反対して、警察隊と対峙し、デモ隊が投石を始め、警官隊は催涙ガスで応戦し、威嚇射撃の後、デモ隊への発砲が生じ、二人の白人を含んで数人が死亡した。衝突は各地に広がり、六月二六日に政府はアフリカーンス語の導入を撤回したが、一九七七年に入っても混乱は続き、九月には「黒人意識運動」の指導者スティーブ・ビコが拘留中に拷問で死亡した。一〇月に政府は黒人意識運動関連の組織の活動を禁止し、これによって指導者の多くは亡命の道を選び、彼らの大部分はANCに結びついた。ソウェトの反乱を契機に、ANCのテロ活動が都市、交通機関、警官に対して活発化した。南アフリカは、国の内外で全面戦争の道を歩まなければならなくなって行った。

南アフリカ政府は、このような状況の中で、ソ連がキューバ兵を使ってANCを支援してゲリラ攻撃を行なわせる「トータル・オンスロート（全面猛攻撃）」に目下国家はあり、ANCの破壊活動は「低度の内戦」状況にあり、ANC内の「南アフリカ共産党（SACP）」の影響力を大きく考え、反共主義の立場で、「トータル・ストラテジー（総力戦略）」をもって対応すべく、一九七八年に就任したピーター・ボタ首相兼国防相の下、防衛力の再編と強化に向け、軍国主義化して行くことになった。

一九八〇年四月一八日、南アフリカの北の防衛線のローデシアが黒人支配による「ジンバブエ共和国」として独立し、防衛線が六〇〇キロメートル下がり、ボタはフロントライン諸国の圧力を弱めるため、その周辺では際立った軍事力と経済力を持って「地域不安定化戦略」を進めるとともに、ローデシア同様に、国内では、国民党の言わゆる穏健派の支持を基盤に、あくまで白人支配が主体であるが、一定の範囲内での和解をもって改革を進めようとする路線を展開する「国内解決」の道を歩もうとした。

そのため、プレトリアは、アンゴラではジョナス・サビンビ議長の率いる「アンゴラ全面独立民族同盟（ＵＮＩＴＡ）」を、モザンビークではローデシアより受け継いだ「モザンビーク民族抵抗運動（ＲＥＮＡＭＯ）」を支援するとともに、南部アフリカのＡＮＣ海外拠点を急襲し、経済的な圧力を同時に仕掛け、相互不可侵条約を締結することで、パックス・サウスアフリカーナを築こうとした。

一九八〇年六月に「南アフリカ石炭・石油・ガス公社（ＳＡＳＯＬ）」のＡＮＣの爆弾テロ事件が生じた。政府にとって重要燃料施設への攻撃は大きなショックであり、以後領域外への「先制攻撃」の導入をためらわなかった。当時、モザンビークでは四〇〇〇人、ジンバブエでは五〇〇〇人のＡＮＣゲリラが訓練中と言われ、テロに対してのプレトリアの危機感を増大させた。

一九八四年三月、南アフリカはモザンビークと相互不可侵を定めた「ヌコマティ条約」に調印し、ＡＮＣをモザンビークから追い出すのに成功し、地域不安定化戦略に一応の成功を収めることができ、ナミビア問題にはアンゴラ領内のキューバ兵とナミビアの多数支配による独立を関連づけた「リンケージ戦略」を展開していた。

対外的に時間を稼ぐ一方、ピーター・ボタ政権は、白人の主権を失なうことなく、国内の改革に乗り出していた。一九八二年に出された新憲法草案では、対決よりむしろ同一視できるカラードとインド系グループを引き入れる「コンソシエーショナル・デモクラシー」の考えがなされ、不適格者とされる黒人多数派とは一線を引いた。とはいえ、あくまで白人の主権を守るため「人種別議会」（白人、カラード、インド系の三議会）で意見が対立した場合は、「大統領評議会」（全六〇名の内、白人二〇名、大統領任名二五名で、白人の主張が認められる仕組）が最終決定を下すことになった。

また、新憲法によって、一九八四年九月一四日、南アフリカは大統領が従来の形式的な元首の地位から、アメリカ大統領のような行政権の長と元首を兼ねる最高権力者となり、首相のピーター・ボタが就任したが、三人種体制から疎外された黒人は各地で暴動を起し、黒人労働組合はストライキに入った。また、この時期旱魃《かんばつ》とインフレが黒人の生活に追い打ちをかけていた。非暴力のアパルトヘイトの指導者デズモンド・ツツ師がノーベル平和賞の受賞のニュースもあったが、この暴動に対応すべく、一〇月に警察隊を支援するために南アフリカ国防軍の地区導入を決めた。

この黒人にとっての弾圧強化の流れの中で、大衆は再びANCに注目し始め、一九八五年六月、ANCはザンビアで、これまで避けてきた一般市民も標的とする「人民戦争戦略」を宣言していた。一月には、ボタが国家反逆罪で終身刑を受けているマンデラの釈放を、無条件の武装闘争の放棄と引き替えに提案したが、拒否されたように、ANCは秩序破壊が解放につながるものであり、政府は治安さえ維持できれば総ては後からついてくると考えていた。

同年七月のボタ大統領の二五年ぶりの三六行政区への非常事態宣言も、白人政権の崩壊の印象を払拭するため出されたものであったが、逆に国際世論の反発を強め、西側への経済制裁の圧力となった。ANCのテロ活動に業を煮やしたプレトリアは、一九八五年五月一九日に、ボツワナ、ザンビア、ジンバブエの三国同時攻撃を行なったが、国内の状況は双方とも決定打のないまま行き詰まりを見せていた。一九八七年の総選挙に勝利したボタの姿勢は変らず、治安の維持でビジネス界に安心を与えることに終始した。また、この選挙では、危機感を持つ白人票を得た極右の「保守党（CP）」が勢力を延ばしていた。ボタの努力にもかかわらず、一九八六年にアメリカ、ECの合意した経済制裁は、一九八七年には北ヨーロッパにも拡大し、多くの企業が南アフリカを去っていた。

ＡＮＣは武装闘争の拡大を宣言する一方で、アフリカーナーの穏健知識人とダカールで接触を持ったが、国内でのテロ活動は続き、これまでの南アフリカ軍の報復の越境攻撃も続いた。とはいえ、この頃には、アンゴラ、ナミビア、モザンビークとも和平に向けて動いており、戦闘行為は続きはしたが、プレトリアの問題としては問題は少なくなって来ており、地域不安定化戦略は終り、国内問題に全力を上げなければならなくなっていた。南アフリカの非常事態は延長されたままであり、治安は悪化の一途をたどり、ロベン島に終身刑で服役しているＡＮＣのカリスマ・ネルソン・マンデラの釈放問題を解決しなければならなくなっていた。

政府は、六人の黒人死刑囚の減刑、ＰＡＣ議長ゼバニア・モトペニング、ＡＮＣの活動家ハリー・ダワラの釈放を行なってはみたが、もはやこの程度の譲歩で事態が収まるわけはなかった。一九八九年六月、非常事態がさらに延長され、脳卒中で倒れたボタに代って、新大統領となったフレデリク・デクラークは、疲弊する一方の国状の中で、黒人との対話路線を進めるしか道はなかった。一九九〇年二月二日、デクラーク大統領は、マンデラを含む政治犯の釈放、ＡＮＣの合法化、政治活動の禁止の解除など大胆な改革の実行を行ない、四月にはＡＮＣの副議長となったマンデラとデクラークの間で、新憲法制定への予備交渉が始まり、八月にはＡＮＣの「民族の槍」が武力闘争を中止した。

一九九一年二月、アパルトヘイト政策の中心を構成した三法「人種登録法」、「土地法」そして「集団地域法」の廃止をデクラークは宣言し、七月二日にＡＮＣ議長にネルソン・マンデラが就任した。同じ七月、デクラーク大統領は、ボタ前大統領の両腕を務め、地域不安定化戦略と人種差別政策を支えていた国防相と法・秩序相を更迭し、暫定政府樹立への道を開いた。一九九四年四月二六日、南アフリカ史上初めての全人種参加の制憲議会選挙が行なわれ、ＡＮＣは四〇〇議席中二五二議席を獲得し、三分の二の絶対多数の獲得には至らなかったが、ネルソン・マンデラが大統領に就任した。これまで与党であった国民党は八二議席を獲得して、デクラークは第二副大統領に就任して、国家を再建するため多人種内閣を、ローデシア同様に南アフリカも組織することで、白人の持つ経済力、行政能力、国際的信用を失なうことのないように、まずは気配りをし、従来のＡＮＣの多人種国家の主張を立証して見せた。（南アフリカおよび南部アフリカの独立への詳細は、著者の『南アフリカ独立戦争史』（叢文社刊）を見ていただきたい）

三四二年間も植民地支配が続き、しかも白人人口が黒人人口の約四分の一の五九八万人を占めるようになると一つの民族（部族）として考えなければならなくなる。

したがって、植民地支配の歪みを、単に元に戻す方法で直すと言うことは不可能になって来た。歪められた部分から、白人の独占を取り除く方法で、黒人のあらゆる分野への進出でしか、もはや植民地の歪みは正されないのが南アフリカの実際であろう。よって、植民地支配の歪みを直すには多人種国家の方が有利な場合が生じているとも言える。

一方、南アフリカのような多人種国家としてではなく、アフリカ人国家として独立した国々には、白人支配が去った後の植民地の歪みを、権力の空白として受け取り、権力闘争、部族闘争の中で独裁をめざすことで、植民地支配の歪みに乗ずることで、新しい内戦を生むものが出てきた。

第四部　旧くて新しい内戦

第一章　大虐殺からジェノサイド

一、コルウェジの反乱

アフリカ大陸最後の植民地、南アフリカにて、一九九四年五月一〇日、ネルソン・マンデラが大統領に就任し、白人少数派の植民地支配は終り、黒人多数派の支配国家が誕生したが、これまでのアフリカの独立国家同様に、植民地政策によって作られた歪みの総てを解消するものではなかった。

植民地政策上の御都合主義で作り上げられた組織は、全く意外な形で、部族主義、地方主義の従来の結びつきを維持することで、主要部族の独裁的指導者による多数派部族支配の国家の中にて、反対する勢力を得、民主的でない政府の上に、少数派にて選挙で勝てないジレンマの中で、植民地政策で生じた歪みを維持する形となった。とはいえ、国際社会の民主主義的な世界から縁遠くなるとしても、それぞれの独裁的、部族的支配が植民地支配前の姿であるとすれば、ヨーロッパ諸国によって分割された現在の国境内に、その支配を及ぼそうとすれば、部族的、地域的対立を見せるのは当然の結果であり、またこの状況を悪化させる国際的条件も整っていた。

ケネディ大統領は就任早早の一九六一年四月のキューバ侵攻作戦「ピッグス湾事件」の失敗にもか

かわらず、同年八月の「ベルリン危機」と一九六三年一〇月の「キューバ・ミサイル危機」において断固たるアメリカの態度を見せることにより、ソ連のフルシチョフ政権は国際政治のイニシアチブをとることに失敗した。以後、ソ連は、アフリカの主要な宗主国のフランスとイギリスの一九五六年の「スエズ動乱（第二次中東戦争）」以来の勢力の後退の中で、軍事的圧力をアジア、中南米、そしてアフリカの民族解放闘争の支援に、米・ソの冷戦構造の中で、その国際政策を移した。特に、ソ連は、イスラエルが最終的に勝利を収めはしたが、一九七三年の「ヨムキープル戦争（第四次中東戦争）」以後、ベトナムの敗北に苦しむアメリカを尻目に、「赤いグルカ兵」と言われるキューバ兵を使って、アフリカでの勢力の拡大に努めた。

そうして、この冷戦構造の中、ソ連のアフリカでの勢力拡大の全盛期に、旧くて新しい内乱が、一九六〇年以来の幾多の内乱を経て、この一三年間、独裁的指導者モブツ・セセ・セコ大統領の下にあったザイールで生じた。

一九七七年三月七日、「コンゴ解放民族戦線（FNLC）」と称する反政府勢力約二〇〇〇人の兵力が、アンゴラ国境からザイール領内のシャバ州（旧カタンガ州）に侵入し、数日の内にベンゲラ鉄道沿いに南部の主要都市ディロロ、カサジ、ムチャチャを奪取し、三月末にはザイール最大の資金源である鉱山都市のコルウェジに迫った。コルウェジにはザイールの国営企業ではあるが実質はヨーロッパ人が運営する「ジェカミン鉱業会社（旧ユニオンミニエール）」があり、ザイールの銅の半分以上を生産していた。また、経済政策の失敗を続けるモブツにとって、シャバ州のコントロールを失なえば、他州にも反乱が拡大する危険が常にあった。

日中はジャングルに潜み、夜間に政府軍の配備をすり抜けて背後から攻撃を仕掛ける巧みなゲリラ戦術で、現地政府軍の指令部のあるムチャチャを占領したFNLCは、一九六〇年の第一次コンゴ動乱でカタンガ州のモイゼ・チョンベの下に設立され、独立には失敗したが、一九六四年の第二次コンゴ動乱（シンバの反乱）でコンゴを赤化から救っていた「カタンガ憲兵隊」の生き残りであった。

カタンガ憲兵隊は、一九六六年と一九六七年にヨーロッパ人傭兵と共に反モブツの反乱に参加したが失敗し、モブツの虐待を避けるため、ポルトガル植民地であった隣国のアンゴラに逃がれていた。その後、カタンガ兵は、アンゴラ解放の武装組織と戦うため、ポルトガルの秘密警察によって雇われた。しかし、一九七四年四月二五日のポルトガル左翼革命によって、その支援者を失なったカタンガ兵は、植民地政府の首席事務官に、共産主義者のアゴスチニョ・ネトの率いる「アンゴラ解放人民運動（MPLA）」に従わなければ、モブツに引き渡すと脅された。カタンガ兵は米ソ対立の冷戦構造の最中、生き残るためにはアメリカ、中国、西側諸国の支援する「アンゴラ民族解放戦線（FNLA）」と、「アンゴラ全面独立民族同盟（UNITA）」と戦うしか、道はなかった。また、チョンベは空中誘拐された後、一九六九年六月二九日に捕われの身のまま亡くなっていたが、カタンガ兵は、反乱の失敗後に身の安全を保障され降伏や帰国した多くの者が、モブツの政府軍によって虐待を受け殺害されており、恨みを持つモブツの支援するFNLAやUNITAを攻撃することにためらいはなかった。

一九七五年一一月一一日には、独立内戦に勝利したMPLAは、「アンゴラ人民共和国」を樹立し、ネトが初代大統領に就任することになり、カタンガ兵は安住の地を得ることになった。とはいえ、同時に、植民地支配の歪みから生まれたカタンガ憲兵隊は、解消されることなく、時の勢力によって新しい内戦に安価な武器と報酬で組み込まれることになった。一方、敗北したＦＮＬＡを支援していたモブツは、一九七六年二月二八日にＭＰＬＡのアンゴラ人民共和国を承認し、両国の関係は安定すると思われたが、冷戦構造の中、植民地政策の歪みの象徴とも言えるカタンガ兵が、何の利もなくアンゴラで暮せるわけはなかった。

植民地政策の解放は、彼らに新しい西側からの植民地支配からの解放と言う任務をソ連によって与えられた。こうして、カタンガ兵は、ソ連製の武器と装備を受け、キューバ兵に訓練され、左派の白人ポルトガル人傭兵に率いられ、ナタニエル・ムブンバ将軍を司令官とするコンゴ解放民族戦線（ＦＮＬＣ）として、モブツの新植民地主義と専制支配の打倒を謳って、シャバ州に侵攻することになった。ＦＮＬＣでは、将校と下士官は経験のある元カタンガ憲兵隊員が当り、兵士は一年ほど前からシャバ州内の同族のルンダ族から秘密で集められていた。

モブツは、最重要拠点のコルウェジに迫るＦＮＬＣ軍に対処するため、友好国に軍事支援を求めた。モブツの要請に、旧スペイン領西サハラで同じく左翼ゲリラ組織「ポリサリオ（ＰＯＬＩＳＡＲＩＯ）」と戦っていたモロッコ国王ハッサン二世は、第一陣一五〇〇人の兵士と増派の一五〇〇人の派遣を約束し、フランスはモロッコ軍を空輸するためトランザールC-160輸送機と軍事顧問を提供した。また、隣国のスーダンのヌメイリ大統領がモブツへの支援を約束したため、対抗する必要からエジプトのアンワ・サダト大統領も支援の態度を見せ空軍のパイロットと整備要員を派遣した。

アンゴラの敗北から兵力の投入を避けたがる西側傾向の中で、アメリカは食糧、無線装置、航空機の部品など一三〇〇万ドルを提供したが、武器・弾薬の提供は拒否し、カーター政権はナイジェリアの仲裁に期待を見せ、武器の提供は旧宗主国のベルギーが行なった。

四月一〇日までにシャバ州に入ったモロッコ軍は、コルウェジの相変らず強い敵には弱い四〇〇〇人の政府軍を支援して、四月二一日に総反撃を開始した。四月二六日、政府側はコルウェジの西方約五〇マイルのムチャチャを奪回し、カサジ、ディロロと奪回作戦を続けた。五月二六日、FNLCの最後の拠点カバンガを奪回して、アンゴラ領内に侵略者を追い払った。このように第一次シャバ紛争はモブツ政権の勝利の内に終ったが、フランスは、元宗主国のベルギーの支援の手間どる中、モロッコ軍を前面に押し出し、アフリカ人によるアフリカ問題の解決のポーズをとると共に、その後のザイール政府に深くかかわる糸口を持った。

燃料と弾薬の不足状況にある上に、逃げ腰のコンゴ政府軍の守るシャバ州に急襲をかけながら手間取り、短期の制圧を行なえず、アンゴラの反省から西側の支援の集まる中で、敗退したFNLCは、これで役目を終えることなく、地政学的にもアフリカ中央部にその地位を確保したいソ連の先兵として綿密な計画の下に再編されることになった。米ソの冷戦構造の中での代理戦争の状況においては、植民地政策の歪みでも、利用できるものは組み込むことで、過去がいかなる存在であろうと、独裁者からの解放を謳い文句に、新しいものに生まれかわらすことができ、自由主義陣営であろうと共産主義陣営であろうとカタンガ兵にはその目的の達成のため、歪みの産物として生きる以上、背後を選ぶ自由も必要もなかった。

撃退され、アンゴラ領内に戻ったFNLC軍は、再びキューバ兵と現場で部隊の指揮をとる白人ポルトガル人によって再編され、次の侵攻作戦のための準備を始めた。一九七八年に入るとFNLC軍は、ザイール領内で地雷攻撃をし始め、シャバ州への圧力は強まってはいたが、コルウェジにいる鉱山関係者やその家族など二二五〇人ほどのヨーロッパ人（ベルギー人一七〇〇人、フランス人四〇〇人、アメリカ人一〇〇人など）には、前年にはコルウェジ占領が阻止されたこともあって、一九六四年のシンバの反乱に見られたスタンレービルの悲劇のような状況になろうとは夢にも考えられていなかった。

一九七八年五月一一日、キューバ兵と白人ポルトガル人に指揮され、再生されたＦＮＬＣ軍は、兵力三五〇〇人を投じて、「オペレーション・ダブ（ハト作戦）」を開始した。三五〇〇人の反乱軍は、アンゴラ領内のカメイア国立公園の訓練基地から一度ザンビア領内のムウィニルンガに入り、そこから無警戒のザイール国境を二隊に分かれて越え、一隊の一五〇〇人は鉄道の要所ムチャチャ、そして残りの二〇〇〇人の一隊はコルウェジを急襲した。国境までキューバ兵のコンボイにて輸送された兵士達は、民間人の服装をして、ザイール政府軍を迂回して、夜間にコルウェジを包囲していた。

五月一三日の夜明けに急襲を受けたコルウェジでは、三〇〇人ほどいた政府軍はパニック状態に陥り、いつものように我先に逃走して、町はすぐに陥落し、ＦＮＬＡ軍司令官ナタニエル・ムブンバ将軍は前年同様にモブツ政権の打倒がその目的であると公言した。

反乱軍は、町を制圧すると共に、かつてのスタンレービルのように白人狩を始め、前年モブツを支援したフランス人とベルギー人の生命が危険な状況に陥った。このような、反乱軍のすみやかな行動は、急襲の前にすでに鉱山労働者として案内と撹乱《かくらん》工作のため送り込まれている者の助けがあった。また、町の支配を確立した反乱軍は、同族のルンダ族の若者を募兵して銃を与えて軍事訓練を始めた。

反乱軍はＡＫ—47突撃銃やＲＰＧロケット砲を手に侵入していたが、重火器や多量の弾薬は秘密裡にコルウェジに運び込まれていた。

実に、手際よく訓練された反乱軍であったが、規律の維持は長くは続かなかった。町を一度手中に収めた彼らは、アフリカの軍隊でよく見られるように、特にコンゴの反乱でみられたように、酒を手にした時に崩れた。酔った反乱軍は、商店を略奪し、ヨーロッパ人から金品を奪い、シンバの反乱でも見られたような不具にする残虐行為やレイプを始めた。ＦＮＬＣの作戦では、ヨーロッパ人は新政府のため従来通り働いてもらうつもりであったが、実態は、白人も黒人もテロと虐待の恐怖の中に人質として閉じ込められた。

事件の発生にあわてたモブツは、フランス大統領ヴァレリー・ディスカール・デスタンに電話をかけ、即時の直接的軍事介入を求めた。五月一七日、ディスカール・デスタンは、ヨーロッパ人の危機の切迫する中、コルシカ島のバスチアに駐屯する第2外人空挺連隊に待機を命じ、ＮＡＴＯ軍司令官アレクサンダー・ヘイグ将軍に足の長いＤＣ-8の提供を求めた。部隊はコルシカを飛び立ち、地中海を渡り、アフリカ大陸に入り、リビア、チャド、中央アフリカと横断して、ザイールの首都キンシャサに着陸し、元宗主国のベルギー政府の同時軍事介入の希望にいらだたされたが、人命尊重のためフランス軍のみで見切り発射し、「オペレーション・レオパール（豹作戦）」が開始された。

五月一九日、午後四時、第一波の外人部隊四五〇人がコルウェジに降下し、有効な対空火器を持たなかった反乱軍の掃討を始めた。翌日には、第二波の外人部隊二五〇人が降下し、ベルギー軍部隊一〇〇〇人も飛来した。

キューバ兵がザイール領内には入ってなかったため、すぐに指揮を欠いた反乱軍は、ヨーロッパ人人質（六〇人と言われる）やアフリカ人人質（特に次の兵士に育てる一二才以下の子供）を連れ、手当りしだいに戦利品を車に積み込み逃げ出し始め、アフリカではよく見られる撤退風景を作った。

アメリカは、アイダホの電力供給ラインの建設会社のアメリカ人六〇人をヘリコプターとトラックで避難させたこともあって、本土のフォート・ブラッグで第82空挺師団が待機したがザイールに飛ぶことはなく、空軍の輸送機がフランス軍とベルギー軍の補給品と燃料を運んだ。

反乱軍の掃討は手際よく行なわれたが、スタンレービルでの救出作戦と同様に、降下直後、ゴーストタウン化した町のゲスト・ハウスでヨーロッパ人の男女と子供の三四人が銃の乱射によって虐殺されていた。

五月二八日から六月八日の間に、モロッコ軍を主力としてセネガル、中央アフリカなどアフリカの多国籍軍二七五〇人がシャバ州に入り、五人の死者と負傷者二〇人を出したフランス軍は六月一五日までに撤退した。

第二次シャバ紛争も、こうして、再びFNLC軍が撃退され、シャバ州は平穏に戻ったが、逆に政府軍によっての反乱に味方したルンダ族への報復が心配され、ザンビアに逃げ出すルンダ族の集団があった。支配を取り戻した政府軍兵士は、反乱軍の協力者と疑う者には無差別に逮捕して残虐行為を行なったため、モロッコ軍はなんとも政府軍兵士の行動を見張る治安活動を行なわねばならず、ザイールの破綻の経済状態と同様に、兵士の規律のなさは改められることもなかった。ヨーロッパ人一三一人とアフリカ人五八九人の死者の被害を出したが、ザイールの外貨の三分の二を稼ぎ出し、世界的戦略物資のコバルトの約九〇パーセントを生産するコルウェジは、ヨーロッパ人の大部分は一時的に離れることになったが、鉱山は給料を保障され、施設は破壊をまぬがれたこともあって、まもなく動き始めた。

アンゴラの支援したＦＮＬＣの反乱は失敗し、ザイールは西側に残ったが、またしてもモブツの無能ぶりを示した。経済的には国有化を推進させる一九七五年からの経済の「ザイール化」の早早の失敗に、年間一三〇億ドルの歳入の大部分を支える銅価格の下落が悪化に拍車をかけ、年率七〇パーセントのインフレ率と高い失業率をもたらし、さらに自己のリベートのみ追求し、農業までも破壊する悪循環が続いた。その後も、ザイール国内には反乱の予想される状態が続き、はてしない武力鎮圧が続くことも予想された。

とはいえ、米ソの冷戦構造の中で地政学上の重要拠点では、アンゴラ独立内戦でのアメリカ・西側諸国の敗北以来、共産主義勢力のアフリカでの拡大に対しては、同じく武力的支援を持って望むしかなかった。フランス外相ルイ・ド・ギランゴーが述べたように「危険を犯すことなく、世界の役割を果たすことは誰にもできない」のであった。

この時、クレムリンにアフリカで親ソ派解放組織を政権につかせる約束をしていたキューバのフィデル・カストロ首相は、ベトナム戦争で弱体化したアメリカに対抗するように、ソ連とワルシャワ条約機構の公然の直接の軍事介入のできない状況の中、ソ連からミグ21、ミグ23ジェット戦闘機、T-55戦車など大量の補充を受けて、代理戦争の先兵として「国際主義的任務」としてアフリカに介入していた。

アフリカ大陸には、キューバ兵が、リビアに二〇〇人、ギニア・ビサウに一五〇人、ギニアに五〇〇人、エチオピアに一万七〇〇〇人、ザイールに隣接するコンゴ（ブラザビル）に六〇〇人、アンゴラに二万人、ザンビアに二七〇人、ウガンダに六〇人、タンザニアに一〇〇〇人が駐在しており、他にアルジェリア、ケープ・ベルデ、シエラレオネ、ベニン、サントーメ、赤道ギニアでも少数であるがその存在が確認されていた。さらに、ザイールを奪取すれば、南部アフリカと北部アフリカを二分する丁度アフリカ大陸のど真中に、大西洋とインド洋を結ぶ大きな足場を持ち、特に西部アフリカのフランス語圏は包囲される形になるのであった。一九六五年のチェ・ゲバラのシンバの反乱に介入したキューバ危機後の状況とは異なり、明らかにソ連はアフリカでも軍事的に優位にあった。

コルウェジの反乱は、もちろん植民地政策の歪みの持続から生まれた地域的利益の所有を部族的分離主義者が、イデオロギー的強い主張をともなわなかったため、冷戦構造の中で、西側から東側への権力奪取のための衣替えを、ソ連からの大量で安価な武器の供給に従来の残虐性をもって答えることになった。モブツにしても植民地政策の歪みより生じた産物であり、アフリカの国々の他の指導者同様、出身部族を中心とした独裁制を強化することで、歪みを持続させる方法を選んだため、歪みを一層大きくし、西側の支援強化で残虐性を増すことになった。そして、二度のコルウェジの反乱後も、モブツにおいては同じ歪みを持ち続ける限り、来たる結果を待つしかなかった。また、植民地政策上に生じた歪みが、独立後の民主主義制度の導入によって解消されたと思われる国では、植民地以前のアフリカの歪みが、旧くて新しい内戦とも言える新しい内戦の根拠となる国が生まれた。

二、ブルンジの大虐殺

一般市民への虐殺的傾向を持つ内乱を起したのは、ザイール（コンゴ）ばかりではなかった。同じく、ベルギー植民地であった隣国のブルンジにおいては、面積においてはるかに小国であったが、その被害は目を被うものがあった。植民地支配が終り、その歪みを取り除く中で、現状は植民地の歪みの解放を通り越し、新しい事態に入っていた。

ブルンジは、その面積が二万七八三四平方キロメートル、北海道の面積の三分の一にすぎない小国であるが、その人口は一九八六年の国連推定で四八五万人と、人口密度はアフリカでも最高の高さを持つ。ブジュンブラを首都とするこの国は、北には同様の国情を持つルワンダ、東と南にはタンザニア、そしてタンガニーカ湖を挾んで西にザイールと国境を接しており、赤道型気候のため降水量は多いが、人口過剰のため森林破壊と土壌侵食による被害も大きかった。

ブルンジの地に最も早く定住していたのは、現在では全人口の一パーセント以下の比率しか占めないピグミー系のトワ族であり、狩猟採集による自給自足経済を営んでいた。七世紀から一〇世紀にかけて、コンゴ盆地より、現在その人口の八五パーセントを占めるバンツー系の農耕部族のフツ族が移り住み、定住して農業を営んだ。その後、現在一四パーセントの人口を持つナイル系の遊牧民のツチ族が一五世紀に入ると南下をし始め、同世紀末には先住の多数派のフツ族への支配を固め、「ブルンジ王国」が形成された。

そして、この王国は、東にタンザニアを抜けてインド洋岸のダルエスサラームまで一二〇〇キロメートル、逆に西にザイールを抜けて大西洋岸まで二〇〇〇キロメートルを越える内陸国であったため、バナナ、コーン、ポテト、マニオクなどの農作物はもたらされたが、政治的には長く安定した封建社会状況にあった。また、その近づきがたさから奴隷貿易の被害はまぬがれたが、男は常に槍を持ち、奴隷商人を撃退する軍事組織を持って、その伝統的残忍性を身につけて行くことにもなった。ちなみに、ブジュンブラには、一八七一年にヘンリー・スタンリーとディビッド・リビングストンが訪れている。

王は創造の神（イマナ）の直系で、天より降臨したとされ、神の力を持ち、統一のシンボル的存在であった。そして実際に国を治めたのは、王に忠誠を誓う貴族、与えられた権威によって丘を支配し、責任をとる土地の首長と牛の首長であった。貴族の子弟が戦士集団を形造り、さらに下にフツ族の農奴的平民層を持つことで、入念につくられた封建制度、言わばカースト制がブルンジに支配の歪みを生じさせることになった。さらに、ツチ族とフツ族との雑婚が、その主従関係をややこしくした。

一七世紀の終りから一八世紀の初めにかけて、現在のブルンジの領土的基盤ができ上った。一八八四年末から一八八五年初めに開かれた植民地分割会議、「ベルリン会議」にて、この地は隣国のルワンダ同様にドイツの勢力下に入り、一八九三年、ブルンジ王ムウェジ・ギサボはドイツの保護領になることに合意した。ドイツ植民地政府は、ツチ族とフツ族の支配関係を利用しての安価な間接統治を行ない「ドイツ領ルアンダ・ウルンジ」と称した。

第一次世界大戦（一九一四―一九一八年）が勃発すると、一九一六年にベルギー領コンゴからベルギー軍がブルンジとルワンダに侵攻して占領し、大戦終了後も占領を続け、一九二七年に国際連盟はこれらの地を委任統治領と定め、ベルギー政府による植民地支配が始まった。ベルギー植民地政府も、目立った資源もないこれらの地域では、ドイツ同様、ツチ族の支配層とカースト制度を用いての間接統治を変えることなく維持した。

また、ベルギーにとって、安価なブルンジの支配を支えるものが二つあった。一つは、ドイツ人同様に、ツチ族支配の根拠となる思考であり、ツチ族がハムの子孫であるとする考えであった。植民地支配時代の学術的権威者達は、鼻が高く、やせて長身のツチ族は、教養、平静さ、スマートさを持ち、選ばれたハムの子孫の者達であると定義づけた。そして一方、鼻が低く、ずんぐりして背の低い特徴のフツ族と区別して、ヨーロッパ人に近いものとしてツチ族をエリート人種として優先する傾向が生まれた。この思考は、人類学者があらかじめ定義をつくり、原住民のあてはまるサンプルを集め、理論化したとの話しもあるが、ヨーロッパ人一般には広く受け入れられ、植民地支配の間に、元来の広く根づく歪みをさらに、間接的統治の一端をになうものとして、一段強化することになった。

ヨーロッパ人の植民地支配に大きく影響を与えた安価な支配の利の二つめは、キリスト教の布教活動であった。ブルンジに初めてキリスト教が入ったのは、一八八一年の「ジャーマン・ホワイト・ファーザー・ミッショナリー」とされるが、ドイツが第一次世界大戦で敗北したこともあって、留まったのは短期間であった。ベルギーの植民地時代に入ると、教会関係者が多数ブルンジに入り、布教活動を行なった。大多数はカソリックであり、ブルンジはアフリカで最もカソリック化された国の一つとなった。カソリック教会は、ブルンジの教育と福祉に支配的な役割を演じることになったが、かえって、そのため、その時々の支配勢力と政治的関係を持つことにより、独立後は解消されたはずの植民地支配の歪みをややこしくすることになるのである。

第二次世界大戦(一九三九―一九四五年)中、連合軍に属したベルギーの支配は続き、戦後設立された国際連合では、一九四六年一二月にルアンダ・ウルンジはベルギーの委任統治領と認められ、国連の信託統治下に置かれることになり、実質上、ベルギーの植民地支配が続いた。王と首長、貴族のツチ族の支配と、それに従う平民層のフツ族の支配構造に変化はなかった。

しかし、戦後の民主化の動きもブルンジに押しよせた。一九五二年には地域評議会なるものができたため、王ムワンブツァ四世の皇太子のルワガソレが立憲君主制を主張して、一九五八年に「国民統一進歩党(UPRONA)」を組織し、一九六一年に国連管理の下で行なわれた立憲議会選挙に望んだ。選挙では、UPRONAが共和制をめざす「民主キリスト教党(PDC)」に圧勝して、プリンス・ルワガソレが首相に就任し、同年一二月にはベルギーより自治領となり、ベルギー軍の撤退を求めた。

ブルンジは、一九六二年七月一日に独立を達成した。国連は、ルアンダ・ウルンジの単一国家としての独立を求めたが、ブルンジの反対で、ルワンダは共和国として、ブルンジは王国として独立することになっていた。このため、ブルンジは王室体制の下での民主化を進めることになったが、少数の支配層ツチ族と多数派のフツ族の対立は避けることができず、このデリケートな政治は、かえって暗殺の連続から大虐殺を招くことになった。

一九六五年一月、国王ムワンブツァは、人気のある左翼フツの政治家ピエール・エンゲンダドゥムウェをフツとツチのバランスを保つため首相に任命したが、アメリカ大使館で雇われていたルワンダ難民のツチ族の者に暗殺されてしまった。王は、しかたなく議会を解散して総選挙を行なった。実際に人口の多いフツ族が議席の三分の二を取って勝利したが、王は九月に新首相として首長としてよく知られるレオポルド・ビハを任命し、新しい政権に七人のフツ族の者が入閣したが、選挙結果が無視されたと考えるフツ族の不満は治まらなかった。

一九六五年一〇月一八日、フツ族の憲兵隊がクーデターを起し、司令官アントニー・セルクワバは権力の掌握を宣言した。クーデターは、ビハ首相に重傷を負わせたものの、ミッシェル・ミコンベロ大尉によって打倒されてしまった。この混乱の中で、国王ムワンブツァはザイールそしてスイスへと逃がれて帰国の様子を見せず、フツ族の憲兵隊は中央部のムランブヤ州で数百人のツチ族を殺害した。一方、フツ族のクーデター派の憲兵隊員は捕えられ銃殺された後も、政府側の報復は続き、フツ族の目立った政治活動家約一〇〇人を含む五〇〇〇人が殺害され、難民が海外に流れ、その後のツチ族とフツ族の対立から生じるパターンが、この時できあがっていた。

一九六六年九月、国王が帰国しないことが明らかになり、一九才の次男・皇太子チャールズ・ヌディゼイェがヌタレ五世として王位につき、全権を握った。一方、クーデター鎮圧で功があり、大佐に昇進していたミコンベロは、首相になることよりも、権力の掌握を狙って、王がキンシャサ公式訪問中の一一月二八日にクーデターを起し、王制を廃止して、共和国の樹立を宣言し、自ら大統領に就任して、ＵＰＲＯＮＡを唯一の政党とした。

ミコンベロの政策は、過去から断絶を望む市民の支持を受け、五人のフツ族の閣僚を入れ、また部族内派閥にも配慮して手配りを行なうなどしたが、しょせん人口の一四パーセントのツチ族が八五パーセントのフツ族の支持を得ることなど不可能であり、政策はすぐにツチ族の絶対化に向けて動くしかなかった。さらに、この動きには、隣国で同じ部族構成を持つルワンダの情勢が大きく影響していた。

ルワンダは、一九五九年に内戦が生じ、フツ族によるツチ族の大量虐殺が生じており、その後も大量虐殺は続き、ブルンジにも五万人以上のルワンダの同胞ツチ族が難民として逃れており、政府は同様な事態が国内で生じることを懸念していた。

一九六八年に、ブルンジ軍は、ベルギー軍の八人の軍事顧問を解任し、ツチ族の軍隊の組織強化を行なった。

一九六九年九月、予想したようにフツ族のクーデター計画が発覚し、政府はこれをツチ政府を固めるチャンスととらえ、現・元閣僚三人を含む三〇人余りの有名なフツ族の政治家を捕えて、二〇人を処刑した。北部のヌゴジ州では、政府による多くの報復が生じた。そして、ミコンベロには、首長の抑圧に対し、部族主義的すぎるとＵＰＲＯＮＡから過去の権力の完全な清算を迫られ、ツチ族の首長からも非難されることになった。

一九七一年の終りまでに、総てのフツ族の閣僚を辞職させ、ツチ族の貴族にも陰謀の罪で死刑判決を受ける者が出て、弾圧の下に政治的行き詰りを見せていた。

一九七二年四月二九日、ミコンベロ大統領が全閣僚を解任したのを合図とするように、同夜フツ族は首都のブジュンブラと、南部のブルリ州のタンガニーカ湖畔のルモンゲとヌヤンザラク、そして州都ブルリで反乱を起した。このフツ族の反乱には、タンザニアに亡命している者、またザイールにいたシンバの反乱の生き残りのムレレ主義者も参加していた。

四〇〇〇人から五〇〇〇人（政府側は一万人と主張）のフツ族の者が、ツチ族の無差別の大虐殺を始めた。首都ブジュンブラでの反乱は、すぐに政府軍によって撃退され、四月三〇日には戒厳令が出された、政府側は、軍隊を地方に派遣するため、ザイールのモブツ・セセ・セコ大統領より派遣された空挺隊を受け入れ首都の警備を固めた。

三〇〇〇人のツチ族が殺された後、軍と党ＵＰＲＯＮＡの若者（ＪＲＰ）による報復の虐殺が始まった。軍と若者達は、金を持つ者、教育のある者、すなわち文字が読めるだけで、フツ族の者を任意に逮捕して殺害した。フツ族の反乱中に最も残虐な被害を受けたブルリでは、その報復も大きかった。また、一九六一年の総選挙でＰＰＣを支持していた教会は、そのうらみを根に持つツチ族によって、報復の最中に被害を受けた。その被害は、プロテスタント教会に多く、聖職者の六〇パーセントを失なうまでになった。さらに、この報復の犠牲者はフツ族ばかりではなかった。人口過剰で利権争いの絶えない中で、ツチ族において今までの部族内の問題を解決するチャンスととらえ、どさくさまぎれに殺される者が続出した。八月に入っても殺人は続き、この反乱における総死者は八万から一〇万人と言われ、人口の五パーセントが何らかの被害を受けたとされた。また、別に一五万人が隣国のルワンダ、ザイール、タンザニアに難民として流出したと言われる。

国際連合も、西側世論も、まして「アフリカ統一機構（ＯＡＵ）」も大した関心をしめさなかったため、このブルンジの内乱は、「ジェノサイド」的傾向を見せ始めることになるのである。

混乱の最中、三月三〇日にウガンダのイディ・アミン大統領の専用機でブルンジに送り返されていた"売り渡されていた"ヌタレ五世は、生命の保障のミコンベロ大統領の約束にもかかわらず、ギテガでの自宅軟禁に置かれ、反乱当初に反乱側のせいにされ、殺害された。これで、ムワンブツァ王の二人の息子は殺害されることによって君主制の根の排除がうまくなされることになった。これで、植民地支配の六〇年と独立の一〇年間を通して残っていた植民地支配の歪みを払拭することが非民主的な方法によって遂げられたがため、歪みの解消を通り越して、一度に独裁的な政治による部族間の生存を賭けた全面対決の様子を見せることになった。

ミコンベロ政権は、一九七四年に憲法を新しくし、第二共和国体制を固めたが、一九七六年一一月一日には大統領の甥ジャン＝バプティステ・バガザ中佐による無血クーデターが生じた。ミコンベロは追放され、「最高革命評議会（CSR）」が設けられ、フツ族の閣僚も含められたが、あくまでツチ族の政府であった。一九七八年、UPRONAが再建され、CSRが解散して民政に戻り、一九八一年一一月には新憲法が九八・六パーセントの支持を得て公布され、社会主義の路線が決められた。一九八四年八月にはバガザは圧倒的支持で二番目の大統領に就任したが、社会主義路線を利用して絶対主義を固めるため、政治の敵として一九八五年頃から全面的にキリスト教会と対立を深めた。そして、それは、単に社会主義と宗教の関係以上のものを持った。

政府側は、一九六一年の選挙で、教会が勝利したUPRONAにつかなかった恨みを忘れていなかった。ブルンジでは、植民地時代、宗主国が、その支出を安価に押えたため、教育、福祉、衛生問題は布教活動をしている教会側に委ねられた。この恩恵を受けるため、住民は洗礼を受け、人口の七〇パーセントがキリスト教徒（カソリック六〇—六五パーセント、プロテスタント五—一〇パーセント、他にイスラム教徒が五パーセント）になっていた。また、これは同時に、従属的地位のフツ族には最高の利益をもたらしたことと、聖職者の多数派をヨーロッパ人が占めていたことが、逆に支配者である少数派のツチ族に常に懸念を持たらしていた。

政府側は、ヨーロッパ人聖職者へのビザの更新を中止して出国させるとともに、法律で宗教活動の範囲を制限し始めた。教会側からの公開質問状でさらに関係は悪化し、政府はこれまで教会が行なっていた初等教育、続いて中等教育を取り上げて行った。こうすることによって、政府側は、ツチ族の者に中等教育を受ける機会を独占した。また、公用語のフランス語教育を止め、三部族の言葉ルンジ語に一本化することで、仕事や情報・知識の幅を狭くして、多面におけるフツ族の進出をおさえていた。強権独裁を強めるバガザ政府は、外圧を排除して、国際的には孤立化の傾向にあって、この行き詰まりを打開するため、アフリカではお定まりのコースが同じく選ばれることになった。

一九八七年九月三日、バガザ大統領がフランス語圏首脳会議に出席のためカナダ訪問中に、ツチ族による軍事クーデターが生じた。政権を掌握したピエール・ブヨヤ少佐は、国家救済軍事委員会を設立し、議長兼国家元首に就任した。新政府では、いつものように多数派のフツ族を取り込むように、政治犯の釈放、キリスト教の弾圧を止め信仰の自由の尊重、民主化、両部族の平等の方針を出したが、あくまで少数派のツチ族の支配国家であることにかわりなかった。ザイール、タンザニア、そしてフツ族の支配するルワンダの多数の難民をかかえる状況の中では、一九七二年四月に生じたジェノサイド的部族の全面対決の再発の可能性があった。

ブヨヤ大統領がコンゴ（ブラザビル）の独立二五周年記念式典に参加するため首都を飛び去った一九八八年八月一四日の夕刻、ついに恐れていたことが再発した。ルワンダと国境を接する北部のキルンド州のヌテガで、ナタやオノを手にしたフツ族住民がツチ族住民を襲い始めた。ブルンジの出来事は、ザイールやビアフラの内戦のような部族より構成する軍隊の戦いの形でなく、またウガンダのような軍隊による対立する部族市民への攻撃でなく、一般市民による一般市民の襲撃であった。被害地域は南下し、四日目にはマランガラに拡大した。フツ族の者は、夜中、ツチ族の家を次々に襲い、新しい場所に移動したため、被害者はその襲来を予期できずに殺されることになった。ブルンジでは、同じ地区にフツとツチが一緒に住み、雑婚者も多く、地元の人間しか出身部族の区別がつかないため、事態は用意周到に計画されたものであった。ツチ族が主力のブルンジ政府軍は、四日目の八月一八日にマランガラに入り、反乱側の掃討を始めた。報復として、今度はフツ族の虐殺を始め、一九七二年と同じパターンを繰り返し始めた。五万人のフツ族が、カンヤル川の湿地帯を越えてルワンダに流れ込んだ。とはいえ、今回の事件は、殺戮の広がりは短期間で押えられ、軍の報復も三か月間続いた前回とは異なり六日間で終り、死者は総数で五〇〇〇人と言われた。

一九八八年一〇月に、ブヨヤは、ブルンジ首相に初めて多数派のフツ族出身者のアドリアン・シンボマナを任命し、閣僚をフツ族とツチ族の双方一二対一二の対等に分割し、フツ多数派の内閣を誕生させた。あらゆる機会に均等と公正さを表に出し、売り物とした。とはいえ、大統領の下の救国国民会議は軍事政権終了のための今までのパターンの繰り返しにすぎず、タンザニア、ルワンダ国境からのフツ族の反政府ゲリラの侵入は続いた。一九九二年三月、新憲法の国民投票で複数政党制が採用され、翌一九九三年六月には独立初の複数政党制選挙で、「ブルンジ民主戦線（ＦＲＯＤＥＢＵ）」のフツ族のメルシオール・ヌダダイエが、フツ族初の大統領に就任し、シルビー・キニギ女史を首相に任命して組閣を行なわせた。フツ族の支配に不満のツチ族の部隊が反乱を起し、ヌダダイエ大統領を殺害したが、軍部はキニギ政府を支持した。このためクーデターは失敗に終ったが、その後も部族抗争は続き五万人が殺害されることになる。

一九九四年一月一三日に就任したばかりのフツ族出身のシプリアン・ヌタリャミラ大統領が、四月六日に搭乗機が撃墜され、ルワンダのハビャリマナ大統領と共に殺害されたが、同じ多数派フツ族のシルベストゥル・ヌティバンツンガニャ外務協力相の大統領（一〇月まで代行）就任がすぐに決まり、政治的側面に変化はなかった。しかし、ブルンジは、政治は多数派フツ族、軍部は少数派のツチ族の支配するという変則的な状況のままであった。ツチ族は、止むことのない部族抗争のため、少数派がジェノサイドされないためにも軍を手中にする必要をさらに強められた。

両部族の表面的な人数配分の方法はあっても、憎しみに満ちて殺人が殺人を生む状況を、民主主義だけで解決できない現状に、ブルンジは陥った。

そして、ブルンジで培《つち》われた虐殺のジェノサイド的傾向は、同じくフツ族とツチ族の対立の止まぬ隣国ルワンダで、国際的文明化に反して、明白にジェノサイドとして定義づけられるまでに大きくなり、新たなアフリカの歪みとして、死体の山を築くことになった。

三、ルワンダのジェノサイド

ブルンジの内戦より生じた大虐殺は、ジェノサイド的傾向を生じていたが、第二次世界大戦後、五〇年以上も経過し、人命の尊重を訴える現代社会で、皮肉にも、社会文明に反して本格的なジェノサイドが、隣国のルワンダで準備されることになった。

「ジェノサイド」とは、ある国民、民族、人種、あるいは宗教集団を殺害し完全に破壊しようとする組織行為とされる。ゆえに、人類に対しての最大の犯罪であるとされ、ジェノサイドは、「集団殺害の罪の防止及び処罰に関する条約」、通称「ジェノサイド条約」として、第二次世界大戦の反省から、一九四八年に国連第三回総会で採択され、その行為は禁止されている。

二〇世紀中に、これまでジェノサイドと呼ばれるものは二回生じており、一つは第一次世界大戦中の一九一五年二月にトルコで生じていた。トルコ人は、オスマン主義（トルコ化政策）の下、アナトリア地方のアルメニア人の完全な根絶を組織的に行ない、一二〇万人のアルメニア人が姿を消し、ロシアやコンスタンチノープルに逃がれた者はわずかであった。そして、二つ目のジェノサイドは、一九四四年ドイツのナチスによって生じていた。一九三三年までにドイツ社会の中に解放されていたユダヤ人は、ナチスによってアウシュビッツのような死のキャンプで殺害された三〇〇万人を含んで五七〇万人が死亡したと推定された。このような大量殺戮がオスマン帝国やナチス・ドイツのような大国ではなく、小国ルワンダで生じたことは、アフリカの悲劇の中でも最たるものであった。

ブルンジとほぼ同面積二万六三三八平方キロメートル、人口で一四〇万人ほど多い六二五万人（一九八六年国連推定）を持つ内陸国のルワンダは、西にキブ湖をはさんでザイール、北は三〇〇〇メートルを越えるビルンガ山脈をはさんでウガンダと、東は高原地帯でタンザニアと、そして南はカゲラ川などの湿地帯をはさんでブルンジはそれぞれ国境を接している。気候は典型的な赤道気候であるが、一〇〇〇メートル以上の高度を持つため、平均気温は一八度C、年間降水量は九〇〇から一〇〇〇ミリで、居住に好ましく丘は千枚田のように耕されていた。

住民の構成は、前述のブルンジと類似しており、最初に定住した狩猟採集の自由経済のピグミー系のトワ族の地に、七から一〇世紀頃、農耕民のバンツー系のフツ族がコンゴ低地より移り住み、一五世紀頃にはナイロート系の遊牧民のツチ族が流れ込み、ツチ族がフツ族を支配するルワンダ王国が樹立されることになった。一九九四年推定で七五〇万人と言われる人口の比率も、ブルンジと同様に、八四パーセントをフツ族、一五パーセントをツチ族、一パーセントをトワ族が占めることで、ブルンジと同様の問題をルワンダも持つことになった。

ルワンダは、神（イマナ）の神託を受けたムワミと呼ばれる王に従う、土地、牛、軍事の三種の首長によって支配されていたが、王国の周辺には今だ幾つかのフツ族の公国も存在していた。

一八九九年に、ブルンジ同様、ルワンダはドイツ領となり、第一次世界大戦（一九一四―一九一八年）中の一九一六年に、同じくベルギーが軍事占領し、そのまま支配を続け、一九二三年にベルギーの国際連盟の委任統治領になった。この間、ドイツと同様に、長身でプロポーションがよく細く長い鼻を持つツチ族を、すぐれた部族と考えるベルギーによって、「ツチ化政策」が行なわれ、周辺のフツ族の公国もツチ化され併合されることで、ベルギーの植民地支配の歪みは、従来の支配者と被支配者の関係を一段と強めることになった。また、間接支配の強化をはかるベルギーは、王を傀儡化させるために介入し、一九三一年に大戦をドイツ側で戦いキリスト教に改宗をしなかったユヒ五世を退位させ、息子のムタラ三世を王位につけ、キリスト教への改宗を進めた。エリートになるための条件がキリスト教徒に改宗して教育を受けることにつながり、植民地支配から生じる歪みをさらに強めることになった。

第二次世界大戦（一九三九―一九四五年）後、ルワンダは国連信託統治領となり、ベルギーの植民地支配が続いたが、国際的な植民地解放の動きの中で、被支配者のフツ族の間でも解放への意識が高まって行った。一九五二年七月に地域審議会が設立されたが、それはツチ族のカースト制と温存する仕組となっており、フツ族の反発を抱いた。一九五四年に国連が調査に乗り出し、地方での直接選挙を勧告し、一九五六年にこの勧告に基く選挙が行なわれ、地域審議会に多くのフツ族の議員が進出した。これに対し、中央の最高審議会を間接選挙で占めるツチ族は、ベルギー政府に自治を求めた。これに対して、フツ族の九人の知識人は「フツ族宣言（Bahutu Manifesto）」を出し、ツチ族の封建支配を止め、民主化、平等化と中産階級の育成を求め、フツ族の政治意識を高めた。

一九五七年六月、グレゴワール・カイバンダによってフツ族の穏健な政党「フツ社会主義運動（MSM）」がつくられた。十一月には、南部ブタレ地域を基盤にフツ族の階級闘争を主張する強硬派の「大衆の社会向上協会（APROSOMA）」がジョセフ・ジテラによって創設され、王制と激しく対立した。ＭＳＭは、一九五九年一〇月に「フツ解放運動党（ＰＡＲＭＥＨＵＴＵ）」となり、北部と中部、ルヘンゲリとギタラマ地域に基盤を固めた。一方、ツチ族は、保守派が一九五八年八月に「ルワンダ民族連合（ＵＮＡＲ）」を、リベラル派は一九五九年九月に「ルワンダ民主連合（ＲＡＤＥＲ）」を設立するなか、七月には王ムタラ三世が逝去し、弟のキゲリ五世が即位したこともあって、ルワンダはいつ内乱に陥ってもおかしくない状況にあった。

一九五九年一一月一日、フツ族のＰＡＲＭＥＨＵＴＵの活動家ドミニク・ムボンユムツワがＵＮＡＲのメンバーに襲撃を受け、負傷したが誤って死亡したと伝わり、ツチ族とフツ族の双方は急襲部隊を組織して、槍、パンガ（ナタ）を手にテロ活動を続け、一一月半ばに秩序が回復されるまでに三〇〇人の死者と一二〇〇人の逮捕者を出すことになった。先を考え、この頃はフツ族支援の立場を採っていたベルギーは、一一月一〇日に独立を前提としてルアンダ、ウルンジに自治権を与えると報じていたが、ツチ族の人口の少ない地域では殺され、あるいは国外に脱出するものが相次いだ。ツチ族の首長は追われ、フツ族の首長が入れ代り、フツ族の全支配確立に向けての動きが生じ、それはすぐに植民地支配の歪みを正す限度を越えることになるのであった。

一九六〇年六月から七月、不穏な状況の中で、地方議会選挙が行なわれ、ＰＡＲＭＥＨＵＴＵが七〇パーセントを得て勝利した。その結果生じたことは、ツチ族の立場に入れ代るフツの支配であり、地方でツチ族への虐殺は続き、一九六三年末までに近隣諸国へのツチ族の難民は一三万人に達することになる。選挙結果により、ベルギー政府はＰＡＲＭＥＨＵＴＵのカイバンダを首相にして暫定政府をつくり、ルワンダは一九六一年九月の立法議会選挙を経て、王制は廃止され共和国の樹立が宣言され、カイバンダを大統領として一九六二年七月一日に独立を果たした。

コンゴ（旧ベルギー領）に逃がれていたツチ族の難民は、シンバの反乱（一九六四―一九六五年）に反乱軍と同盟したため、モブツ将軍のコンゴ国軍によって撃退されたが、ツチ族の政府を持つブルンジには同族の五万人の難民がいて、ルワンダに向けての急襲攻撃の基地となった。一九六三年一二月にブゼセラに急襲攻撃の仕掛け、報復としてツチ族の一万人が殺害され、一年後には難民は三三万六〇〇〇人に拡大することになった。また、ツチ族をスケープゴードにしていた南部出身のカイバンダ大統領は、この機を利用して益益権威主義と地域主義に陥った。

ツチ族をスケープゴードとする政策も限界を来たし、政情不安の拡大する中、安定を求めて、一九七三年七月五日、北部出身のジュベナル・ハビャリマナ少将が無血クーデターを起し、自ら大統領に就任し、新政府は安全保障を説いて、ツチ族に協力を求め、議会とＰＡＲＭＥＨＵＴＵを解散させ、これまでよりも穏健な政策を打ち出し、一九九〇年まで続く平穏な期間をもたらした。一九七四年には、大統領は新政党「開発国民革命運動（ＭＲＮＤ）」を創設し、一九七八年の新憲法では単一政党支配を確立し、一九八〇年四月のクーデター未遂事件を乗り切り、一九八二年と一九八八年の大統領選挙も大勝利の内に再選された。

とはいえ、北部の小部族出身の大統領を支えたのは、彼の妻とそのファミリーの「アカズ（Akazu）」と呼ばれたインナーサークル「マダムの一団（le Clan de Madame）」であった。彼らは、主要産物のコーヒーとスズの下落の経済状況の中で、海外援助の抜き取りに励み、大統領の後継者とされたスタニスラ・マヤヤ大佐を一九八八年四月に暗殺するまでに内部の権力争いが激しくなった上に、北部の第一共和国に復讐する南部の第二共和国の構図が描けるように、南北の対立が激しくなっていた。

さらに、人口の増加による耕作地不足、予算不足による社会サービスの縮小、増税、強制労働、旱魃が、一九八〇年代末に向け政情不安に追い打ちをかけている間に、ツチ族は亡命先のウガンダでその勢力を貯えていた。

ウガンダのルワンダ難民は、一九七九年四月にイディ・アミン政権が陥落した直後の六月、「ルワンダ難民福祉財団（ＰＲＷＦ）」を設立し、一九八〇年には名称を「国民統合ルワンダ同盟（ＲＡＮＵ）」に変更するとともに、ルワンダへの帰還を最終目的に、ミリタント（戦士）として組織されることになった。ウガンダでは一九八〇年一月に「国民抵抗運動（ＮＲＭ）」を率いるヨウェリ・ムセベニが政権につき、彼の一九七八年に設立した「国家救済戦線（ＦＲＯＮＡＳＡ）」のメンバーに亡命中のルワンダ人、フレッド・ルウィグエマとポール・カガメらが参加しており、ルワンダ難民の子供もムセベニのゲリラ組織に参加するようになっていた。したがってウガンダに集中することになった。一九八七年一二月、ＲＡＮＵは「ルワンダ愛国戦線（ＲＰＦ）」となり、銃を手にルワンダに戻る決意を持って準備を始めた。ムセベニが首都カンパラを奪取した時には、「国民抵抗軍（ＮＲＡ）」の一万四〇〇〇人の兵力の内の三〇〇〇人はルワンダ人であり、「ルワンダ愛国軍（ＲＰＡ）」のゲリラはウガンダで育てられていた。

一九九〇年の夏には、ルワンダ政府は崩壊の危機にあった。同年の五月にツチ族難民の帰国に向けてハビャリマナ政権が動き出したため、ルワンダ攻撃準備中のＲＰＦには攻撃のチャンスへの難民の支持を失う危機感が生じ、攻撃準備を急いだ。ＲＰＦとしては、すでに数万人のツチ族が虐殺されており、武力による政権奪取しか彼らのルワンダで生き残る方法はなかった。ルワンダは、すでに植民地支配の歪みの是正を越え、逆転構造の新しい歪みをも越えていた。

一九九〇年一〇月一日、日曜日の午前二時三〇分、RPFの部隊がウガンダから、ルワンダの最北端の町カジツンバへの侵入で内戦が始まった。フレッド・ルウィグエマ少将に率いられたRPA二五〇〇人（総兵力四〇〇〇人）は、重機関銃、迫撃砲、無反動砲を持って、急襲攻撃を仕掛け、数日中に六〇キロメートル南進してガビロに迫った。

しかし、RPAは、そのカリスマ的総司令官のルウィグエマをアクシデントで二日目に失った。しかも、重砲、装甲車輌を欠き、短期決戦を予想して、燃料・弾薬に制限されたRPAは、すぐに窮地に陥った。フランスによって訓練され、装甲車、重砲、ヘリコプターを持つルワンダ政府軍五二〇〇人は、RPAの混乱する間に、フランス軍、ベルギー軍、ザイール軍の支援を受けて、奇襲のショックを建て直し、一〇月七日に反撃を開始し、九日にガビロを奪回し、再び奪われたが、二三日に再奪回した。貧弱な補給線の延びたRPAは、ゲリラ戦に移ることなく全面撤退を始めた。アメリカで訓練を受けていたRPAの後継者につくべきポール・カガメ少佐はウガンダへの撤退の指揮を執るため早急に帰国せざるを得ず、一〇月三〇日にキガリ政府は「内戦の終了」を報じた。

崩壊しかけのルワンダで、この内戦の利益を得たのは、なんともハビャリマナ大統領であった。RPFの侵攻によって、大統領は自分のまわりにフツ族の結集をはかることができ、ツチ族への抑圧的支配を正当化できた。また、ベルギーはルワンダ在住のベルギー人の安全保障以外に、元宗主国であるとはいえ、今ではルワンダに係り合いたくなかった。しかし、フランスは、英語圏のウガンダの支援するＲＰＦから、仏語圏を守る、一八九八年の「ファショダ事件」（カイロからケープタウンを結ぶイギリスのアフリカ縦断政策と、ソマリランドからセネガルを結ぶフランスの横断政策の交点、スーダン南部のファショダで、ナイルをさかのぼるキッチナー将軍とコンゴからのフランスのマルシャン大佐が出くわし、イギリスがフランスの譲歩を得てスーダンを保護領とした事件。）に起因する信念を持っていた。

ルワンダ政府軍は、一九九一年の中旬までに三倍に、さらに一年後には五万人に勢力を拡大することになるが、ＲＰＦの再結集も急がれた。募兵は、ウガンダで生まれ今ではルワンダが帰るべき夢の理想の国と考える若者によって埋められ、すぐにＲＰＡはその兵力を回復し、一九九二年には一万人を越え、一九九四年には二万五〇〇〇人の兵力を持ち、ウガンダ軍からかなりの武器支援を受けていた。

兵力の再編中、カガメは、勢力の顕在を見せるため、一九九一年一月二三日にルヘンゲリを急襲し、刑務所に捕えられているツチ族の者を解放して、すみやかに撤退していた。

ハビャリマナ大統領は、一九九〇年一一月に最大の支援国フランスのミッテラン大統領の圧力を受け、多党制の採用を打ち出し「ソフト化政策」をとり、一九九一年六月に新憲法は多党制を採用することになった。多数の小さな反政府政党が出現したが、主要政党はハビャリマナ大統領とインナーサークルが支配するＭＲＮＤにかわりなかった。

キガリ政府は、一九九一年三月二九日に、ザイールの支援でＲＰＦと停戦協定の調印に至ったが、軍事情勢は変らず、ＲＰＦのゲリラ活動は北部で続いた。とはいえ、フツ族の小百姓はＲＰＦの解放を受け入れるわけではなかった。また、ゲリラの攻撃のたびに報復するように、MRNDのミリタントによるツチ族の虐殺される犠牲者が多数出たが、続く停戦交渉の結果、一九九二年七月一四日、タンザニアで「アルシャ協定」が調印され、フツ族の極端論者の反対を招いた。

続いてアルシャでは、閣僚の配分、統一軍の編制などについて和平に向けての交渉が続いた。この間に、職を失なうのを恐れ、全面戦争の方向に押し進めるルワンダ政府軍は、フツ族の極端論者の退役軍人やMRNDのミリタントから成る殺人部隊「ゼロ・ネットワーク」を組織した。また、極端論者は、フツ族の小百姓に対して、「悪魔ツチ族、ゴキブリ」を殺す以外に、彼らが救われる道はないと洗脳し始めた。

大統領は、ディスマ・ヌセンギヤレマイエを首相にし、連立内閣を設立することで民主化を見せることで、極端論者との対立を際立たせ暴力化の中で生き延びていた。一九九三年一月九日、アルシャで閣僚の配分協定が調印された時、譲歩と考える極端論者は全土で虐殺を始めた。これに対し、RPFは停戦を止め攻撃を再開し、二月八日にはルヘンゲリの町を奪取して南下した。これに対し、フランスは直ちに部隊を増派し、大量の弾薬を送ったため、フランス軍との直接対決を避けたいRPFは、二月二〇日に首都キガリの北約三〇キロメートルまで侵攻していたが、一方的に停戦を宣言し、二月二二日に停戦することになった。

大統領は、穏健な反対派に接近し、急進的な反対派に対処しようとしたが、軍はミリタントを益益武装し始めた。一方、RPFも、三月初めまでに、その攻勢でフツ族の八六万人の難民を生じさせていた。

最終的に、一九九三年八月三日、武装勢力の統一の協定で、アルシャ協定の調印は完了したが、ルワンダの政情の悪化に拍車を駆ける事件が隣国のブルンジで生じた。一九九三年六月一日、初の複数政党制選挙で選ばれたフツ族の大統領メルシオール・ヌダダイエがツチ族の軍の将校によって誘拐され殺害されてしまった。このクーデターは、軍のシルビー・キニギ女史の内閣の指示表明で、一九九四年一月一三日にフツ族のシプリアン・ヌタリャミラ大統領が就任することになったが、五万人の死者（ツチ族が六割）と三〇万人のフツ族の難民を出すことになり、大きな衝撃をルワンダに与えた。「最終解決」を主張するフツ族の極端論者にとって、一般人に「殺されないようにまず殺す」とのヒステリックな考えを拡大させる格好の条件が整った。

一方、ルワンダではアルシャ協定実行の準備も進み、一〇月五日の国連安保理第八七二号決議によって設立された「国連ルワンダ支援団（ＵＮＡＭＩＲ）」の部隊が到着し、フランス軍は一〇月末までに撤退し、一二月二八日には「広域基盤暫定内閣（ＢＢＴＧ）」に入るＲＰＦの閣僚三人が兵士六〇〇人と共にキガリに入った。しかし、ＢＢＴＧへの政権の移転は、フツ族の保守派、反対派、そして反対派の急進派に挟まれる格好のハビャリマナ大統領が、政治混乱を理由に、予定された一九九四年二月一〇日以後、権力の移転を延期し続けた。この間に、極端論者のミリタントは武装を拡大し、ＲＰＦも募兵と武装に忙しかった。こうして、四月までに、国の内外を問わず、大統領の行動には我慢できない状況にあった。

一九九四年四月六日、ハビャリマナ大統領は、タンザニア大統領ムウィニ、ケニア副大統領サイトティ、ブルンジ大統領ヌタリャミラ、そしてウガンダ大統領ムセベニの出席する地域サミット出席のためダルエスサラームに飛んだ。会議の後、ミッテラン大統領より贈られフランス人クルーの操縦する「ファルコン50」は、ハビャリマナ大統領と、キガリ到着後ブジュンブラまで運ぶブルンジのヌタリャミラ大統領を乗せ離陸し、午後八時三〇分頃、キガリ空港に低空で進入した時、二発のミサイル攻撃を受けた。機体は墜落、炎上して、乗っていた者全員死亡したのを合図とするように、ルワンダ全土にジェノサイドの波が押し寄せた。

大統領の暗殺がフツ族の「最終解決」を主張する極端論者によって計画されていたように、九時一五分までにＭＲＮＤの若者によって町中に道路防塞ができ、家々の捜査が始められた。フツ族の極端論者の設立していたラジオ局ＲＴＬＭＣは、大統領の死に報復するように、ヒステリックなアッピールを持って扇動し始めた。フツ族とツチ族が同じ居住区に住み、雑婚も多い中で、ミリタントと大統領警護隊はフツ族の殺戮を始めた。これに対し、ＲＰＦはツチ族を守るため、四月八日までに開戦を決めた。

フツ族の穏健派も含めた暗殺のリストは注意深く選ばれ、四月七日には女性首相アガセ・ユウィリンジイマナと警備のＵＮＡＭＩＲのベルギー軍兵士一〇人が殺された。今回の計画の主唱者と思われる大統領のインナーサークルの中心人物であったセオネステ・バゴソラ大佐と大統領の妻の兄弟の一人ピエール＝セレスティン・ルワガフィリタ大佐が、「救国委員会」を設け、ジェノサイドを続けた。この時、ルワンダにはＵＮＡＭＩＲの二五一九人の兵員がいたが、彼らは自己の防衛の配置にすらなく、虐殺阻止の命令も、装備のどちらもなく、四月二一日には増派でなく大幅削減が決められた。ＲＰＦの攻撃再開とともに、ルワンダに住む外国人を保護するため、四月九日にフランスとベルギーは